L•E•O

Mastin Kipp

Liebe ist alles

Aus dem Amerikanischen übersetzt
von Daniela Graf

L·E·O

L.E.O. Verlag ist ein Imprint der Scorpio Verlag GmbH & Co. KG,
herausgegeben von Michael Görden

MIX
Papier aus verantwortungsvollen Quellen
FSC® C014496

Published by Arrangement with Hay House Inc., Carlsbad, CA
Die Originalausgabe ist erstmals 2014 bei Hay House Inc. erschienen.
Titel der amerikanischen Originalausgabe:
Daily Love – Growing into Grace

Umschlaggestaltung: Torge Niemann, WRAGE
Satz: BuchHaus, Robert Gigler, München
Druck und Bindung: GGP Media GmbH, Pößneck
ISBN 978-3-95736-035-9

Mehr über unsere Bücher
www.leoverlag.de

Für Mom, Dad, Jenna,
Dolly, Alan und Sadie.
Danke, dass ihr so ein kraftvolles Beispiel
der Liebe in meinem Leben seid.
Ich verdanke alles nur euch.

Inhalt

Vorwort von Tommy Rosen 9

Aufruf 13

KAPITEL 1
Danke für die Aufmerksamkeit 14

KAPITEL 2
Eine solide Basis 26

KAPITEL 3
Abenteuer in Hollywoodland 45

KAPITEL 4
Meine Kraft zurückgewinnen 59

KAPITEL 5
Der Spur des Helden folgen 83

KAPITEL 6
Wir lehren, was wir lernen müssen 102

KAPITEL 7
Der göttliche Sturm 121

KAPITEL 8
L. A. Moms 141

KAPITEL 9
Ein Date mit dem Schicksal 157

KAPITEL 10
Eine einzige klaffende Wunde 171

KAPITEL 11
Eine zweite zweite Chance 191

KAPITEL 12
Die Epidemie des spirituellen Entertainments 209

Empfehlungen 227
Bücher, die mein Leben verändert haben 228
Danksagungen 230

Vorwort

Meine Frau und ich leben in einem Haus in Venice, Kalifornien, das liebevoll »The Appleton Ashram« genannt wird. Es ist geräumig, mit einer tempelähnlichen Energie, viel Licht, Holzböden und einem großen Garten hinter dem Haus. Dieses Heim bekommt viel Besuch. Manche Leute kommen auf einen Tee vorbei, auf einen grünen Saft oder einen Smoothie. Andere kommen, um zu meditieren, Yoga zu praktizieren oder an einem 12-Steps-Meeting teilzunehmen. Menschen kommen und gehen. Und eines Tages kam Mastin.

Es gibt eine superbequeme Couch in unserem Wohnzimmer, die Anfang 2010 für einige Monate zu Mastins Bett werden sollte. Wir bekamen die Chance, uns kennenzulernen, und es begann sich eine enge Freundschaft während dieser Zeit zwischen uns zu entwickeln. Es war ein großer Segen für uns beide.

Mastin stellte gleich von Anfang an klar, dass er gerade eine Zeit in seinem Leben durchmachte, die extrem schwierig für ihn war und voller Ungewissheit. Er hatte diese ungewöhnliche Fähigkeit, die Probleme glasklar aufzudecken und war auf eine fast niedliche Art dazu bereit, sich diese auch intensiv anzuschauen. Er steckte in einer wirklichen Krise, weigerte sich aber, einfach wegzuschauen. Mastin hatte das Bedürfnis, über seine Probleme zu sprechen und seine schmerzvollen Gefühle tatsächlich auch voll zu erforschen.

Sogar noch bemerkenswerter war das Ausmaß der Ehrlichkeit, die Mastin dabei an den Tag legte. Wie kaum ein Zweiter hatte Mastin die Fähigkeit und den brennenden Wunsch, seine eigene

Wahrheit auszusprechen. Es war ganz einfach entwaffnend. Und während das Vertrauen zwischen uns wuchs, erzählte er immer mehr von seiner inneren Wahrheit und machte sich dadurch sehr verletzlich. Einige Male sprach Mastin über seine Schattenseiten, und ich reagierte darauf, indem ich spontan loslachte, allerdings nur, weil man nicht oft jemanden hört, der so brutal ehrlich ist. Indem er das tat, ermutigte Mastin mich natürlich unbewusst auch, mir meine eigenen Schattenseiten anzusehen und darüber zu sprechen. Das ist auch die Macht, die diesem Buch innewohnt.

Während dieser Zeit übte sich Mastin zudem in einer täglichen spirituellen Praxis, welche die Yogis *Sadhana* nennen. Die Yogis glauben, dass die eigene Verpflichtung zum Sadhana ein Gradmesser für Stärke und Ergebenheit ist. Mastins Sadhana war The Daily Love.com. Jeden Tag – ohne Ausnahme – verschwand er, um sich dem heiligen Vertrag zu widmen, den er mit seiner höheren Macht eingegangen war und mit der ziemlich großen Gemeinde von Menschen, die gekommen waren, um The Daily Love zu lesen.

Ab und zu grummelte er deswegen. Ich schäme mich, es zuzugeben, aber ein paar Mal versuchte ich ihn dazu zu überreden, die Sache sausen zu lassen, sodass wir zusammen abhängen könnten – aber er verpasste es kein einziges Mal. An seiner Hingabe zu The Daily Love konnte man nicht rütteln.

Ich kann Mastins große Faszination und sein Wissen bestätigen, wenn es um Worte, Lehren und Lehrer geht. Das ist ja auch die Währung unserer kollektiven Transformation als Mitglieder der The Daily Love-Community. Wenn man wissen möchte, wann Mastin am glücklichsten ist (außer natürlich wenn er Zeit mit seiner Freundin Jenna verbringt), dann sollte man ihn bei Unterhaltungen beobachten, die er mit Lehrern wie Tony Robbins oder Caroline Myss führt – oder jeder anderen Person, die den Menschen wirklich dabei hilft, zur Wahrheit zu finden. Es ist auffällig, wie gut Mastin dabei eine Fähigkeit beherrscht, die in der heutigen Welt sehr rar geworden ist: Mastin hört zu. Er hat vielleicht nicht immer dieselbe Meinung oder begrüßt alle Ideen, aber es ist wirklich erstaunlich, wie er jede Information durchdenkt, das Wichtige aufnimmt und es in sofort umsetzbare Lektionen integriert. Und ich habe gesehen, wie er diese Lektionen einsetzt, indem er sich kunstvoll und schlagfertig der Sprache bedient, um eine verzweifelte Person aufzumuntern, ihr wieder Hoffnung zu schenken und ihr zudem praktische Schritte an die Hand gibt.

Als Mastins Bruder auf dem Weg war ich supergeehrt, als er mich darum bat, das Vorwort zu seinem Buch zu schreiben. Und ich habe es wirklich sehr sorgfältig gelesen. Ich habe dabei vor allem auf Mastins authentische Stimme und Wahrheit geachtet.

Nichts berührt mich so sehr wie die Wahrheit, die jemand mit seinem authentischen Selbst ausspricht. Und Mastin hat genau dies getan – in der einfachsten, ehrlichsten und ungeschöntesten Form. Es ist ein Teil seiner Stärke und seines Erfolgs als Lehrer, dass er sich selbst stets als noch unfertig, als Work-in-Progress, betrachtet.

Mit *Liebe ist alles* will er einfach mit der ganzen Wahrheit auspacken. Mit der reinen Wahrheit und nichts als der Wahrheit – und das tut er so, wie ihm der Mund gewachsen ist.

Er bezeichnet sich selbst als Freak/Nerd, Drogenabhängigen und College-Abbrecher. Er kann stundenlang über *Star Wars* und *Star Trek* philosophieren. Er spricht auch ganz offen über die vielen Tritte, die er einstecken musste, und deswegen liebe ich ihn sogar noch mehr. Was mir aber am besten an diesem Buch gefällt, ist die Art, in der Mastin seine psychologischen, emotionalen und spirituellen Prozesse darlegt, während sich sein Leben immer mehr dem Licht der Gnade zuwandte. *Liebe ist alles* ist wirklich authentisch und echt. Genauso ist alles passiert, von vorn bis hinten. Ich kann dafür bürgen, da ich mit Mastin auf der grünen Couch schon so manche Late-Night-Session hatte. Man muss schon ein sehr mutiger Mensch sein, um seinen Panzer fallen zu lassen und dann diese schonungslosen Einblicke zu gewähren. In der Wahrheit steckt Freiheit. Man wird dadurch wirklich befreit. Mit *Liebe ist alles* lädt Mastin uns ein, es ihm gleichzutun.

Und er wird die Teile, welche die meisten von uns lieber aus der eigenen Geschichte streichen würden, dabei nicht auslassen. Er erzählt von seinem starken Geltungsbedürfnis und von dem Preis, den er dafür zahlen musste. Er erzählt aber auch von seinem brennenden Wunsch, einen Beitrag für die Menschheit zu leisten, und seiner Sehnsucht nach dem Tag »wenn die Bedeutung von Mitgefühl und Liebe ganz selbstverständlich sein werden«.

Dies ist ein Buch der Hoffnung. Es wird dich zum Lächeln und Weinen bringen – und dich unendlich inspirieren. Es ist die wahre Geschichte eines Underdogs, dessen Träume letztendlich Wirklichkeit wurden und der nie aufhören wird, von scheinbar Unmöglichem zu träumen.

Man wird Zeuge der ganz privaten, bewegenden und magischen Reise eines Mannes durch die dunkelsten Bereiche seiner Seele.

Wenngleich Mastin dieses Buch einst aus dem Bedürfnis heraus geschrieben haben mag, irgendetwas Bedeutungsvolles zu tun, ist mein Eindruck während der Lektüre eher, dass es sein dauerhafter Beitrag für die Menschheit ist und seine persönliche Bitte, dass wir auf »das Flüstern in unserem Inneren« hören und uns dann dazu verpflichten, unseren Träumen zu folgen.

Dies ist Mastins Einladung an uns alle, unseren Panzer abzulegen, um frei zu sein und »Liebe zu sein«.

Tommy Rosen
Venice, Kalifornien 2014

Aufruf

Der Tag wird kommen, an dem dich unerwartete Ereignisse völlig aus der Bahn werfen werden. Ein Teil von dir wird sterben, und du wirst anfangen, nach dem Zauberelixier zu suchen, das diesen Teil wieder zum Leben erwecken kann. Du wirst nach diesem Elixier bei Freunden suchen, bei Geliebten, Feinden, in Büchern, Religionen, fremden Ländern, bei Helden, in Songs, Ritualen und Jobs. Aber ganz egal, wo du auch suchst – du wirst den Schatz nicht finden. Alles wird vergeblich sein. Und du wirst jegliche Hoffnung verlieren, dass so ein magischer Trank überhaupt existiert. Eine Zeit von nachtschwarzer Dunkelheit wird anbrechen, und die Aussicht auf einen baldigen Tod wird dich an den Rand der Verzweiflung treiben. Aber noch während du in diesen Abgrund starrst, beginnst du allmählich, das gedämpfte Licht deiner eigenen erleuchteten Seele wahrzunehmen.

Dein eigenes Strahlen wird den Abgrund selbst in das unglaubliche Lebenselixier verwandeln. Und zum ersten Mal wirst du erkennen, dass es die ganze Zeit … dein eigenes Licht war, nach dem du gesucht hast

KAPITEL 1

Danke für die Aufmerksamkeit

Alles, was gesagt werden muss,
ist bereits gesagt worden. Aber da niemand zugehört hat,
muss alles noch mal gesagt werden.

ANDRÉ GIDE

Ich denke tief drinnen suchen wir alle nach *grace* – einer Mischung aus himmlischer Gunst, wunderschöner Anmut und göttlicher Gnade.

Wir sind in diesem glückseligen Zustand, wenn wir uns verlieben, in die Augen eines Kindes blicken oder den Sonnenuntergang über dem Pazifik in einer perfekten Nacht in Los Angeles betrachten.

Nach diesem Gefühl suchen übrigens auch die meisten von uns, wenn wir uns mit etwas beschäftigen, das man irgendwie als »spirituell« bezeichnen könnte. Das Konzept der Spiritualität ist so beliebt wie nie zuvor – verständlicherweise, wenn man an all unsere Umwelt-, Wirtschafts- und Religionsprobleme denkt.

Es überrascht nicht sonderlich, dass wir in einer Welt, die gerade ziemlich nah am Rand einer Katastrophe rumtaumelt, nach »persönlichem Wachstum« und Spiritualität suchen. Es ist eine Möglichkeit, um etwas zu bewegen und zu verändern, und zwar indem wir bei uns selbst beginnen.

Es könnte sein, dass du meinen Blog *The Daily Love* gelesen hast und dadurch inspiriert wurdest – und/oder du bist genervt wegen unserer täglichen E-Mails.

Oder vielleicht hast du keine Ahnung, wer ich verdammt noch mal überhaupt bin, da dein Freund dir dieses Buch aufgedrängt hat, in der Hoffnung, dass es dir hilft, den nächsten Schritt auf deiner spirituellen Reise zu tun.

Vielleicht fiel das Buch ja auch vom Regal direkt auf deinen Kopf (bitte verklag den Buchladen und nicht mich) und du hast dich entschieden, es zu lesen.

Wie auch immer – willkommen in meiner verrückten Welt.

Weil *The Daily Love* in den sozialen Medien entstanden ist und die durchschnittliche Zeit, welche die Leute auf meiner Seite verbringen, etwa fünf Minuten ist, nehme ich deine Aufmerksamkeit nicht als selbstverständlich hin.

Ich bin dankbar dafür.

Ich schätze, dass du aus irgendeinem Grund zu diesem Buch »geführt« wurdest. Vielleicht hast du das Gefühl, irgendwie festzustecken. Vielleicht bist du völlig am Boden. Oder vielleicht willst du dein Leben grundlegend ändern. Was auch immer uns für die nächste Zeit zusammengebracht hat – ich glaube wirklich, dass wir zueinander »geführt« worden sind und dass wir uns gegenseitig helfen sollen.

Auf den nächsten paar 100 Seiten werde ich meine abgefahrene, fast tödliche und manchmal ziemlich komische Geschichte erzählen. Hoffentlich wird sie dich dazu inspirieren, noch mehr Risiken als sonst einzugehen. Hoffentlich lachen wir zusammen, weinen oder haben sogar ein paar Aha-Momente.

Lass dich nicht beeindrucken

Ich habe die Ehre, dass ich jeden Tag in den Posteingängen von Hunderttausenden von Menschen auftauche. Millionen haben bereits unsere Website besucht, und ich veranstalte auf der ganzen Welt ausverkaufte Retreats, Seminare und Events – von Maui bis

Bali, von Australien über Europa bis Jamaika sowie überall in den Vereinigten Staaten.

Ich wurde auch schon als «Spiritueller Denker der neuen Generation« in Oprah Winfreys wöchentlicher Show *Super Soul Sunday* gefeatured. Aber bitte lass dich davon jetzt bloß nicht beeindrucken. Wenn du nur wüsstest! Wie du vielleicht auch, bin auch ich verkorkst, nicht gerade perfekt und *wirklich* gut darin, Fehler zu machen. Ich war drogenabhängig.

Ich hab Herzen gebrochen. Ich habe gelogen. Ich bin ein genesender Christ und LIEBES-Süchtiger. Ich war ein Arschloch. Ich habe mich oftmals viel länger in meinem Kummer gesuhlt, als es gut für mich war. Ich hab mein Geld fürs College verspielt. Ich hab von meinen Eltern Geld gestohlen. Ich bin ein College-Abbrecher.

Zum jetzigen Zeitpunkt, also während ich dieses Buch hier schreibe, habe ich keine richtige abgeschlossene Ausbildung vorzuweisen – außer der zum Yoga-Lehrer.

Okay? Willst du mir immer noch zuhören? Wenn nicht, würde ich das verstehen. Hey, vielleicht hast du ja sogar noch Zeit, um das Buch zurückzugeben!

Ich habe also kein beeindruckendes Diplom an der Wand hängen. Ich komme ohne diesen ganzen Schnickschnack daher und hab meine Ecken und Kanten.

Aber was ich habe, ist das Leben selbst und die Narben, die es so mit sich bringt. Ich besitze Lebenserfahrung. Mir wurde ein paar Mal das Herz gebrochen und ich bin darüber hinweggekommen. Ich habe die Wunden meines Egos geleckt, die ich mir selbst zugefügt habe. Ich habe mich von meiner Kokain- und Adderall-Sucht befreit. Und ich habe eine Community geschaffen, in der du stets willkommen sein wirst – ein Ort, wo du das Gefühl haben kannst, dazuzugehören.

Dieser Ort heißt *The Daily Love*. Aus Gründen, die ich vielleicht niemals verstehen werde, vertrauen Millionen Leute auf das, was ich zu sagen habe. Genau wie du suchen sie nach einer

Art Gemeinschaftsgefühl auf ihrer spirituellen Reise – und das finden sie auf unserer Seite.

Okay, aber mach jetzt nicht aus allem, was ich in diesem Buch so von mir gebe, gleich einen festen Grundsatz. Es ist nicht »die« Wahrheit. Und es gibt ja auch gar nicht so was wie »die« Wahrheit – es gibt nur das, von dem du glaubst, dass es wahr ist, und das, von dem ich glaube, dass es wahr ist. Und vielleicht teilen wir ja ein paar dieser Überzeugungen. Ich bin offen dafür, dass sich meine Überzeugungen verändern können, und ich hoffe, du bist auch offen dafür, dass sich deine Überzeugungen ändern können.

Ich glaube wirklich fest daran, dass du unzählige Möglichkeiten hast. Und ich weiß mit Bestimmtheit, lieber Suchender, dass das Beste noch vor dir liegt. Bitte zieh nur das aus diesem Buch raus, was dir stimmig erscheint und vergiss den Rest einfach.

Bloß ein Kid aus Kansas

Lange bevor Millionen von Menschen auf meine Website kamen, war ich bloß irgendein Kid aus Kansas. Ich sollte eigentlich nicht einmal geboren werden. Wenn meine Mom auf die Ärzte gehört hätte, dann würde ich nicht existieren. (Mehr dazu später.) Ich bin ein Produkt aus einer Mischung von öffentlichem Schulsystem und großen Träumen. Ich wurde schon von vielen Frauen abgewiesen. Wirklich *vielen.* (Auch dazu später mehr.) Und ich bin ein echter Nerd. Es gab eine Zeit in meinem Leben, in der ich mich wirklich viel eher für tolle Computerspiele entschieden hätte als für wahre Liebe.

Aber ich habe auch mein Bestes gegeben, damit die Welt ein besserer Ort wird, bevor ich sterbe. Mein Vater sagte, wenn ich das tun könnte, dann würde ich ein gutes Leben gelebt haben. Ich war schon immer neugierig, warum die Leute tun, was sie tun, und wie man das menschliche Befinden verbessern kann. Meine Methoden, um diese Dinge zu entdecken, sind vielleicht nicht so ganz Mainstream, aber das ist okay, ich hab damit inzwischen meinen Frieden geschlossen. Und tief drinnen weiß ich eh, dass wir alle mehr Gemeinsamkeiten als Unterschiede haben.

Also – warum solltest du einem College-Abbrecher, ehemaligem Drogenabhängigen und Computer-Freak überhaupt zuhören? Nun, die Wahrheit ist, dass ich wirklich eine ganze Menge hinter mir hab. Ich bin zudem schon viele Wege gegangen, die vielleicht noch auf dich warten. Stell dir einfach vor, dass ich ein weitgereister Tourist bin, der dich durch das unbekannte Territorium manövrieren kann, das vor dir liegt. Ich kann dir sagen, wo die Klippen rutschig sind und die Sonne zu heiß brennt. Ich kann dir helfen zu lernen, dir selbst zu vertrauen und wie du jedes Trauma in eine Kraftquelle verwandeln kannst. Und warum kann ich das tun? Weil ich diesen Weg schon selbst gegangen bin. Es ist ein Weg, den ich die Reise von der Krise zur Glückseligkeit nenne. Versteh mich nicht falsch – an mir gibt es noch eine ganze Menge rumzufeilen. Ich bin noch lange nicht vollkommen oder irgendwie »fertiggestellt«. Weißt du, wenn man menschlich ist, steckt man unweigerlich ab und zu in der Krise. Von dem Moment an, in dem wir geboren werden, sind wir schon mitten in der Krise (weil wir dann in einer Situation sind, die wir nicht kontrollieren können). Na ja, das Ganze nennt sich Leben. Aber die gute Nachricht ist, dass es innerhalb dieses Lebens gewisse Zyklen oder Muster gibt. Und wir können lernen, wie wir diese auch erkennen können.

In diesem Buch geht es um eines dieser Muster. Meine Hoffnung ist, dass du dieses Muster leichter erkennen und umschiffen kannst, wenn du mit dem Lesen des Buchs fertig bist.

Einfach nur menschlich zu sein, ist schon eine Art Krise. Wir werden aus dem warmen, ruhigen und sicheren Mutterleib hinaus in die kalte, laute und ungeschützte Welt gestoßen – und dann beginnt die Katastrophe. Für die meisten von uns folgt nun erst mal ein gewisses Maß an Schmerz und Leid, und zwar so für die nächsten 60 bis 80 Jahre. Und trotzdem bieten diese Krisen auch Chancen. Wenn wir herausfinden, wie wir uns entspannen, unsere

Kraft finden und aus unseren Schwierigkeiten lernen können, dann können wir diese ganze außer Kontrolle geratene Situation, die sich Leben nennt, in etwas wirklich Wundervolles verwandeln.

Mit anderen Worten – Wunder sind in jedem Moment möglich, wenn wir erlauben, dass himmlische Gunst und göttliche Gnade in unser Leben treten. Und in dem Moment, in dem wir uns entscheiden, alles loszulassen, was wir nicht kontrollieren können und uns stattdessen auf das konzentrieren, was wir kontrollieren können, wird etwas Größeres das Ruder übernehmen.

Glückseligkeit versus »Spiritualität«

Spiritualität ist der Maßstab dafür, wie LIEBEVOLL eine Person sein kann. Es ist der Maßstab, wie sehr wir dazu bereit sind, himmlische Gunst und göttliche Gnade in unser Leben einzuladen und uns davon leiten zu lassen.

Aber das ist bloß meine Meinung. Wenn du in einem Raum mit tausend Leuten jeden Einzelnen fragst, was er unter Spiritualität versteht, dann wird es schnell sehr schwammig. Es ist ja auch nicht das Gleiche, als wenn man jemanden darum bittet, ein Wort wie *Auto* oder *Sonne* zu definieren. Wenn man bei der Definition von Spiritualität überhaupt einen gemeinsamen Konsens findet, dann wird der bestenfalls immer noch sehr vage sein. Und bei so einer Vagheit kommt auch gleich noch eine Portion Verwirrung hinzu.

Etwas, das ich wirklich liebe, ist Klarheit. Ich weiß gerne, was zum Kuckuck Sachen eigentlich bedeuten. So viele Leute schmeißen heutzutage mit Worten und Phrasen um sich, wie zum Beispiel *Spiritualität*, *Intention*, *höchstes Potenzial*, *höheres Selbst*, *Lebenssinn, Anziehung, Schwingung.* Ach, die Liste geht weiter und weiter. Wir können uns schöne Sätze zusammenreimen wie: »Meine Absicht ist es, meine Schwingung auf die Ebene meines höheren Selbst zu erhöhen, sodass ich das Ziel meines höchsten Potenzials erreiche und ENDLICH meinen Lebenszweck erfüllen und ein wunderbares Leben anziehen kann!« Klingt gut, nicht wahr? Aber was *bedeutet* das? Wusste die Person, die das sagte, worüber sie sprach? Für mich ist undefinierter spiritueller Jargon bestenfalls Poesie – und im schlimmsten Fall Manipulation und Kontrolle.

Und meiner Meinung nach ist dann oft kein Raum mehr für himmlische Gunst, Anmut und Gnade – die unkontrollierbare, wohlwollende, LIEBENDE Macht des Göttlichen, die durch dich in diese Welt und in DICH kommen möchte. Warum leben wir also nicht alle in diesem glückseligen Zustand? Für viele von uns in der sogenannten spirituellen Szene ist das deshalb so, weil wir einfach keinen Raum mehr dafür haben. Wir sind alle so vollgepfropft mit Ideen darüber, was spirituell ist (OM summen, mit dem Rad zur Arbeit fahren, Rohkost essen) und was nicht (TV, Junk Food, Plastikflaschen), dass wir dafür keinen Platz mehr haben. Die gute Nachricht ist: Selbst wenn die meisten von uns nicht bewusst Raum für himmlische Gnade lassen, so wird sie sich doch ihren Weg bahnen, und zwar mit allen Mitteln, die dazu notwendig sind – ob wir das nun mögen oder nicht. Selbst wenn das bedeutet, dass wir in unseren Grundmauern erschüttert werden, und zwar so stark, dass wir jegliche Kontrolle verlieren und nicht mehr wissen, wo oben und unten ist.

Ja, manchmal braucht es nicht mehr als eine lebenserschütternde Krise, um die Erde aufzubrechen, damit die himmlische Gnade sich ausbreiten kann.

Und darum geht es in diesem Buch: über den Zyklus von Krise und Glückseligkeit. Aber was ich gelernt habe, als ich diesen Zyklus immer wieder und wieder durchlief (und wieder – na, bald wirst du schlauer sein): Es *ist* echt was dran an diesem ganzen »Spiritualitätskram«. Ich habe zwar gelernt, dass Spiritualität Krisen nicht verhindern kann – Krisen gehören einfach zum Menschsein dazu. Aber Spiritualität *tut* etwas anderes. Sie hilft uns, unser Leben besser zu lenken, sodass der Zyklus von Krise und Glückseligkeit nicht ganz so holprig ist.

Wenn wir uns wirklich spirituell verhalten, dann gibt es weniger Kämpfe und weniger Leid. Wir können auf den Wellen einer Krise mit mehr Hingabe reiten und so der Gnade erlauben, uns zu tragen.

Meine Grundannahmen über Spiritualität

Spiritualität kann schwierig zu definieren sein (schau ruhig bei *Webster's* nach und versuch mal zu verstehen, was du dort zu lesen kriegst) und wird auch oft falsch verwendet oder missverstanden, aber ich glaube an Spiritualität. Für mich ist jemand spirituell, der sein Leben so lebt, dass es Platz für himmlische Gunst, Anmut und Gnade gibt. Bevor wir also mit diesem Buch anfangen, sollten wir sicher sein, dass wir uns auch richtig verstehen. Lass mich zuerst mal ein paar meiner Grundannahmen erklären – hauptsächlich, was Spiritualität für mich bedeutet.

Ich beginne mit einer Grundannahme über das Göttliche. Ich glaube, dass eine Höhere Macht oder Quelle alles erschaffen hat und erhält. In meinem Blog auf TheDailyLove.com nenne ich diese höhere Macht das »Uni-Versum«. Ich schreibe das extra mit Bindestrich, um die Herkunft des Wortes *Universum* zu betonen. Der erste Teil, *uni*, bedeutet »eins; ein«. Der zweite Teil, *versum*, bedeutet »Vers; Liedstrophe«.

Das ergibt für mich total viel Sinn. Wir sind alle zusammen hier und singen einen gemeinsamen Song. Wir kommen vom selben Ort, an den wir auch zurückkehren werden. Ich sehe das Universum als einen Begriff, der geschaffen wurde, um zu einen statt zu trennen. Es gibt schon genügend Trennlinien in der Welt – genug Leiden und Schmerz wegen Unterschieden und Abspaltung. Mein Ziel ist es, dass wir uns auf das konzentrieren, was wir gemeinsam haben, und dass wir so hoffentlich mehr Frieden auf diesem Planeten schaffen.

Der Einfachheit halber sage ich in diesem Buch, dass das Universum eine höhere Macht ist, die alles Leben erschaffen hat. Wir kommen daraus hervor und wir kehren dahin zurück. Ich werde Worte und Phrasen wie *Gott*, *Universum*, das *Göttliche* und *Quelle* in diesem Buch benutzen. Für mich bedeuten sie alle dasselbe.

Die zweite Grundannahme ist, dass Energie nicht erschaffen oder zerstört werden kann; sie verändert einfach nur ihre Form.

Das ist so in der Welt der Physik – und so wie ich es sehe – ist es auch so in der Welt der Metaphysik.

Von dieser Annahme ausgehend können wir also ableiten, dass wir nicht sterben – sondern einfach nur unsere Form ändern.

Meine dritte Grundannahme ist eigentlich eher eine Definition. Eine Definition eines Begriffes, den ich sehr viel benutze: LIEBE. Obwohl es viele Arten gibt, über Liebe zu sprechen, denke ich, dass es sowieso immer auf eine Sache hinausläuft.

Für mich ist »LIEBE« die bedingungslose Akzeptanz dessen, »was ist«.

Es bedeutet keinerlei Zurückweisung, Änderungsversuche, Manipulation oder Ignoranz der Wahrheit darüber, was gerade geschieht. Stattdessen bedeutet es, dass man bereit ist, es mit was auch immer auszuhalten, ganz egal, ob es angenehm oder schmerzhaft ist.

Meine letzte Grundannahme ist, dass ich überzeugt bin, dass jeder einen bestimmten Zweck in seinem Leben hat, den das Universum uns eingegeben hat. Ich nenne diesen Lebenszweck unsere »GABE«.

Du bist mit etwas geboren worden, das nur du dieser Welt geben kannst, und wenn du das nicht tust, dann wird die Welt dadurch weniger schön sein.

Indem du herausfindest, was dein Lebenszweck ist und diese Gabe dann mit der Welt teilst, tust du das Wichtigste, was du überhaupt in deinem Leben tun kannst.

Ich bin froh, dass du meine Grundannahmen verstehst, denn jede von ihnen spielt eine Rolle in meiner Definition davon, »spirituell zu sein«.

Aus meiner Perspektive ist man spirituell, wenn man *bedin-*

gungslos akzeptiert, was ist, während man die eigene Gabe benutzt, die Gott jedem von uns geschenkt hat. Einfacher ausgedrückt: Spirituell zu sein bedeutet LIEBE ZU SEIN, während du die Welt mit deiner einzigartigen Gabe beschenkst.

Der Maßstab der Spiritualität

Bei der Spiritualität geht es nicht darum, glutenfrei zu sein, Lululemon-Kleidung zu tragen, Ashtanga-Yoga zu machen, Mantren zu chanten, zur Kirche zu gehen, ein Zehntel zu spenden, Selbsthilfe-Seminare zu besuchen, *The Daily Love* zu abonnieren oder irgendetwas anderes in dieser Richtung zu *tun*. Natürlich sind all diese Dinge echt toll, aber meiner Meinung nach sagen sie nichts darüber aus, wie spirituell man ist. Du kannst all die richtigen Sachen anziehen und deine Tage im Aschram verbringen, aber trotzdem ein Vollidiot sein. Im Grunde ist Spiritualität ein Maßstab, der anzeigt, wie liebevoll man ist und wie bedingungslos du dich selbst und andere akzeptieren kannst.

Für mich ist Spiritualität eine lebendige Praxis. Man muss weder nach Italien, Indien oder Bali, um seine eigene Spiritualität zu finden – obwohl das alles natürlich wunderschöne Reiseziele sind – denn sie ist bereits hier, genau in diesem Moment.

Sie ist in jedem Menschen, dem du begegnest und in jedem deiner Atemzüge. Sie ist überall, wo du hingehst, obwohl du sie nicht sehen kannst. Du kannst sie mit Sicherheit nicht kaufen. Und du wirst sie auch nicht in einem Buch finden.

Ich weiß, was du denkst: *What the fuck? Warum hab ich dieses Buch dann überhaupt gekauft? Ich frag mich, ob ich es zurückgeben kann.*

Wenn du es aber noch eine Minute aushalten kannst, dann werde ich versuchen, mich aus dem Schlamassel wieder herauszuerklären, in den ich mich gerade gebracht hab.

Mein Punkt ist doch der: Keine dieser »Sachen« zählt irgendwie, wenn man nicht LIEBEVOLL ist.

Die externen Marker, die ich vorhin erwähnte, sind potenzielle *Pforten*, um zu lernen, wie man LIEBT, aber sie sind nicht die LIEBE selbst. Denn die LIEBE selbst kann nur in deinem Inneren gefunden werden. Das ist das Versprechen – und zugleich die Krux.

Du denkst vielleicht, dass du zu diesen ganzen exotischen Orten fahren müsstest, um sie zu finden, aber da draußen ist sie nicht – sie ist *hier drinnen*!

Aber wo genau *hier drinnen?*, magst du dich vielleicht fragen. *Mein Verstand? Mein Herz? Meine Lungen? Meine Füße? Meine Zehen? Meine Knöchel? Meine Augenbrauen?*

Wo ist dieses Spiritualitätsding? WO IST DIE LIEBE IN MIR?

Hier kommt eine der wichtigsten Lektionen, die ich je gelernt habe:

Die LIEBE ist in den Entscheidungen, die wir treffen.

Punkt.

LIEBE zu sein ist eine lebendige Sache – eine Praktik, die von Moment zu Moment geschieht.

Wenn du nur ein wenig wie ich bist, dann wirst du das verfeinern und versuchen, dies für den Rest deines Lebens richtig hinzukriegen.

Das ist einfach super! Ich mag Leute, die versuchen, LIEBEVOLL zu sein. Ich hänge lieber mit einem LIEBEVOLLEN Mitglied der Gegenpartei ab oder einem LIEBEVOLLEN fleischessenden Atheisten als mit einem kaltherzigen Yogi, und zwar ganz egal wie lange dieser schon ein glutenfreier Veganer ist oder vor einem Shiva-Altar gechantet hat.

Ich habe gelernt, dass wir beginnen, uns selbst anders zu sehen, wenn wir anfangen zu begreifen, was Spiritualität wirklich ist und uns im Leben mehr in Richtung bedingungslose LIEBE bewegen.

Wir sehen, dass jeder in der Welt eine spezielle Gabe besitzt. Jeder von uns ist zugleich Lehrer und Schüler. Wir sind Gebende und Empfangende. Wir sind einzigartig und sollten das feiern.

Wenn wir noch einen Schritt weitergehen, dann sehen wir, dass wir das göttliche Geschenk an diese Welt sind. Und zwar jeder von uns. Mich eingeschlossen. Und das, obwohl meine spirituelle Reise ziemlich holprig verlief, wie du noch sehen wirst. Was nun folgt ist eine Geschichte, die mich an manchen Stellen stolz macht, aber die mich noch häufiger unangenehm zusammenzucken lässt. Ich habe viele Fehler gemacht.

Ich habe Gott immer auf einer Armlänge Abstand gehalten. Ich habe versucht, meine Umstände zu kontrollieren, um zu bekommen, was ich will, und bin damit so richtig auf die Schnauze gefallen.

Aber dann wurde ich in meiner dunkelsten Stunde auch gerettet. Ich bekam Hilfe von unzähligen Lehrern und Freunden. Ich bekam die richtige Botschaft in genau dem richtigen Augenblick.

Und ich wurde durch die LIEBE gerettet – durch meine eigene und durch die LIEBE, die das Universum ausschüttet, als ich am wenigsten damit rechnete und ich es auch am wenigsten verdiente.

Ich hoffe, dass dir meine Geschichte helfen und dich inspirieren wird – oder du dich dadurch zumindest weniger allein fühlst. Ich bin so dankbar, dir meine Geschichte erzählen zu dürfen – eine Geschichte der Reise aus der Krise hin zum Zustand der Glückseligkeit.

KAPITEL 2

Eine solide Basis

Wenn ich weiter sehen konnte, so deshalb,
weil ich auf den Schultern von Riesen stand.

ISAAC NEWTON

So etwas wie einen Self-Made-Menschen gibt es nicht. Wir bekamen alle Hilfe – Momente der reinen Gunst und Gnade, jenseits davon, was unser eigener Wille zu tun vermag.

Harte Arbeit ist natürlich schon wichtig, aber es wäre einfach falsch zu behaupten, dass es irgendjemand von uns ganz allein geschafft hat. Wir können erst durch diejenigen, die vor uns kamen, glänzen. Und durch diejenigen, die uns GELIEBT und unterstützt haben, noch bevor wir uns selbst LIEBEN und unterstützen konnten.

Wie so viele, die im Leben an einen Punkt gekommen sind, an dem sie ein Buch schreiben – ein Buch, von dem sie glauben, das es einen Wert für die Welt haben wird – hatte ich anfangs nicht gerade die Weisheit mit Löffeln gefressen.

Ich habe das Gefühl, dass meine Seele sich dafür entschied, in diesem Leben Geduld zu erlernen, denn ich konnte keine meiner Lektionen besonders schnell abschließen. Ich habe mehr Zeit damit verbracht, unhöflich, arrogant, selbstgerecht, ungeduldig und gestresst zu sein, als ich zugeben möchte.

Ich habe mich mit Essen vollgestopft, hatte Bulimie und ein riesiges Drogenproblem.

Die Straße meines Lebens ist mit Fehlern, Missgeschicken und allen möglichen fehlgeleiteten guten Absichten gepflastert.

Mein Freund Tommy erzählt oft diese Geschichte über »Erleuchtung«. Jedes Mal, wenn ich sie höre, fühle ich mich etwas besser, wenn ich darüber nachdenke, wie mein Leben so verlaufen ist.

Ein Schüler fragt seinen Lehrer, wie er Erleuchtung erlangen kann. Der Lehrer antwortet: »Ah, Erleuchtung kommt von gutem Urteilsvermögen.« Der Schüler überlegt für einen Moment und fragt dann: »Und woher kommt gutes Urteilvermögen?« Worauf der Lehrer antwortet: »Erfahrung.«

Der Schüler fragt den Lehrer darauf: »Nun, und woher kommt Erfahrung?«

Worauf sein weiser Lehrer erwidert: »Schlechte Entscheidungen.«

Wie ich schon sagte, wird keiner weise geboren. Weisheit verdient man sich durch den Mut, Dinge auszuprobieren – und indem man anschließend aus seinen Fehlern lernt.

Alle irgendwie »spirituellen« Lehrer lehren, was sie eigentlich selbst lernen müssen. Und ich bin da keine Ausnahme.

Mein Vater drückte es am besten aus: »Erfolg ist das, was eintritt, wenn du all deine Fehler überlebst.« Wie du noch in den kommenden Kapiteln erfahren wirst, habe ich eine Menge Fehler gemacht – darunter auch einige, die beinahe tödlich geendet hätten. Aber ich bin noch da. Ich habe also irgendwie überlebt. Und nun teile ich die Erfahrungen meiner schlechten Entscheidungen mit dir, und zwar mit der Absicht, dadurch deinen Weg zur Weisheit erheblich kürzer und hoffentlich weniger schmerzhaft zu machen.

Ich habe so viel selbst verursachten Schmerz in meinem Leben erfahren – viel davon in meinen späten Teenager-Jahren bis ich etwas Mitte Zwanzig war – dass ich mich entschlossen habe, mit dem Rest meines Lebens zu versuchen, die Schmerzen anderer zu lindern und das Wissen zu teilen, das ich inzwischen darüber erlangt habe.

In mancher Hinsicht war es der Schmerz meiner schlechten Entscheidungen, der mich dazu brachte, *The Daily Love* zu kreieren. Und mein Ziel ist es, meinen Lesern zu helfen, und zwar so sehr, dass *The Daily Love* zukünftig überflüssig werden wird. Der Tag, an dem die Welt Seiten wie *The Daily Love* nicht länger braucht, wird ein großartiger Tag werden. Es wird bedeuten, dass wir unsere essenzielle spirituelle Weisheit so sehr verinnerlicht haben, dass wir sie als selbstverständlich betrachten.

Ich werde oft gefragt: »Wie hast du das gemacht? Wie hast du so etwas unglaublich Tolles geschaffen?« Ich könnte dann endlos über die neuesten Internet-Marketing-Methoden reden, die ich benutze; die Social Media-Strategien, die ich entdeckt habe; über die Bücher, die ich gelesen habe oder über meine LIEBE zu Jesus und seinen Lehren. (Von Letzterem werde ich später noch mehr erzählen, keine Sorge.) Aber ich glaube wirklich, dass die Grundlage dafür, dass ich so etwas wie *The Daily Love* ins Leben rufen konnte sowie meine Drogensucht und alle möglichen anderen Hürden überwand, die Tatsache war, dass ich ein solides Elternhaus hatte.

Meine Mutter ist eine unglaubliche Frau

In diesem Buch werde ich über die vielen unglaublich tollen Lehrer schreiben, denen ich begegnet bin. Aber die großartigsten Lehrer, die ich je hatte, sind meine Eltern.

Letztendlich habe ich dem Göttlichen für all den Erfolg, das Glück sowie die vielen Wunder und Synchronizitäten meines Lebens zu danken. Aber meine Eltern verkörpern diese göttliche Gnade und Gunst auf physischer Ebene. Sie gaben mir Methoden an die Hand, mit denen ich die Herausforderungen dieser Welt meistern konnte. Auf ihre einzigartige Weise verkörpern sie beide Schlüsseleigenschaften, die ich brauchte, um es in diesem Leben zu etwas zu bringen.

Mein Vater und ich finden beide, dass meine Mutter eine der hingebungsvollsten, stärksten, widerstandsfähigsten, leidenschaftlichsten und wunderbarsten Frauen ist, die wir kennen.

Als sie 14 war, hatte sie einen so schweren Unfall, dass sie sich glücklich schätzen konnte, überlebt zu haben.

Sie wuchs an der Ostküste auf und war eine begeisterte Reiterin. Sie war Springreiterin und nahm an Wettbewerben teil – und war sogar ziemlich gut darin. Eines schicksalhaften Tages jedoch, bäumte sich ihr Pferd auf und warf sie ab. Sie landete auf dem Rücken, direkt auf einem Felsen.

Obwohl sie es damals nicht wusste, sollte dieser Moment den Rest ihres Lebens bestimmen. Über ein Jahrzehnt lang dachte sich Mom nichts weiter wegen ihrer Verletzung. Aber als sie 28 war, wurden die Folgen des Unfalls sehr deutlich. Sie hatte so ungeheure Schmerzen, dass irgendetwas getan werden musste.

Sie ging zum Arzt, und man sagte ihr, dass sie mit 40 wohl im Rollstuhl sitzen würde. Für den Rest ihres Lebens würde sie Schmerzen der Stufe 10 haben, und Kinder würde sie sowieso nicht bekommen können.

Meine Mutter hatte ihr ganzes Leben lang den Tatsachen getrotzt, und darum kümmerte sie die Prognose der Ärzte auch nicht sonderlich. Stattdessen machte sie einfach weiter und unterzog sich vielen Operationen am Rücken. Darunter war sogar eine, bei der sie auf dem Operationstisch starb und wieder zurückkam.

Ich bin persönlich SEHR dankbar, dass sie nicht aufgegeben hat, denn wenn Mom geglaubt hätte, was die Ärzte ihr gesagt hatten, dann würde es mich heute nicht geben. Deshalb: Danke, Mom, dass du deiner Intuition gefolgt bist!

Eine der wichtigsten Lektionen, die mir meine Mutter beibrachte, war die Überzeugung, *dass die Prognose, die man kriegt, nicht zugleich auch die Diagnose sein muss*. Oder anders formuliert: Das eigene Leben muss nicht so verlaufen, wie gewisse Experten es dir voraussagen. Sie sagte auch immer, dass ihre Heilung zu 80% in ihrer eigenen Verantwortung liegt und nur zu 20% Sache der Ärzte ist. Ich bin jetzt seit 32 Jahren Zeuge, wie sie immer wieder allen medizinischen Wahrscheinlichkeiten trotzt. Ihre behandelnden Ärzte haben keine Ahnung, wie sie das hinkriegt.

Zu ihrer Verwunderung verlief die Geschichte meiner Mutter einfach nicht so, wie sie es vorhergesagt hatten.

Mom macht seinen vielen Jahren regelmäßig Yoga. Wir denken, dass das eine große Rolle spielt, was ihre Gesundheit betrifft. Sie sitzt immer noch nicht im Rollstuhl. Sie hat offensichtlich auch Kinder bekommen. Und jeden Tag arbeitet sie daran, damit ihre Schmerzen immer weniger werden.

Das Jahr 2013 wurde zum Wendepunkt im Leben meiner Mutter. Im Juni gab sie ihre Position als Lektorin bei *The Daily Love* auf (eine Stelle, die sie seit der ersten Stunde innegehabt hatte), um sich auf ihre eigene Heilung zu konzentrieren. Ungefähr zur gleichen Zeit lud ich sie und meinen Vater nach Los Angeles ein, um etwas Zeit mit mir und meiner Freundin Jenna zu verbringen. Ich war ziemlich unsicher, ob meine Mom gesundheitlich überhaupt in der Lage wäre zu verreisen. Allein ihr Reizdarmsyndrom hielt sie meist davon ab. Als das Datum heranrückte, wurde es offensichtlich, dass sie es nicht schaffen würde. Ein paar Monate später konnte sie nicht zu unserem »Enter the Heart«-Retreat nach Maui kommen. Nach einem weiteren Monat schaffte sie es nicht zu meinem »Enter the Heart«-Event in Kansas City (und das war nur 20 Meilen von ihrem Zuhause entfernt).

Daraufhin setzte ich mich also mit meiner Mom, meinem Dad, Jenna und meinem guten Freund Tommy Rosen zusammen, und wir entschieden, dass es für meine Mom an der Zeit wäre, in die Reha-Klinik zu gehen, um von all den Schmerzmitteln runterzukommen, die sie drei Jahrzehnte lang genommen hatte. Ich hatte keine Ahnung, ob das funktionieren würde. Aber nach 45 Tagen in der Betty Ford-Klinik für Schmerzmanagement war meine Mutter ein völlig neuer Mensch – schmerzfrei und dazu auch noch Nichtraucherin (sie hatte seit Ewigkeiten am Stängel gehangen). Ich hatte meine Mutter nie schmerzfrei erlebt und hielt es nicht für möglich, dass das in diesem Leben noch mal eintreten würde. Doch während ich dieses Buch schreibe, ist meine Mutter schon seit 80 Tagen clean und 40 Tage am Stück schmerzfrei. Wir verbrachten Thanksgiving mit meinen und Jennas Eltern und planen nun schon Reisen nach Maui und Bali und quer durch die Staaten.

Ich glaube, dass Kinder viel mehr darauf achten, was ihre Eltern *tun,* als darauf, was sie *sagen*. Meine Mutter akzeptiert nie ein Nein als Antwort. Sie versucht immer, irgendwie einen Weg zu finden. Und sie lässt sich nie von anderen Leuten sagen, was für sie im Bereich des Möglichen liegt. Sie redet nicht nur, sie lässt auch Taten folgen. Der Mut meiner Mutter, zur Reha zu gehen und das Wunder ihrer Geschichte inspirieren mich so sehr, dass Worte dafür nicht ausreichen.

Ich habe außerdem von ihr gelernt, dass ich jedes Hindernis überwinden kann, das sich mir vielleicht in den Weg stellt – und zwar durch die Kraft meines Geistes.

Mein ganzes Leben lang wiederholte mir meine Mutter immer und immer wieder, dass ich alles schaffen könnte, was ich mir in den Kopf setze. Sie hat mir oft gesagt, dass sie mich quasi hypnotisiert hat, sodass ich auch wirklich daran glaube. Und diese Grundüberzeugung hat mich durch mein ganzes Leben getragen. Ich glaube fest daran, dass es wirklich nichts gibt, was ich nicht tun kann. Wenn ich mir etwas in den Kopf setze, so *kann* ich das auch durchziehen.

Doch eine Sache verschwieg mir meine Mom: dass es manchmal höllisch schwer sein würde und man echt viele Niederlagen einstecken muss, bevor sich der Erfolg einstellt. Sie bereitete mich jedoch darauf vor, immer einen offenen und zuversichtlichen Geist zu bewahren, ohne den ich manche Herausforderungen meines Lebens gar nicht hätte bewältigen können.

Was ich von meinem Dad lernte

Mein Vater war eine genauso tolle Quelle der Inspiration und zudem jemand, der mich in meinem Leben nie die Bodenhaftung verlieren ließ. Dad hatte im Vietnamkrieg als Sanitäter gedient.

Während viele seiner Freunde im Kampf starben, diente er unserem Land gewissenhaft und rettete viele Menschenleben.

Es gibt ganze Familiengenerationen, die ihre bloße Existenz seinen Bemühungen zu verdanken haben. Mein Vater ist einer der spannendsten Menschen, die ich kenne. Er LIEBT das Leben. So sehr sogar, dass er sich dafür entschieden hat, es zu studieren, und zwar im wahrsten Sinne des Wortes, denn er hat seinen Abschluss in Biologie gemacht. (Meine Mutter ist ebenfalls Biologin – sie sind beide *super*schlau.) Schon ganz früh brachte er mir jede Menge faszinierende Sachen bei und erklärte mir, wie die Welt so funktioniert.

Da bei mir beide Elternteile Wissenschaftler sind, wuchs ich natürlich auch mit der wissenschaftlichen Methode als Grundpfeiler des Lebens auf: Stell eine Frage, recherchiere, formuliere eine Hypothese, überprüfe deine Hypothese, analysiere deine Daten und kommuniziere die Ergebnisse. Und danach mach das Gleiche noch mal.

Ich habe das Leben schon immer als Experiment betrachtet. In meinen Zwanzigern stieß ich auf ein Zitat von Ralph Waldo Emerson, das mit meiner Erziehung vollkommen im Einklang steht und inzwischen in meinem Leben zu einer Art Richtwert geworden ist: «Das ganze Leben ist ein Experiment. Je mehr Experimente du machst, desto besser.«

Weil die wissenschaftliche Methode so sehr in meinem Denken verankert ist, habe ich mich immer als «gesunden Skeptiker mit einem offenen Geist« betrachtet. Das war besonders der Fall (und zudem sehr nützlich), als ich meinen Streifzug durch die Welt der persönlichen Weiterentwicklung begann. Es gibt so viele Versprechungen darüber, »was möglich ist« – und zwar bei allen Heilungsmodalitäten. Doch anstatt solchen Behauptungen einfach Glauben zu schenken, überprüfe ich diese Modalitäten lieber und finde heraus, ob sie funktionieren.

Meine Eltern erzogen mich dazu, mir einen offenen Geist zu bewahren, doch gleichzeitig auch dazu, die Dinge zu überprüfen.

Doch am wichtigsten dabei war, dass ich lernte, meine Hypothesen zu prüfen und bloße Behauptungen nie einfach so hinzunehmen. Es liegt sozusagen von Geburt an in meinen Genen, alles ständig zu testen. Ich habe schon alle möglichen Sachen ausgetestet – Drogen, spirituelle Lehrer, Diäten, 12-Schritte-Programme und sogar in Frage kommende Liebespartnerinnen.

Im Grunde sehe ich meine ganze Welt inzwischen als einen gigantischen Test an. Ich überprüfe, welche Heilungsmodalitäten am besten funktionieren und welche man vergessen kann. Ich bin offen dafür, alles zumindest einmal zu versuchen – um meine eigenen Erfahrungen damit zu machen und mir so eine Meinung darüber bilden zu können.

Und was richtig cool ist: Meine Eltern haben mich immer so weit respektiert, dass sie mich meinen eigenen Weg gehen *ließen*. Sie wollten nie, dass ich genauso denke wie sie oder dass ich das tue, was sie für richtig hielten. Sie haben mir immer Raum für meine eigenen Erfahrungen gelassen und respektierten die Entscheidungen, die ich traf.

Ich habe also ganz allein herausgefunden, welche Richtung ich in meinem Leben einschlagen wollte. Oftmals fand ich mich allerdings in einer Sackgasse wieder, in der mir andere Leute vorschreiben wollten, wie ich zu denken hatte. Das hat bei mir aber nie funktioniert. Darum könnte ich auch nie lange ein Angestellter sein: Ich hab einfach ein Problem damit, mich Autoritäten zu unterwerfen. Aber die gute Nachricht ist: Da ich ja zu einem gesunden Skeptiker erzogen wurde, habe ich vollstes Verständnis für alle, die *mir gegenüber* skeptisch sind.

Ich glaube, dass jeder, der anderen etwas über persönliches Wachstum beibringt, gründlich getestet werden sollte. Und wie bei jedem »Produkt« sollte der Konsument bei solchen Lehrern skeptisch bleiben, bis sie sich als vertrauenswürdig erwiesen haben. Das ist ein gesunder und wichtiger Teil des Weges.

Mein Vater hat mir beigebracht, erst einmal alles, was neu ist, auf Herz und Nieren zu prüfen, dabei jedoch stets offen für neue

Ideen und Überzeugungen zu sein. Er hat mich den Grundsatz der Selbstständigkeit gelehrt: »Glaube nichts, bloß weil es dir jemand gesagt hat; sondern probiere es selbst aus.«

Was ich als Kind über eine gesunde Skepsis und einen offenen Geist lernte, hat mich auch im späteren Leben fortwährend begleitet.

Yoda und die Vulkanier

Zu den prägendsten Erfahrungen meiner Kindheit und Jugend gehören mit Sicherheit *Star Wars* und *Star Trek*. Meine Eltern sind totale Nerds und fahren voll auf Science Fiction ab. Und dadurch wurde ich genauso – und habe das auch nie bereut. Man könnte behaupten, dass ich das Kind der Macht *und* von Starfleet sei. Für gewöhnlich mag man entweder Star Trek mehr als Star Wars oder umgekehrt – aber ich mag beides so sehr, dass ich mir nicht vorstellen kann, mich für eine Sache entscheiden zu müssen.

Ich hab die erste *Star Wars-Trilogie* bestimmt über hundert Mal gesehen. Obwohl es Science Fiction ist, war ich immer wieder von dem Konzept der Macht fasziniert. Wann immer Yoda davon sprach –besonders in *Das Imperium schlägt zurück*, worauf ich in einem späteren Kapitel noch ausführlicher eingehen werde – fühlte ich die tiefe Wahrheit in mir nachklingen. Ich träumte oft davon, Luke Skywalker zu sein und so die Macht für gute Zwecke zu »nutzen«.

Ich wuchs außerdem mit *Star Trek: The Next Generation* auf. Captain Picard, Riker, Data, Troi, Worf, Geordi, Dr. Crusher, Guinan und Wesley waren für mich so etwas wie enge Verwandte. Ich war fasziniert von der Idee, in einem supercoolen Raumschiff durch die Galaxie zu brausen – zusammen mit tollen Leuten, die sich alle gegenseitig unterstützen.

Was ich an *TNG* so liebte, war die Tatsache, dass es in all den Folgen immer darum ging, wie man Konflikte *ohne Gewalt* löst. Ich war inspiriert von Gene Roddenberrys Vision für die Zukunft:

eine Zeit, in der wir Menschen uns auf unsere Gemeinsamkeiten anstatt auf unsere Unterschiede konzentrieren und in der wir begriffen haben, dass jedes Lebewesen einen eigenen, ganz spezifischen Wert besitzt.

Einer meiner absoluten Lieblingsmomente von *Star Trek* ist aus dem Film *Der erste Kontakt*. Es geht um die außerirdische Rasse der Borg und deren Pläne, wie sie die gesamte Menschheit bezwingen können.

Die Borg entschließen sich zu einer Zeitreise in die Vergangenheit, als die Menschen zum ersten Mal Kontakt mit dem außerirdischen Volk der Vulkanier hatten. Die Borg möchten diesen »Erstkontakt« gerne verhindern, also benutzen sie ihre überlegene Technologie, um die menschliche Rasse zu »assimilieren«. Picard und seine Crew folgen den Borg in die Vergangenheit und fechten eine heftige Schlacht mit dem grimmigen Feind aus. Aber um diese Schlacht geht es mir gar nicht. Ich finde viel interessanter, was passiert, wenn die Guten zum Schluss gewinnen.

Die Borg versuchten, den ersten bemannten Flug durchs All mit Warp-(bzw. Licht-)Geschwindigkeit zu stoppen. Ihre Versuche blieben jedoch erfolglos. Das Ergebnis davon war sogar, dass ein Vulkanier-Raumschiff, das gerade durch unser Sonnensystem flog, das Warpsignal empfing, dadurch auf die Erde aufmerksam wurde und sich kurzerhand entschloss, den Menschen einen Besuch abzustatten. Und ihre Ankunft leitete dann schließlich eine ganz neue Ära des Weltfriedens ein, weil die Menschen erkannten, dass sie nicht allein in der Galaxie sind. Das war eine große Sache, da die Vulkanier kurz nach dem dritten Weltkrieg ankamen, als der Planet am Ende und die Menschheit ohne Hoffnung war.

Das erste Mal, als ich sah, wie die Vulkanier auf der Erde landen und sich mit den Menschen treffen, musste ich tatsächlich weinen. Es war so, als ob ein Teil von mir, tief in meinem Inneren, wirklich ganz sehr wollte, dass das so passiert. Ich habe schon immer hoch zu den Sternen gestarrt und mich gefragt, was da oben so los ist. Ich habe immer daran geglaubt, dass wir auf keinen Fall die einzigen Lebewesen in diesem großen, weiten Universum sein können. Und ich habe immer unterschwellig einen tiefen Schmerz verspürt wegen all dem Leid auf unserem Planeten. Es ist doch so sinnlos – diese ganze Einstellung, die wir haben: »wir« gegen »die anderen«.

Trotz unserer ganzen hochmodernen Technologien sind wir noch immer eine Welt voll von Nationen, die sich bekriegen, voll primitiver Herrschsucht und voll von Sucht allgemein – nach Macht, Geld, Öl und vielen anderen Dingen.

Als ich aufwuchs – und irgendwie immer noch – hat mich allein die Möglichkeit, dass all dieser Schmerz und dieses Leid einmal ein Ende haben könnten, zutiefst bewegt. Mich macht es manchmal noch immer traurig, dass ich nicht in der Starfleet-Welt lebe. Es scheint einfach ein so viel besserer Ort zu sein.

Eines der Dinge, die mich am meisten im Leben antreiben, ist das Gefühl, irgendwie und irgendwo dazuzugehören. Und dieses Zugehörigkeitsgefühl spürte ich das erste Mal wegen *Star Trek*. Die Kameradschaft bei *Star Trek* wärmt mir noch heute mein Herz. Bei *Star Trek: The Next Generation* wirkte die Crew auf mich wirklich wie eine Familie. Sie respektierten einander. Sie lösten gemeinsam Probleme. Und Captain Picard suchte immer eher nach einer diplomatischen Lösung anstelle einer militärischen.

Ich mag einfach das Gefühl, dass ich dazugehöre – und andere dazu anzuregen, sich ebenfalls dazugehörig zu fühlen. Auf diese Art wird auch mein Unternehmen *The Daily Love* geführt, und genauso behandeln wir auch Klienten. Denn Zugehörigkeit ist der Faden, an dem alles in unserem Leben hängt.

Später im Leben benutzte ich *Das Imperium schlägt zurück*, um mich selbst wiederzufinden. Ich werde in Kapitel 5 mit der ganzen Geschichte dazu herausrücken, aber im Moment genügt es, wenn ich sage, dass ich zu jener Zeit das aus den Augen verloren hatte, was mir wirklich wichtig ist. Ich war fest in den Fängen der Unterhaltungsbranche von Los Angeles. Und als ich mir in meinem Apartment in L.A. zum vielleicht hundertsten Male das *Imperium* reinzog, erkannte ich endlich, dass ich eigentlich immerzu in Angst lebte. Lukes Reise zum Zentrum seiner eigenen Angst in *Imperium* erinnerte mich daran, dass sich in all unseren Ängsten kein fremdartiger, gruscliger, abgefahrener Teufel versteckt – sondern unser wahres Selbst. Wenn wir uns unseren Ängsten stellen, konfrontieren wir uns mit uns selbst. Es gibt keinen anderen »Feind«. All die Furcht, die wir in der Welt wahrnehmen, ist eine Projektion unserer eigenen inneren Angst ins Außen. Das Porträt einer so tiefgründigen Wahrheit war damals ein großer Fingerzeig vom Universum für mich. Es war so, als ob das Universum sagen würde: »Du musst dich deinen Ängsten stellen. Lauf nicht länger davon!« Und von diesem Moment an änderten sich die Dinge.

Wenn ich so darüber nachdenke, sind die Moralvorstellungen von *Star Trek* und *Star Wars* ein Grundpfeiler meines Glaubenssystems. Ich glaube ganz fest an eine Art globale Familie und weiß, dass es da noch eine »Macht« oder eine »göttliche Präsenz« gibt, die uns alle verbindet und vereint.

Ich weiß, es klingt komisch, dass jemand seine Moralvorstellungen auf Science Fiction gründet, aber wie oft wurde aus der Science Fiction von gestern schon die Realität von heute?

Die Geburtsstunde eines abtrünnigen Christen

Eine andere Sache, die ich von meinem Vater habe, ist der Glaube, dass es da etwas Größeres, Höheres als mich gibt. Er nahm mich jeden Sonntag mit zur Kirche, wo ich etwas über das Christentum und die Lehren Jesu lernte.

Jeden Sonntag sprach der Pfarrer über LIEBE. Selbst damals schien es schon so offensichtlich zu sein, dass Grundwerte wie LIEBE wahr sind. Es kam mir komisch vor, dass man das noch extra erwähnen musste. Das ist so, als würde man über die Sonne predigen, und zwar so, als ob wir sie nicht direkt über unseren Köpfen sehen könnten.

Seit damals habe ich jedoch begriffen, dass viele spirituelle Wahrheiten für andere Leute nicht so naheliegend sind. Je weiter wir uns von der Kindheit entfernen, umso mehr vergessen wir scheinbar, dass wir schon wissend geboren wurden – dass LIEBE alles ist, was es gibt, und dass wir alle mit der göttlichen Quelle verbunden sind.

Das heißt jetzt nicht, dass ich immer mit allem einverstanden war, was so aus Richtung Kirche kam. Obwohl ich christlich aufgewachsen bin, wurde ich auch von naturwissenschaftlich eingestellten Eltern großgezogen, die an die Evolution glaubten – was die Kirche nicht tat. Für mich war die Idee der Evolution ganz normal und natürlich. Es ergab Sinn, dass sich das Leben immer weiterentwickelt und besser und besser wird. Das liegt in der Natur des Lebens – sich selbst auszudrücken und dann diesen Selbstausdruck ausgehend von den Resultaten noch weiter zu verbessern.

Auf manche Weise ist die Evolution das Leben – oder das Universum – bei der Anwendung der wissenschaftlichen Methode. Für mich war das immer ganz natürlich und intuitiv so. Zumindest bis ich 13 wurde und mein kirchliches Leben und mein schulisches Leben aufeinanderprallten. Ich bin in Lawrence, Kansas, geboren, aber wir zogen nach Kanada, als ich zwei war. Dort wohnte ich, bis ich etwa zehn war, dann zogen wir wieder nach Lawrence.

Es war schwierig für mich, mit dem neuen Schulsystem klarzukommen. Meine Eltern hatten Angst, mich auf eine öffentliche Schule zu schicken – wegen den all den Problemen mit Gangs zu jener Zeit. Also probierte ich eine Schule nach der anderen aus, in der Hoffnung, die passende zu finden. Ich besuchte ein Jahr lang eine Schule in Topeka, wollte aber lieber in eine gehen, die nicht so weit von zu Hause entfernt war. Und noch wichtiger war mir, dass ich dort auch den Lieblingssport meiner Kindheit betreiben konnte – Baseball. Ich war ein begeisterter Baseballspieler und wollte unbedingt in die Kleine Liga. Die *Douglas County Christian School* war ganz in der Nähe und lag auch im Spielbereich der Baseball-Liga, in der ich gerne mitmischen wollte. Also entschied ich mich für diese Schule. Außerdem dachte ich, dass es sicher toll wäre, mit gläubigen, warmherzigen Leuten zusammen zu lernen.

Doch was als Nächstes geschah, führte leider dazu, dass ich dem christlichen Glauben für fast zwanzig Jahre den Rücken kehrte.

Eines Tages sollten wir im Naturkundeunterricht etwas darüber erfahren, wie unsere Welt entstanden ist. Ich war völlig verblüfft, als ich sah, dass meine Lehrerin, Mrs. Henry, nicht aus einem wissenschaftlichen Buch lehrte, sondern aus der *Bibel.* An diesem Tag gingen wir die Schöpfungsgeschichte aus Genesis durch – man kennt das ja: »Am Anfang war das Wort, und das Wort war bei Gott …«. Sie erzählte, was am ersten Tag geschah, am zweiten und so weiter. Und als sie fertig war, sagte sie: »Und so hat Gott die Welt erschaffen.«

Sie sagte das als *Fakt.* Für mich war das alles sehr befremdlich. Ich wartete immer noch, bis sie mal etwas über die Evolution erzählen würde – etwas darüber, dass die Welt sich seit Millionen, wenn nicht seit *Milliarden* von Jahren ständig weiterentwickelte.

Schließlich meldete ich mich und fragte sie direkt nach der Evolution. Und sofort bestritt sie vehement, dass so etwas wie Evolution überhaupt existiert. Sie sagte nochmals, dass die Welt exakt so erschaffen wurde, wie Gott es – in der Bibel – gesagt hatte. Für meinen jugendlichen Wissenschaftlergeist ergab das wenig Sinn. Ich dachte eine Weile darüber nach und hob dann wieder meine Hand. Denn aus meiner Perspektive lag Mrs. Henry mit ihren »Fakten« völlig falsch.

»Mrs. Henry«, fragte ich. »Wie alt ist dieses Buch?«

»Über zweitausend Jahre alt«, sagte sie.

»Genau«, sagte ich. «Und vor zweitausend Jahren verstanden wir nicht, was Blitze sind. Wir hatten keine Ahnung von der Schwerkraft. Wir verstanden nicht sehr viel vom Leben. Und wir hatten mit Sicherheit nicht die Wissenschaft, die wir heute haben. Denken Sie nicht, dass es möglich wäre, dass die Schöpfungsgeschichte in der Bibel nur eine Fabel ist, die von einfachen Leuten an andere einfache Leute weitererzählt wurde? Könnte es nicht sein, dass es sich dabei um eine Art Metapher für die Evolution handelt und dass beide Versionen dasselbe meinen?«

Es genügt zu sagen, dass Mrs. Henry völlig fassungslos war. Meine Klassenkameraden waren wie erstarrt. Und Mrs. Henry wühlte das alles so auf, dass sie sogar zu weinen begann. Ich war nun völlig verwirrt! Ich dachte, dass ich einen sehr wichtigen Punkt zur Sprache gebracht hatte. Doch anstatt dafür gelobt zu werden, dass ich eine Theorie aufgestellt hatte, die eine Koexistenz von Schöpfungsgeschichte *und* Evolution zuließ, machte man sich über mich lustig – und ich wurde zum Büro des Direktors zitiert!

Und was noch schlimmer war: Alle meine Mitschüler machten sich von diesem Tag an ständig über mich lustig und nannten mich nur noch »Affenjungen«.

Ich war geschockt. Ich dachte, dass »Christen« freundliche, warmherzige Menschen wären, die auch noch die rechte Wange hinhalten würden. Trotzdem hatte ich mich in meinem ganzen Leben noch sie so verurteilt und ungeliebt gefühlt. Ich war fertig mit Gott. Ich war fertig mit Jesus. Ich war fertig mit Religion. Wenn so das Christentum war, dann wollte ich damit nichts zu tun haben. Und es würde noch zwei Jahrzehnte dauern, bis ich erkennen würde, dass es einen Riesenunterschied zwischen der LIEBE des Göttlichen und Menschen, die angeblich diese LIEBE »repräsentieren«, gibt. Aber mit 13 begriff ich das noch nicht – und verpasste dadurch die Botschaft des Christentums.

Reise zur dunklen Seite

An diesem Tag begann eine langwierige existenzielle Krise in meinem Leben. Ich war so fertig und verletzt (und ich wusste zu dieser Zeit nicht einmal, *wie* verletzt ich war), dass ich mich von allen »spirituellen«, »religiösen« oder irgendwie mystischen Dingen für eine ganze Dekade fernhielt.

Zu dieser Zeit verstand ich noch nicht, wie massiv die Auswirkungen davon sein würden. Inzwischen weiß ich – dass alle Abhängigkeiten durch die Trennung von der Quelle, von unserem Wohlbefinden und von unserer tiefsten Wahrheit entstehen.

Ich verstehe nun, dass Mrs. Henrys Kurs der Moment war, in dem mein Leben den Kurs Richtung Abhängigkeit aufnahm. Von diesem Augenblick an suchte ich an allen möglichen falschen Orten nach »Gott«.

Ich hatte kein Interesse daran, in die Kirche zu gehen. Stattdessen beschäftigte ich mich lieber mit Baseball, Computerspielen und einem Rollenspiel namens *Magic: The Gathering*. Ich hörte viel Heavy Metal – die Lieblingsbands meiner Jugend waren Korn, Limp Bizkit, Slipknot, Sevendust und Staind.

Aber bis heute ist Tool mein absoluter Favorit. In Tools dunklen, melodischen und spirituellen Texten fand ich damals Gott, und zwar zu einer Zeit, als ich die Version von Gott hasste, mit der ich aufgewachsen war. Und sogar während dieser Phase, in der ich Musik hörte, die – wie ich inzwischen weiß – voll von Wut, Hass und negativer Energie ist, unterstützten mich meine Eltern weiterhin.

Ganz egal, welche Phase ich gerade hatte oder welche Musik ich hörte, ich wurde immer GELIEBT. Ich wurde GELIEBT, selbst als ich das ganze Haus in maximaler Lautstärke (und ich meine damit *echt* laut) mit Limp Bizkit beschallte. Meine Eltern baten mich dann einfach nur, doch bitte etwas leiser zu stellen, und das tat ich dann auch. Sie respektierten stets meinen Prozess und meine Entscheidungen.

Wie das Schicksal so spielt, freundete sich mein guter Freund Tim mit den Typen von Limp Bizkit an. Das war so 1997, kurz bevor sie richtig groß rauskamen. Sie hatten auf ihrer Warped-Tour einen Stopp in Lawrence eingelegt. Tim verkaufte Comic-Bücher und Vintage-Spielzeug. Er hatte auf der Warped-Tour einen kleinen Stand. Fred, der Sänger von Limp Bizkit, liebte Spielzeug. Also schaute er bei Tim am Stand vorbei – und schon war eine Freundschaft geboren. Wir fingen an, zu all ihren Konzerten im Land zu gehen. Da war ich also, ein High-School-Kid aus Kansas, und ich reiste an den Wochenenden quer durchs Land, um Limp Bizkit in Dallas, Chicago, L.A. und New York City spielen zu sehen. Es kam mir so vor, als ob mein Leben zu einer New Metal-Version des Films *Almost Famous – Fast berühmt* geworden war.

Wenn die Kids in der Schule wissen wollten, wie mein Wochenende denn so gewesen sei, und ich ihnen erzählte, dass ich mit LB rumgetourt war, glaubten sie mir allerdings nicht, daher behielt ich meine Ausflüge lieber für mich.

Wir durften bei den Shows in den Backstage-Bereich und bekamen dazu auch immer noch Geschenke – beispielsweise limitiertes Sammlerspielzeug. LBs erstes Album hieß *Three Dollar Bill, Y'all*, und wir ließen für die Band limitierte Dreidollarnoten mit Limp Bizkit-Logos drucken.

Das war eine wichtige frühe Lektion für mich: Wenn man etwas Wertvolles in das Leben anderer Menschen einbringt, dann können wirklich coole Dinge passieren.

Eine Nacht, die besonders hervorstach: Tim und ich waren bei einem ausverkauften Limp Bizkit-Konzert in der Bronco Bowl in Dallas, genau als ihre Single »Nookie« überall auf der Welt Nummer eins war. Staind und Kid Rock waren das Vorprogramm. Danach gingen Tim und ich in den Bus der Band, wo alle gerade die Nummer eins-Platte feierten – sie hatten sogar die extrem beliebten Backstreet Boys geschlagen. Hier war ich also, ein Siebzehnjähriger aus Kansas und machte Party mit meiner Lieblingsband – und zwar in der Woche, als ihre Platte Nummer eins wurde!

Es war ein wahrgewordener Traum. Und es zeigte mir auch, was möglich war und was nicht geschehen wäre, wenn meine Eltern mir nicht die Freiheit gelassen hätten, mich auszuprobieren.

An diesem Abend traf ich einen Mann, der mir als der Manager der Band vorgestellt wurde. Wir plauderten ein wenig, und ich fragte ihn, ob er nach Praktikanten suche. »Aber immer«, sagte er. Daher erzählte ich, dass ich bald nach L.A. ziehen und gerne umsonst für ihn arbeiten würde. (Übrigens hatte ich überhaupt *keine* Umzugspläne – ich sagte das einfach nur so.) Er gab mir seine Karte und ging bald darauf.

Ich erkannte damals nicht, wie dieser kurze, günstige Augenblick mein Leben für immer verändern würde. Es sollte der Beginn einer Zeit werden, die mir die großartigen und unglaublichen Möglichkeiten des Lebens zeigen würde – allerdings auch die dunklen Abgründe der Sucht.

Beide sollten mir großartige Lehrer sein, obwohl die Dunkelheit mich fast töten würde.

Wenn ich jedoch zurückblicke, erkenne ich, dass das alles erst durch meine Eltern möglich gemacht wurde.

Ich kann unmöglich meine ganze Dankbarkeit dafür zum Ausdruck bringen, dass sie mir erlaubten, mich für das Leben zu entscheiden, das ich leben wollte. Nun, da ich weiß, welchen negativen Einfluss Eltern auf ihre Kinder haben können, weiß ich erst, wie glücklich ich sein kann, dass ich solche Eltern wie meine Mom und meinen Dad hab. Ich bin da echt gesegnet.

Sie haben auch sehr lange versucht, mir eine märchenhafte Kindheit zu schenken. Und während ich mit einer Art naiven Unschuld aufwuchs, die ich bis heute besitze, hätte mir ein bisschen mehr Realitätssinn vielleicht auch nicht geschadet. Denn während der nächsten Jahre sollte ich eine äußerst schmerzhafte Erziehung bekommen – etwas, wovor mich meine Eltern ja stets beschützen wollten.

Als ich abhängig wurde – und verführt von Geld, Macht und Ruhm – verlor ich mich selbst für eine ganze Weile. Wenn ich darüber nachdenke, erinnert mich das irgendwie an den Film *Die Reise ins Labyrinth*.

Die Hauptfigur Sarah ist unterwegs zum Schloss des Koboldkönigs »auf der anderen Seite der Träume«, als sie von ihrem Freund Hoggle verraten wird – er gibt ihr eine vergiftete Frucht und sie fällt in einen tiefen Schlaf.

In ihren Träumen erscheint ihr das Leben einfach wundervoll. Sie befindet sich in einem eleganten Ballsaal, der jedes Mädchenherz höher schlagen lassen würde. Aber inmitten dieser Illusion vergisst Sarah, wer sie ist.

Meine Reise nach Hollywood ließ mich auch für einige Zeit in einen tiefen Schlaf fallen. Ich verlor mich selbst. Ich verlor meine Kraft. Und ich begab mich an einige der dunkelsten Orte, zu denen ein Mensch gehen kann. Aber ich sollte um einiges weiser wieder aufwachen.

Ich musste wie Luke Skywalker in die Dunkelheit gehen, um mich mit mir selbst zu konfrontieren. Dorthin führte mich meine Reise – jenseits von allem, was vertraut und angenehm für mich war, direkt in die Tiefen meiner schlimmsten Ängste.

Viel später in meinem Leben stieß ich auf ein Zitat von Joseph Campbell, das alles wieder in die richtige Perspektive rückte: »Die Höhle, vor der du dich beim Betreten am meisten fürchtest, wird sich als die Quelle dessen erweisen, wonach du die ganze Zeit gesucht hast.«

Die Dunkelheit bahnte sich schon an, aber davon wusste ich nichts. Ich war sogar ziemlich aufgeregt und euphorisch wegen all der tollen Abenteuer, die auf mich zukommen würden, als ich mich von meinen wunderbaren Eltern verabschiedete und nach L. A. fuhr.

KAPITEL 3

Abenteuer in Hollywoodland

»Aber ich mag nicht zu verrückten Leuten gehen«, bemerkte Alice. »Oh, das kannst du nicht ändern«, sagte die Katze: »Wir sind alle verrückt hier. Ich bin verrückt. Du bist verrückt.« »Woher weißt du, dass ich verrückt bin?«, fragte Alice. «Du musst es sein«, sagte die Katze, »sonst wärst du nicht hergekommen.«

LEWIS CARROLL, ALICE IM WUNDERLAND

Man muss schon ein bestimmter Typ Mensch sein, wenn man die Annehmlichkeiten seines gewohnten Lebens aufgibt und sich auf unbekanntes Terrain vorwagt. Das ist wirklich keine leichte Sache. Dazu braucht es Mut und Entschlossenheit, denn man wird unweigerlich einige Rückschläge auf dem Weg hinnehmen müssen.

Eine Reise ins Ungewisse ist so ziemlich eine der härtesten Sachen, die wir uns aussuchen können. Doch das war mir nicht wirklich klar, als ich mich damals dazu entschied, Kansas zu verlassen und nach Hollywood zu ziehen.

Zu der Zeit wusste ich einfach nur, dass meine Mutter mir immer gesagt hatte: »Du kannst alles tun, was du dir in den Kopf gesetzt hast.« Was einer der besten Ratschläge ist, die ich je bekam. Denn wenn ich nicht daran geglaubt hätte, dass ich alles tun konnte, was ich wollte, dann wäre ich wahrscheinlich auch nicht naiv genug– oder vielleicht auch verrückt genug – gewesen, um tatsächlich nach Hollywood zu ziehen. Es wäre so einfach gewesen, zu Hause zu bleiben und den Weg einzuschlagen, der bereits vor mir lag: College, Beruf, Familie. Und wenn ich das getan hätte, dann würdest du heute wahrscheinlich nicht dieses Buch von mir lesen.

Zum Glück wusste ich auch tief in mir drin, dass ich mit einer traditionellen Laufbahn nie glücklich geworden wäre. Das wäre zu vorhersehbar gewesen.

Ich musste daher keinen zweiten Gedanken daran verschwenden, dass ich nach Los Angeles ziehen würde. Es war die einzige Option. Als ich 16 war, reisten Tim und ich nach L.A., und ich bekam dort mein erstes Tattoo und rauchte zum zweiten Mal Gras. Auf diesem Trip sah ich auch Danny Glover in einem Hotel, und mehr brauchte es nicht.

Ich wollte in dieser Welt der Stars leben und mein Zeichen hinterlassen. Ich wollte dort leben, wo das Wetter und die Frauen am allerschönsten waren. Ich wollte zur Elite dieser Stadt gehören, der die ganze Welt staunend zusah.

Doch die Dinge liefen nicht nach Plan. Mein Plan war es gewesen, als College-Freshman nach L.A. zu kommen. Ich wollte am Musikindustrie-Programm der *University of Southern California* teilnehmen. Ich würde das Wunderkind der Musikbranche werden, all meine Lieblingsbands managen und bei jedem Konzert, in das ich wollte, in der ersten Reihe sitzen – ganz zu schweigen von den *Grammys* und den *MTV Video Music Awards.*

Ich hatte allerdings nicht die Absicht, das College auch tatsächlich *abzuschließen* – die USC würde einfach nur mein Ticket nach L.A. sein, damit meine Eltern ihren Segen dazu gaben. Ich wusste, dass sich alles ändern würde, wenn ich erst mal in der Stadt war. Ich wusste zwar nicht, wie es sich ändern oder was dabei herauskommen würde, aber ich wusste, dass sich was ändern würde. Ich fühlte, dass mich mein Schicksal in Los Angeles erwartete. Ich sehnte mich so sehr danach, bei irgendetwas wirklich Wichtigem dabei zu sein, und Hollywood schien genau der richtige Ort dafür zu sein.

Aber es kam alles ganz anders, denn die USC lehnte mich ab. Stattdessen ging ich an die *University of Kansas*. Das war ein ziemlicher Rückschlag, aber es tötete nicht meinen Traum. Ich musste es eben einfach noch mal versuchen. Leider konnte ich mich erst in einem Jahr wieder bewerben. Es wurde ein schreckliches Jahr, denn ich wusste, dass ich nicht an die KU gehörte. Ich konnte immerzu nur darüber nachdenken, wie ich an die USC kommen könnte. Ich strengte mich doppelt an und bewarb mich dann für mein zweites Studienjahr.

Der Tag, an dem ich die schriftliche Zusage von der USC erhielt, war einer der aufregendsten Tage in meinem Leben. Ich wusste, dass mein Leben von diesem Moment an nie wieder dasselbe sein würde.

Es war eines der ersten Male, an die ich mich erinnern kann, dass das Universum wirklich JA zu meinen Träumen gesagt hat.

Es konnte losgehen. Ich hatte mein Ticket nach L.A., meine Zulassung zur USC und einen – nur einen – wichtigen Kontakt in der Musikbranche: Paul.

Paul war der Manager, den ich Jahre zuvor im Tourbus von Limp Biskit getroffen hatte. Seit ich ihm begegnet bin, wollte ich unbedingt für ihn arbeiten – und von dort aus die Leiter von Hollywoods Musikbranche hochklettern.

Das Schicksal wollte es, dass ich im Roxy auf dem Sunset Strip zufällig Paul wiedertraf – einen Monat, nachdem ich im Sommer 2001 nach L.A. gezogen war. Ich glaube nicht, dass das auch passiert wäre, wenn ich ein Jahr zuvor schon dorthin gezogen wäre. Wenn ich auf diesen Moment zurückblicke, erscheint es mir inzwischen wirklich wie eine göttliche Fügung – ein »Gott-Shot«, wie ich es gerne nenne.

Als ich Paul im Roxy erblickte, wusste ich, dass das jetzt meine Chance war. Aber ich war so nervös, dass ich erst mal den Barkeeper bestechen musste, damit er mir einen Jägermeister einschenkte (ich war 19). Mit dem Schnaps intus hatte ich dann auch den Mut, zu Paul rüberzugehen und mit ihm zu sprechen.

Ich war ganz überrascht, dass er sich tatsächlich an mich erinnern konnte. Er wusste sogar, wo wir uns getroffen hatten. Das war supercool. Ich sagte ihm, dass ich bereit wäre, sein Praktikant zu sein, ohne Gehalt zu arbeiten und richtig was zu bewegen. Das Timing war perfekt: Es war ein Samstag im August, und sein Sommerpraktikant war am Tag zuvor zurück nach New York City geflogen. Ich begann am Montag.

Totaler Gott-Shot. Totale göttliche Fügung. Stimmt's?

Zum zweiten Mal in jenem Jahr fühlte ich, dass das Universum mir ein großes JA gab, und zwar zu allem, was ich mit meinem Leben anfangen wollte.

Ich hatte zwei aufeinanderfolgende Bestätigungen erhalten, dass die Dinge ganz nach Plan verliefen. Ich konnte es kaum glauben. Seit Jahren hatte ich davon geträumt, nach L.A. zu kommen und bei den großen Tieren mitzumischen.

Und hier war ich nun, am Anfang meiner Abenteuerreise mit einem ganz »großen Tier«, das zufälligerweise auch noch eine meiner Lieblingsbands managte.

Konnte das wirklich möglich sein?

JA. Das Leben zeigte mir – es *ist* möglich, dass Träume wahr werden. Ich sprach später in der gleichen Woche mit einem Freund darüber, und er sagte, es wäre genau wie Woody Allen es ausgedrückt hatte: »Dabeisein ist 80 Prozent des Erfolges.«

Ich hatte dieses Zitat nie zuvor gehört, aber ich habe es niemals vergessen. Gerade weil der Zauber der Sachen, die ich gerade erlebte, ja wirklich nur darauf beruhte, dass ich zur rechten Zeit am rechten Ort gewesen war. Ich beschloss, dass ich ab nun immer im Leben »aufkreuzen und dabei sein« würde. Denn wenn *das* gerade passiert war, was wäre dann eigentlich noch alles möglich?

Nein ist keine Option

Ich hörte Marianne Williamson einst sagen, dass man entweder durch Schmerz oder durch Freude lernt. Und wie sich herausstellte, sehen die schmerzhaften Lektionen manchmal so aus, als würde man genau das kriegen, was man will.

Die Dinge liefen gut für mich. Ich war in keinem 08/15-Managementschuppen gelandet – sondern bei der Nummer eins des Musikmanagements in Hollywood. Ich war so grün hinter den Ohren, dass ich keinen Schimmer hatte, wie angesehen diese Firma wirklich war, bis ich dort wirklich richtig Fuß gefasst hatte.

Paul, den ich bis heute unheimlich gern mag, wurde mein erster Mentor in der Branche. Aber er wurde auch zu einer Hauptfigur auf meiner spirituellen Reise. Er wäre zwar niemals zu einem Abraham/Hicks-Workshop gegangen, aber dieser Mann war trotzdem eine Art spiritueller Meister.

Alles, was man sich gedanklich vorstellen kann, konnte Paul auch manifestieren. Unter seiner Anleitung lernte ich, wie man beinahe alles fertigbringen kann, und zwar fast überall auf der Welt.

Ich war beeindruckt, was Paul alles tun konnte. Er arbeitete nicht nur mit Limp Bizkit, sondern mit etwa vier bis fünf anderen großen Bands zusammen.

Dieser Mann konnte weltweite Tourneen organisieren, während er Multimillionendollar-Scheiben produzierte, Freunden in der Reha half, er eine Beziehung führte und noch dazu ein reges Sozialleben hatte. Es inspirierte mich, wie ausgefüllt Pauls Leben war. Ich kann mich daran erinnern, wie ich als Praktikant in seinem Büro saß und fassungslos (und irgendwie auch peinlich berührt) dabei zusah, wie er den ganzen Tag Anruf um Anruf entgegennahm. Er war für viele Leute die oberste Instanz, wenn es darum ging, sich das Leben organisieren zu lassen. Er war der beste Musikmanager, den ich je gesehen hab. Was immer seine Klienten auch erledigt haben wollten – ganz egal, ob es sich dabei um eine große Sache oder eine bloße Kleinigkeit handelte – Paul war da, um sich darum zu kümmern.

Ich war so inspiriert von der Macht, die Paul verströmte, dass ich sie am liebsten aufgesogen hätte. Ich war jeden Tag der Erste im Büro und der Letzte, der ging. Alles, worum man mich bat, tat ich – ohne zu zögern.

Ich fand heraus, dass man es mit den guten Manieren des mittleren Westens in Hollywood weit bringen kann. Allein wenn man verspricht, etwas zu tun, und es dann auch macht, hat man schon sehr gute Karten.

Und Woody Allen hatte recht gehabt. Daher tauchte ich auch weiterhin einfach auf, und schon passierten alle möglichen Sachen.

Ich liebte die Macht, die ich hatte, und zwar allein dadurch, dass ich Praktikant einer so einflussreichen Firma war. Es gab keinen Wunsch, den wir unseren Klienten nicht erfüllen konnten. Konzerte, Spontanflüge, Essen aus einem New Yorker Restaurant, das wir bis zur Türschwelle eines Künstlers nach L.A. liefern ließen. Es spielte keine Rolle, was es war – wir machten es einfach möglich. Wir konnten eine Welttournee koordinieren oder einen Riesenvertrag in weniger als einer Woche aushandeln. Das Wort »Nein« existierte in unserem Vokabular einfach nicht.

Paul hämmerte es mir regelrecht ein, dass ich niemals ein »Nein« als Antwort akzeptieren durfte. Ganz egal, wie viel Widerstand mir entgegenschlug, es war mein Job, die Sache durchzuziehen. Eins von Pauls Lieblingsmottos hieß: »Gib deinem Chef niemals Arbeit zurück.« Das lehrte mich, stets alles zu geben und selbstständig zu denken. Ich hörte Paul zu, wenn er am Telefon war; beobachtete, wie er arbeitete; sah zu, wie er die Dinge ins Rollen brachte – und dann tat ich es ihm gleich.

Später lernte ich von Tony Robbins, dass man das als »Lernen nach Vorbild« bezeichnet, doch zu diesem Zeitpunkt nannte ich es einfach nur: »Ich will genau wie Paul sein.«

Ich kam ja aus Kansas und hatte in meinem Leben kaum irgendwelche Macht gehabt, also bekam ich schnell Appetit auf mehr. Die Leute, die in unserer Firma arbeiteten, wurden von allen in der Branche respektiert. Sie sprachen nur mit den Top-Leuten von Radio und Presse – und sorgten so auf der ganzen Welt für ausverkaufte Konzerte. Es reichte schon aus, mich in ihrer

Nähe aufzuhalten – und schon überkam mich das Gefühl, unverwundbar zu sein – dass ich alles tun könnte, was ich wollte. Und ich fing an zu glauben, dass ich besser als alle anderen wäre.

Außerdem begann ich, mein bisheriges Leben sehr kritisch zu betrachten. Ich sah mein früheres Selbst nun als totalen Loser an – so wie die Leute in meinem Heimatstädtchen eben auch nur Loser waren. In meinen Augen hatte so ziemlich jeder einen niedrigen Lebensstandard, wenn ich ihn mit dem Niveau der Extraklasse, die ich in Hollywood sah, verglich.

An jedem Tag pulsierten Gier, Machtgelüste und das Verlangen nach Weltruhm durch meinen ganzen Körper. Ich beschloss, dass ich meine Seele verkaufen würde, falls das nötig wäre, um in Hollywood Macht zu erlangen.

Wenn ich so zurückblicke, glaube ich, dass ich meine eigene Mutter unter den Bus geworfen hätte, wenn ich dadurch mehr Macht und Einfluss gewonnen hätte.

Und dann waren da noch die Drogen. In Hollywood gehen Glitzer, Glamour und Drogen einfach Hand in Hand. Ziemlich schnell wurde ich zur Hauptfigur meiner eigenen *E! True Hollywood Story*. Um die ganzen langen Stunden durch- und mit dem Hollywood-Lifestyle mithalten zu können, nahm ich schon bald regelmäßig Kokain. In der High School war ich nur sehr wenig mit Drogen in Berührung gekommen, aber nun rechtfertigte ich mein Verhalten damit, dass ich mich ja meiner Umgebung anpassen musste, um dazuzugehören.

Ich wachte auf und nahm Kokain, gleichzeitig über den Tag verteilt auch noch Xanax, um meinen Stress etwas zu dämpfen. Abends würde ich dann nochmals Kokain nehmen, um Energie zum Ausgehen zu bekommen. Nacht für Nacht ging das so, fast sieben Tage die Woche – und ich konnte immer erst – und auch nur durch noch mehr Xanax – im Morgengrauen einschlafen. An meinem absoluten Tiefpunkt wurde ich ohne fünf verschiedene Alarmtöne nicht wach – und trotzdem bekam ich jede Nacht nur ein paar Stunden Schlaf.

Ich ging also auf die richtigen Partys und arbeitete in der richtigen Firma – also brauchte ich natürlich auch das richtige Auto. Zu dieser Zeit fuhr ich einen alten 3er-BMW, den ich in Lawrence gefunden hatte. Er war ziemlich alt und war billig verschleudert worden – nichtsdestotrotz war es ein BMW – *das* Auto, das man in L.A. fahren sollte, um angesagt zu sein.

Eines Tages rollte ich auf dem Weg zur Arbeit mein Fenster runter, und es verklemmte sich. Als ich es nicht gleich wieder hochkriegte, wurde ich schnell ungeduldig. Doch anstatt es reparieren zu lassen, rief ich beim BMW-Händler an, ließ meinen alten BMW als Inzahlungnahme abholen und leaste einen brandneuen BMW, der noch am selben Tag zum Büro geliefert wurde. Für mein zugekokstes Hirn ergab das mehr Sinn als einfach nur das Fenster reparieren zu lassen. Der neue BMW erwies sich schon bald als Riesenfehler. Da stand ich nun mit einer monatlichen Rate von 500 Dollar, die ich schon bald nicht mehr zahlen konnte.

Ich war dabei, der Typ in L.A. zu werden, der zwar ein nettes Auto hatte, aber sonst kaum was – doch das merkte ich damals gar nicht. Zu dieser Zeit zählte einfach nur, dass ich mit dem richtigen Auto zu den richtigen Partys fuhr, wo ich von meinem richtigen Job erzählte, während ich mir die richtigen Drogen einpfiff. Ich war der Überflieger der Branche, sagte ich mir immer wieder.

Und dann musste ich auch noch immer bis 2 oder 3 Uhr wach bleiben, damit ich nach England telefonieren konnte! Wenn das heißen würde, morgens noch ein paar Lines zum Kaffee zu nehmen, dann war das nun mal so. Es wurde so schlimm, dass ich anfing, mir Adderall zu zermahlen und es mit dem Koks zu vermischen. Das wurde schnell zu meinem Lieblingswachmacher.

Aber dieses schnelle Leben ging mir auch genauso schnell an die Substanz. Bald schon brauchte ich Drogen fürs Büro, um wach und konzentriert zu bleiben. Die Sache beim Koks ist ja, dass deine Nase echt in Mitleidenschaft gezogen wird. Ich bekam täglich Nasenbluten vom Kokain, also musste ich meine Nase jeden Abend mit flüssigem Vitamin E betupfen. Ich fing an, Pedialyte zu nehmen (eine elektrolytische Lösung, die den Flüssigkeitshaushalt ausgleicht), um meine Alkoholexzesse auszubalancieren – und vorbeugend noch etwas Ibuprofen, um den unvermeidlichen, morgendlichen Kater etwas zu bezähmen. Tja, es ging bergab mit mir und das ziemlich rasant.

Wie man seinen Traumjob in weniger als einem Monat völlig vermasselt

Irgendwie schaffte ich es auf diese Weise, zwei Jahre weiterzumachen, obwohl ich fortwährend meinen Körper ruinierte. Ich ging noch immer auf die USC, aber meine ganze Aufmerksamkeit galt dem Praktikum.

Dann erhöhte das Universum den Einsatz, in Form einer offenen Stelle bei meinen Traumjob: Senior Vice Präsident bei A&R (der Talentabteilung, die dafür verantwortlich ist, neue Künstler zu finden beziehungsweise zu entdecken sowie für das Repertoire von Fred Durst, dem Sänger von Limp Bizkit, und sein Plattenlabel Flawless, einem Unterlabel von Geffen Records). Obwohl ich wusste, dass ich nicht gleichzeitig diesen Job machen und weiter studieren konnte, bewarb ich mich. Ich hatte mich so sehr für eine der Bands, die Paul bei Flawless managte, ins Zeug gelegt, dass sie mich für den Job empfohlen. Und siehe da – ich bekam ihn auch!

Und da war ich – im zarten Alter von 21 – in einer Position, für die Kerle töten würden, die doppelt so alt wie ich waren. Ich war außer mir vor Freude. Am Abend vor meinem ersten Tag war ich bei Fred zu Hause, und er sagte zu mir: »Mastin, du kannst diesen Job eigentlich nur auf eine Art versauen – wenn du zu viele Drogen nimmst.«

Konnte er etwa sehen, dass ich Ärger anziehen würde? War er hellsichtig? Oder wollte er mich einfach nur verarschen? Ich war mir nicht sicher, und es reicht wohl, wenn ich sage, dass ich nicht auf ihn hörte.

Innerhalb weniger Wochen war ich von der USC runter, hatte einen sechsmonatigen Mietvertrag für das Apartment neben den Geffen Büros in Santa Monica unterschrieben ... und wurde gefeuert. Ja, richtig gelesen.

Es gab einige Gründe, warum ich gefeuert wurde. Ich machte alles Mögliche falsch. Und dann natürlich auch, weil ich den ganzen Tag im Büro auf Droge war. (Soweit ich weiß, ist das allerdings nie herausgekommen – sorry, Fred.)

Die massive Menge an Drogen, die ich so zu mir nahm, hatte aber auch ganz deutlich mein Urteilsvermögen und meine Teamfähigkeit negativ beeinflusst. Leider war ich nicht sehr gut darin, die Unterschiede in der Politik eines Plattenlabels gegenüber der in einer Managementfirma zu verstehen, daher trat ich einigen Leuten auf die Füße. Ich vertrug mich nicht sonderlich gut mit den Typen aus der oberen Etage und gab Anlass zu Beschwerden. Doch darüber darf ich leider nichts erzählen, da ich deswegen eine Geheimhaltungsvereinbarung unterschreiben musste, bevor sie mich rauskickten.

Hier war ich also, gerade 22 geworden, drogenabhängig und frisch gefeuert von meinem Traumjob. Ich fühlte mich, als hätte Hollywood mich durchgekaut und ausgespuckt. Es war, als wenn alles, wovon ich geträumt und wofür ich gearbeitet hatte, nun endgültig vorbei war.

Nach meiner Kündigung blieb ich für ein paar Wochen in meinen Apartment und tat das, was ich am besten konnte: mich betrinken und Drogen nehmen. Ich ließ keinen an mich heran und ertrank in meiner Scham, versagt zu haben. Ich hatte das Gefühl, mich und meine Eltern im Stich gelassen zu haben.

Inzwischen glaube ich, dass tief in mir drin ein kleiner Bewusstseinsfunke bereits ahnte, dass meine schwierigen Umstände nur zu meinem Besten waren. Ich wusste, dass irgendwann wieder alles in Ordnung kommen würde, aber in jenem Moment war ich einfach nur schwer depressiv, tieftraurig und sogar selbstmordgefährdet. Irgendwann erkannte ich, dass ich auch Gott im Stich gelassen hatte, selbst wenn meine Vorstellung von ihm sehr verschwommen und formlos war.

Doch selbst während dieser dunklen, schrecklichen Phase meines Lebens erhielt ich noch Besuch von der göttlichen Gnade. Der erste denkwürdige Moment geschah an einem Sonntagmorgen, so um 3:30 Uhr. Ich war bei meiner Freundin in Sherman Oaks gewesen. Und nun fuhr ich durchs San Fernando Valley in Richtung Santa Monica zurück. Die Straßen waren fast leer, kaum andere Autos. Als ich jedoch auf die Hauptstraße bog, schaffte ich es trotzdem, jemandem den Weg abzuschneiden – und zwar jemandem, der ein POLIZEIAUTO fuhr.

Glücklicherweise hatte ich an diesem Abend nichts getrunken. (Klar, ich war dumm, aber nicht dumm genug, um betrunken Auto zu fahren.) Trotzdem befand sich eine Ladung Koks unter meinem Sitz. Als die Cops mich anhielten, bot ich gleich einen Atemtest an, aber das wollten sie nicht mal.

Ich entschuldigte mich und erklärte ihnen, dass ich ziemlich müde wäre, und sie ließen mich tatsächlich in Ruhe. Mein Herz schlug wie wild. Wenn ich mit dem Kokain im Auto erwischt worden wäre, hätte das Knast bedeutet. Und schlimmer noch (jedenfalls für mich) – ich wäre vor der ganzen Branche gedemütigt gewesen.

Als ich nach Hause fuhr, spürte ich plötzlich eine Präsenz im Auto. Das war eines der ersten Male, an die ich mich erinnern kann, bei denen ich meine Intuition *fühlen* konnte. Da waren weder helle Lichter noch sonst etwas Sichtbares, nur ein tiefes Wissen, dass dies eine Warnung gewesen war und ich nächstes Mal nicht mehr so viel Glück haben würde. Zum ersten Mal begriff ich, dass ich ausnüchtern musste. Ich wusste, dass ich für mehr bestimmt war als nur für diese angst- und schmerzerfüllte Existenz, die ich führte. Ich wollte mit den Drogen aufhören, aber ich verschob es immer wieder »auf morgen«.

Ich ahnte, dass mein nächster Flirt mit der Gefahr nicht so elegant und günstig verlaufen würde.

Trotzdem machte ich in typischer Junkie-Manier munter weiter mit den Drogen. Und als die harte Realität immer mehr in mein Bewusstsein sickerte – der Verlust meines Jobs, meine kränkelnde Beziehung und überhaupt der Scherbenhaufen, der mein Leben inzwischen war – isolierte ich mich immer mehr und versank noch tiefer in der Welt von Drogen und Alkohol. Ich wusste nicht, was mit mir geschah; ich hatte einfach nur das Gefühl, dass sich das Leben gegen mich verschworen hatte. Und außerdem begann ich zudem noch an Herzrasen zu leiden. Ich fühlte sogar, wie mein Herz für einige Schläge aussetzte, als ich meinen zweiten denkwürdigen Moment erlebte.

Es war ein paar Wochen nach der Geschichte mit dem Polizeiauto. Ich hatte die ganze Nacht gekokst, ganz zu schweigen von der Flasche Rotwein und den Viagra-Pillen. (Jemand hatte mir erzählt, dass man dadurch richtig high würde.) Ich erinnere mich daran, wie mein Herz raste und mein Gesicht ganz rot wurde. Ich wollte mir gerade noch eine weitere Line Koks reinziehen, als ich plötzlich wieder dieselbe Präsenz spürte wie in jener Nacht in Sherman Oaks in meinem Auto.

Eine Stimme sagte mir: *Wenn du diese Line jetzt ziehst, dann wirst du sterben.*

Ich wünschte, ich könnte behaupten, dass dies schon reichte, damit ich aufhörte, aber die Wahrheit ist, dass meine arrogante Suchtstimme die Stimme dieser Präsenz einfach übertönte. Also konzentrierte ich mich wieder auf meine Line. Ich glaubte, dass ich unverwundbar wäre, doch als ich mich runterbeugte, um das Zeug zu schniefen, kriegte ich es beim besten Willen nicht hin. Es war, als hätte ein anderes Wesen meinen Körper in Besitz genommen. Ganz egal, wie sehr ich diese Line wollte, ich schaffte es nicht, sie zu ziehen. Es fühlte sich so an, als hätte mein bewusster Verstand jegliche Kontrolle verloren. War das nun eine Kokain-Psychose? Vielleicht. Aber ich finde es schöner, mir vorzustellen, dass es die Präsenz der Gnade Gottes war.

Was auch immer es war – diese Energie brachte mich jedenfalls dazu, plötzlich aufzustehen und all mein Koks und sonstige Drogen, die ich noch im Haus hatte, wegzuschmeißen. Als ich das ganze Zeug die Toilette runterspülte, konnte ein Teil von mir kaum glauben, was ich da tat. Aber ein weiserer Teil von mir wusste, dass eine heilige Präsenz mich gerade davor bewahrte, mir noch mehr Schaden zuzufügen. Das war ziemlich seltsam, denn ich bin eigentlich nicht so ein Eso-Typ. Schließlich wurde ich ja von Wissenschaftlern großgezogen. Aber es hat sich echt genau so abgespielt.

Als ich Jahre später während einer Meditation über diesen Moment nachdachte, sah ich ein Bild von Christus, wie er in meinen Körper kam und mich davon abhielt, eine wahrscheinlich tödliche Handlung zu vollführen. Inzwischen glaube ich fest daran, dass es die Präsenz Christi war, die in diesem Augenblick in meinen Körper fuhr – ein Moment reiner göttlicher Gnade, der mir das Leben rettete.

Natürlich kann man nicht sicher wissen, ob ich überlebt hätte oder gestorben wäre, wenn ich diese Line damals gezogen hätte. Aber eins ist klar – es hatte mich wachgerüttelt.

Ich hatte das Koks gebraucht, weil es mir für eine kurze Weile zu mehr Selbstbewusstsein verhalf und ich mich dann RICHTIG gut auf Sachen konzentrieren konnte. Ich tat eben mein Bestes, um produktiver zu sein und Selbstvertrauen zu entwickeln. Zu dieser Zeit hatte ich keine besseren Ressourcen oder Methoden dafür zur Hand.

Durch das Nachdenken über meine eigenen Süchte glaube ich inzwischen, dass ein Süchtiger jemand ist, der an vielen falschen Orten nach Gott sucht.

Nachdem ich es geschafft hatte, clean zu werden, begann ich mich zu fragen: »Wie schaffe ich es, mich *ohne* Drogen gut zu fühlen, mich über meinen Körper zu freuen und mich so zu konzentrieren, dass ich meine Aufgaben schaffe?« So machte ich es zu meinem Ziel, mich ohne Drogen so gut zu fühlen wie zuvor mit Drogen. Tony Robbins (einer meiner Mentoren, der weiter hinten im Buch noch vorkommen wird) sagt, dass unsere Lebensqualität von der Qualität der Fragen abhängt, die wir stellen. Die oben genannte Frage ist wirklich wichtig für mich und meine Lebensführung, und zwar bis zum heutigen Tag. Ich bin auch immer noch auf der Suche nach Antworten. Aber es ist schon ein Riesenschritt für mich, überhaupt in der Lage zu sein, diese Frage zu stellen – eine Frage, die mich schon bald zu den Lehren einer wunderbaren Frau namens Caroline Myss führte, von der ich im nächsten Kapitel mehr erzählen werde.

Aber was ich damals sofort für mich mitgenommen habe, war, dass es manchmal ziemliches Pech bedeutet, wenn man kriegt, was man sich wünscht. Ich hatte ja keine Ahnung, in was ich da reingeriet, als ich nach Hollywood kam. Und ich war auch nicht darauf vorbereitet, was mit mir geschah. Ich war einfach nur jung und abenteuerlustig. Doch es endete für mich in einer nahezu tödlichen Sucht. Ich wollte doch einfach nur »jemand« sein in der Musikbranche. Und obwohl das ganz kurz auch wahr wurde, war es den Preis nicht wert, den ich dafür zahlen musste. Hollywood hat meine schlechtesten Seiten hervorgebracht.

Das einzig Gute war – sozusagen die göttliche Gnade bei der ganzen Erfahrung – dass ich einige unglaublich tolle Dinge miterleben durfte, bevor die Tür für mich zufiel.

Ich sah, wie Bands Platten veröffentlichten, die mehrfach mit Platin ausgezeichnet wurden. Ich sah, wie Filme gemacht wurden und ins Kino kamen. Ich sah zu, wie Marken entstanden. Ich sah dem Zauberer dabei zu, wie er im Hintergrund die Fäden zieht. In späteren Jahren, als ich Therapie machte, würde ich Gott fragen: *Warum hast du mir all die großartigen Seiten von Hollywood gezeigt, nur um mir danach alles wieder wegzunehmen?* Ich musste viele Jahre lang mit dieser brennenden Frage leben, aber inzwischen glaube ich, dass ich damit darauf vorbereitet wurde, der zu werden, der ich sein sollte.

KAPITEL 4

Meine Kraft zurückgewinnen

Der Umgang mit der Macht der Wahlmöglichkeit mit all ihren kreativen und spirituellen Begleiterscheinungen ist die Essenz jeglicher menschlicher Erfahrung. Alle spirituellen Lehren zielen darauf ab, uns dazu zu inspirieren zu erkennen, dass die Macht, Entscheidungen treffen zu können, die Dynamik ist, die Geistiges in Materie verwandelt, unsere Worte in Fleisch. Die Auswahl ist der eigentliche Schöpfungsprozess.

CAROLINE MYSS, GEISTKÖRPER-ANATOMIE

Wenn man um etwas bittet, dann antwortet das Uni-Versum auch – ganz besonders, wenn man aus tiefstem Herzen um etwas bittet.

Als ich darum bat, mich ohne Drogen genauso gut zu fühlen, wie mit ihnen, begannen plötzlich merkwürdige Dinge zu passieren – und zwar auf eine Weise, die ich so nicht erwartet hatte.

Nachdem ich im Musikbusiness so richtig auf die Nase gefallen war, beschloss ich, meinen eigenen Laden aufzumachen. Ich startete eine Agentur in Sachen Musikmanagement, die sofort supererfolgreich war. Schon bald managte ich alle möglichen Bands – einen Folksänger, eine Hardrock-Band, eine Alternative-Band.

Aber obwohl sich schon bald erste Erfolge zeigten, waren meine Energie und Leidenschaft für die Sache irgendwie verschwunden. Nach einer Weile fühlte es sich nur noch wie Zeitverschwendung an. Ich war nicht Manager, weil ich das so liebte, sondern weil ich nicht wusste, was ich sonst hätte tun sollen.

Ich glaube mittlerweile, dass das Göttliche zu dir in einer Sprache spricht, die du auch verstehen kannst.

Obwohl ich weder zur Kirche ging, noch mit spirituellen Leuten abhing oder Yoga machte, geschahen plötzlich Wunder in meinem Leben. Und wie immer sahen diese Wunder zuerst gar nicht wie Wunder aus.

Eines Tages kam ein Klient zu mir und bat mich, die Band seines Freundes Aeon Spoke zu managen. Ich war überhaupt nicht daran interessiert, noch mehr Klienten zu managen, aber als ich die Musik dieser Band hörte und ihre Message, sagte ich plötzlich doch Ja. Ich wusste zwar nicht, warum – aber ich wusste, dass ich irgendetwas mit ihnen machen musste. Aeon Spoke waren zwar eine alternative Rockband, doch ihr Vibe war fast schon sakral.

Und sie sollten tatsächlich mein Leben verändern, und zwar nicht weil sie zu Klienten wurden, die Dutzende von Grammys gewannen, sondern weil sie mich zu meinem nächsten Gott-Shot führten.

Aeon Spoke hatten einen Song namens «Emmanuel«, der in dem Film *What the Bleep Do We Know!?* vorkam, einer Doku über die Zusammenhänge von Spiritualität und Quantenphysik, die den Weg für Filme wie *The Secret* ebnete. Ich war damals überhaupt kein Fan von spirituellen Filmen – zu dieser Zeit ließen sie sich mit meinen Lieblingen *Star Wars* und *Star Trek* scheinbar so gar nicht vereinen. Aber der Film verbreitete sich wie ein Lauffeuer, und die Macher waren ständig zu Gast bei *Bleep*-Vorführungen in ganz L.A.

Als die Band gebeten wurde, doch bei einer dieser Screenings zu spielen, beschloss ich, mir das Ganze auch mal anzusehen.

Es war ganz komisch – ich wusste nicht warum, aber ich hatte das Gefühl, dass sich durch diesen Event etwas in meinem Leben für immer verändern würde.

Ich nahm an, dass ich vielleicht meiner Seelengefährtin begegnen würde. (Zu dieser Zeit war ich ständig auf der Suche nach der »Einen«.) Doch das passierte nicht.

Was ich allerdings *wirklich fand*, war unglaublich. Ich wurde dem nächsten wichtigen Mentor meines Lebens vorgestellt.

Es war am 4. Februar 2005, Der Event fand im Loews am Santa Monica Beach statt, einem sehr exklusiven Hotel. Das half mir, mich etwas zu entspannen, denn alles dort war zu elegant, um irgendwelchem Eso-Quatsch Tür und Tor zu öffnen.

Doch ich hatte ja keine Ahnung. Als ich ankam, funkelten schon die Kristallkugeln neben Ständen, an denen man sich seine Energie lesen, sich Tarotkarten legen und Horoskope erstellen lassen konnte – ganz zu schweigen von Aurafotografie.

Puh! Oder mit anderen Worten – nicht mein Ding. Und zwar so gar nicht.

Von dem Moment an, als ich dort ankam, dachte ich sofort, dass ich von diesen «durchgedrehten« Leuten bestimmt nichts lernen könnte. Aber wie ich schon bald herausfinden sollte, weiß das Göttliche genau, wie es mit uns sprechen muss. Denn da war dieses wirklich süße Mädchen, das am Stand mit der »Aurafotografie« arbeitete.

Ich wusste weder, was eine Aura ist, noch dass man sie fotografieren kann. Aber ich wusste, dass ich mit *ihr* sprechen wollte. Ich hatte ziemlich schnell innerlich beschlossen, dass sie der Grund sein musste, warum ich das Gefühl gehabt hatte, zu dieser Veranstaltung gehen zu müssen.

Also ging ich zu ihr und fragte sie über Aurafotografie aus. Ich ließ eine Aufnahme von meiner Aura machen (und hab bis heute keine Ahnung, was da zu sehen sein soll), und fragte sie dann nach ihrer Telefonnummer.

Sagen wir es so: Ihre Nummer bekam ich nicht. Aber was sie mir gab, veränderte mein Leben für immer: ein CD-Set mit dem Titel *Energy Anatomy* von der spirituellen Lehrerin Caroline Myss.

Ich glaube, wenn man offen für das Leben ist und sich nicht darauf versteift, wie genau zukünftige Segnungen eintreten sollten, wird man genau zu dem geführt, was man braucht. Das heißt also, dass man auf genau die richtige CD, DVD oder das Buch oder den USB-Stick stoßen wird. Und in dem jeweiligen Medium wirst du die Botschaft entdecken, die du gerade am meisten benötigst. Es geht vor allem darum, die Quelle nicht zu verurteilen. Hier war ich also und dachte, dass ich gleich meine zukünftige Ehefrau (oder zumindest Freundin) auf diesem Event kennenlernen würde. Doch stattdessen bekam ich eine Selbsthilfe-CD. (Na toll, danke Gott.) Oberflächlich betrachtet sah es wie eine Niederlage aus. Aber in Wirklichkeit hatte ich die Möglichkeit gewonnen, mich noch tiefgründiger selbst zu erforschen.

Meine spirituelle Hebamme

Für diejenigen unter euch, die noch nie etwas von Caroline Myss gehört haben, will ich erst einmal zwei Dinge klarstellen. Zum einen wird ihr Familienname »Mace« ausgesprochen, wie das Selbstverteidigungsspray. Zum anderen passen ihre Stimme und ihr Ton genau zu dieser Aussprache.

Ihre Message andererseits, war genau auf mich zugeschnitten. Ich bin ja nicht so ein Eso-Fuzzi, wie ich bereits erzählt hab. Du weißt bestimmt, wovon ich spreche – Engel, Kristalle, Tarot, Astrologie und dergleichen. Ich weiß, ich mach mich damit bestimmt nicht bei allen beliebt, wenn ich so was sage, aber für mich sind solche Modalitäten nur »spirituelles Entertainment«. Es sind bloße Leinwände, auf die wir unsere spirituellen Hoffnungen und Träume projizieren.

Die Menschen haben eine verzerrte Wahrnehmung, wenn es um Bestätigung geht. Wir tendieren dazu, das zu finden, wonach wir suchen. Ich bin einfach schon zu vielen Scharlatanen begegnet, um solche Modalitäten ernst zu nehmen.

Sie dienen vielleicht unserer Unterhaltung, aber letztendlich gründen sie sich auf nichts wirklich Greifbares.

Ich steh also nicht besonders auf spirituelles Entertainment. Für mich ist das so, als würde man ins Kino gehen. Man erlebt vielleicht sogar eine kurzzeitige emotionale Katharsis, aber wenn man aus dem Film kommt – was hat man dann noch davon? Einen Blähbauch und Schuldgefühle wegen all dem Popcorn. Klar, man kann ein paar Gefühle fühlen, aber wenn man am nächsten Tag aufwacht, hat sich nichts verändert, da man *tatenlos* geblieben ist und keine wirklichen Schritte unternommen hat.

Die Leute denken, dass sie etwas wissen, weil sie ein Konzept verstehen, aber ich glaube, dass man nichts weiß, bevor man es nicht selbst tut. Es ist toll, inspiriert zu sein, aber das ist nur spirituelles Entertainment, bis man etwas mit seinen neuen Einsichten und Inspirationen *tut.*

Nun, Caroline Myss ist nicht der Typ für spirituelles Entertainment. Sie meint es ernst. Als ich *Energy Anatomy* in meinen CD-Player einschob, fiel mir als Erstes ihre Stimme auf. Um es nett auszudrücken: Sie verlangt nach Aufmerksamkeit und Respekt. Es klang, als ob meine Mutter auf eine Klosterschule gegangen wäre, diese verlassen hätte, um Mystikerin zu werden und danach der Armee beigetreten wäre, wo man sie schon bald zum Drill-Sergeant ernannt hätte.

Caroline wollte mehr als alles andere, dass ich aufwache. Und das hieß, dass ich nicht mehr mit solchem Unfug wie Drogen und Alkohol durchkommen würde. Ich konnte auch nicht weiterhin so tun, als wäre ich nicht dazu verpflichtet, meinem Lebenszweck nachzukommen.

Sie hatte einen Punkt bei mir getroffen, und dafür war ich dankbar. Unter ihrer spröden Fassade konnte ich ein großes Herz fühlen, das unbedingt wollte, dass ich – und die gesamte Menschheit – endlich aufwachte, um diese wunderschöne Kraft zu erkennen, die jeder von uns besitzt, und dann damit *Entscheidungen* zu treffen. Weißt du, Caroline ist überzeugt, dass Entscheidungsfähigkeit die fundamentalste Art ist, unsere Kraft zu nutzen.

Die Art, wie wir unser Leben führen, bestimmt eine Menge. Alles, was du denkst, anziehst, tust und glaubst, ist eine Reflektion deiner Entscheidungen, die du bewusst oder unbewusst getroffen hast.

Wenn wir anfangen, die Entscheidungen, die wir in unserem Leben getroffen haben, zu analysieren und nach den Gründen zu suchen, dann wachen wir auf und verstehen plötzlich uns selbst und unsere Prioritäten viel besser.

Caroline war meine Brücke – genau die Stimme, die ich brauchte, um wieder auf den spirituellen Weg zu kommen, den ich nach den Erfahrungen in dieser christlichen Schule ja verlassen hatte.

Ich hatte mein Herz und meinen Kopf jahrelang von Gott abgewendet, aber Caroline brachte mich zurück, indem sie eine Sprache sprach, die ich verstehen konnte.

Sie versuchte mir keine Dogmen aufzudrücken, sondern brachte mich wieder auf den Weg der Selbstverantwortung. Es gab so viele Regeln in der Religion, mit der ich aufgewachsen war, die alle eingehalten werden mussten, um einen Gott, der irgendwo im Himmel thronte, freundlich zu stimmen.

Caroline gab mir zu verstehen, dass es keinen Gott im Himmel gäbe und dass ich, wenn ich Verantwortung für mein Leben und meine Entscheidungen übernähme, den «Himmel auf Erden« erleben könne. Sie riet mir nicht, den Engeln zu vertrauen; sie wollte vielmehr, dass ich wusste, wie ich *selbst* die bestmöglichen Entscheidungen treffen konnte. Schon bald erkannte ich, dass ich meine Kraft auf vielerlei falsche Art eingesetzt hatte.

Ganz konkret hatte ich meine Kraft an externe Quellen abgegeben – das ist nämlich die Natur der Abhängigkeit. Caroline sagt: »Abhängigkeit ist ein Mangel an Willensstärke. Sie haben Ihren Willen an eine externe Quelle abgegeben, die über Ihre biologischen und psychologischen Vorgänge herrscht.«

Das war ein wirklich kraftvolles Konzept für mich. Ich hatte noch nie auf diese Weise über Abhängigkeit nachgedacht.

Ich hatte meine Willensstärke aufgegeben – meine Fähigkeit, mich zu entscheiden. Ich mochte die Vorstellung, dass etwas so viel Macht über mich hatte, nicht sonderlich, musste aber zugeben, dass es stimmte. Das ist auch bei den 12-Schritte-Programmen der Anonymen Alkoholiker gemeint – bei dem Schritt, wenn man sagt, dass man »keine Macht« über seine Abhängigkeit hat.

Ich vertiefte mich weiter in Carolines Werk, um herauszufinden, wie ich meine Willenskraft zurückerlangen könnte. Ich dachte, das würde eins-zwei-fix gehen – triff eine neue Entscheidung, und alles wird gut – doch das war nicht der Fall. Bis zum heutigen Tag arbeite ich daran, meine Kraft wieder zurückzugewinnen. Inzwischen glaube ich sogar, dass das eine tägliche spirituelle Praxis ist. Doch zweifelsohne machte ich dank Carolines Werk Riesenfortschritte in Sachen Willensstärke.

In *Energy Anatomy* erklärt Caroline die Energiezentren des Körpers, die Chakras. Sie erläutert die Bedeutung jedes Chakras sowie die dazugehörige Lektion, die es zu lernen gilt. Aus ihrer Perspektive ist das ganze Leben eine Lektion darüber, wie man seinen Willen lenkt, und die Chakras fungieren auf diesem Weg als Landkarte.

Dein Stamm und deine Sexualenergie: Das erste und das zweite Chakra

Als ich tiefer in Carolines Werk eintauchte, begann ich meine Beziehung zu jedem meiner sieben Chakras zu verstehen. Ich sah, wie ich mich selbst davon abhielt, ein erfülltes Leben zu führen (ich stand mir direkt im Weg). Ich musste mich ändern.

Energy Anatomy beginnt bei unserem ersten Chakra (ich nenn es gern das »Po-Chakra«), das sich mit unserer Identifikation mit dem »Stamm« beschäftigt. Mit anderen Worten: Die Art, wie die Energie durch dieses Chakra fließt, beeinflusst, ob und wie dein Stamm Macht über dich ausübt.

Dein Stamm könnte aus deinen Freunden bestehen, deiner Familie, deinem beruflichen Umfeld – aus jeder Gruppe von Leuten, mit denen du so Umgang pflegst.

Als ich das Konzept des ersten Chakras studierte, begriff ich, dass ich mich von der »Anerkennung des Stammes« lösen musste und stattdessen lieber das tun sollte, was *ich* tun wollte, und zwar unabhängig davon, was die anderen darüber dachten. Als Kind war ich ziemlich gut darin gewesen, aber als ich älter wurde (und in die Musikbranche kam – auch bekannt als das Spiel um Geld, Macht und Ruhm), verlor ich meinen Kompass.

Ich begann zu begreifen, wie mein tiefes Bedürfnis, »jemand zu sein«, mich überhaupt erst in die Musikbranche gebracht und seitdem mein ganzes Verhalten bestimmt hatte. Sogar nachdem ich entlassen worden war, wollte ich »denen« immer noch beweisen, dass das ein Riesenfehler gewesen war. Ich hatte meine eigene Management-Agentur nur eröffnet, um zu zeigen, dass ich es echt drauf hab.

Doch nun musste ich mich mit der harten Wahrheit konfrontieren, dass meine Abhängigkeit, Arroganz und Naivität dazu geführt hatten, dass ich in Ungnade gefallen war, und dass ich alles tat, was ich konnte, um mich wieder aufzurappeln.

Ich war nicht bereit, mich der Wahrheit zu stellen, dass ich versagt hatte. Ich hatte es total versaut – in der Branche war mein Gesicht sozusagen mit faulen Eiern beworfen worden.

Mein Traum, nach Hollywood zu ziehen, hatte sich in einen Alptraum verwandelt, und ich konnte einfach nicht damit umgehen. Durch Carolines Werk begann ich zu sehen, dass es da etwas anderes gab, das ich tun wollte. Obwohl ich zu dieser Zeit nicht sicher war, was das sein könnte, wusste ich, dass es wahrscheinlich nichts mit der Musikbranche zu tun hatte.

Unglücklicherweise war ich so sehr in meinem Bedürfnis nach der Zustimmung meines Stammes gefangen, dass es unmöglich schien, da wieder herauszukommen. Ich wollte nicht als Versager gelten. Ich wollte auch nicht zugeben, dass ich pleite war und nur noch rumgammelte.

Also begann ich, eine neue Frage zu stellen: *Was würde ich tun, wenn ich die Anerkennung von der Musikbranche nicht brauchen würde?* Es kam eine Antwort, doch sie gefiel mir nicht. Ich hatte das überwältigende Gefühl, *dass ich eigentlich Inspiration unter die Menschen bringen sollte.*

Ich hatte keine Vision oder so, kein Engel schwebte herab und sagte mir, was ich tun müsse. Es war eher wie ein tiefes, inneres Wissen, dass ich in der nächsten Phase meiner Entwicklung anderen mitteilen würde, was ich über persönliches Wachstum gelernt hatte. Dieses wissende Gefühl wurde in meinem Kopf zu einem Flüstern, das immer lauter und lauter wurde, bis ich es nicht länger ignorieren konnte.

Es gab nichts zu dieser Zeit, was in meinen Ohren noch alberner hätte klingen können. Das war das Letzte, was ich sein wollte: ein schmieriger, aalglatter Selbsthilfe-Typ ohne Stilgefühl, der den Leuten mit langweiligen Vorträgen sein Zeug andrehen wollte und sich selbst nicht an das hielt, was er so predigte.

Ich erinnere mich, wie ich versuchte, mit dem Göttlichen zu verhandeln. »Ich mach alles, aber *bloß nicht das*«, betete ich beispielsweise. Ich war nicht bereit, meine Berufung zu akzeptieren, also widmete ich mich auch weiterhin dem Musikgeschäft. Die Dinge wurden besser – und dann wieder schlechter. (Mehr dazu später.)

Glücklicherweise hörte ich immer noch *Energy Anatomy*. Schon bald kam Caroline auf das zweite Chakra zu sprechen.

Dein zweites Chakra korrespondiert mit deinem Zeugs da unten – genau, mit deinen Genitalien. Es repräsentiert sexuelle Energie, Kreativität und Geld. (Essenziell gesehen, ist Geld eine Form von kreativer Energie.)

Als ich mein Leben kritisch betrachtete, fiel mir auf, dass ich weder was geschrieben noch irgendetwas anderes Kreatives gemacht hatte, seit ich von der High School runter war. Ich hatte das Meiste von meinem Geld für Drogen und für meine anderen Süchte ausgegeben – Zucker, Glücksspiele, Macht, Prestige und viele andere abgründige Dinge. Wie viele junge Männer in ihren Zwanzigern hatte ich echt Probleme damit, meine sexuelle Energie zu bündeln und zurückzuhalten. Mit anderen Worten – ich sah ein, dass ich die meiste meiner Energie des zweiten Chakras verschwendet hatte, als ich so auf mein bisheriges Leben zurückblickte.

Ich hatte dabei so viele falsche Wege eingeschlagen. Ich hatte Geld ausgegeben, das ich nicht hatte, um andere zu beeindrucken. Ich hatte meinem Körper alle möglichen Substanzen zugemutet, die mich davon ablenken sollten, meine Gefühle zu fühlen. Ich war Mädchen hinterhergerannt, die ich nicht kriegen konnte. Und meine kreative Energie hatte ich vollständig in die Musikbranche reingepulvert, um irgendwie mit den anderen mithalten zu können.

Glücklicherweise schien mir das Geld, nachdem ich gefeuert worden war, eine lange Zeit auszuweichen. Wenn ich so zurückblicke, war das die reinste Gnade. Denn wenn ich zu der Zeit Geld gehabt hätte, dann hätte ich mich wahrscheinlich mit Alkohol und Drogen allmählich umgebracht. Als ich erkannte, wie ich die Energie meines zweiten Chakras genutzt hatte, verstand ich, dass die Entscheidung, mich *ohne* Drogen gut zu fühlen, ein kraftvoller Protest von diesem Teil meines Körpers gewesen war.

Ich denke an den Tod von Cory Monteith, dem talentierten Star aus *Glee*, der 2013 an einer Überdosis starb. Er war im Mai 1982 geboren worden, nur wenige Monate nach mir. Sein Schicksal hätte ganz leicht das meine sein können, denn für eine lange Zeit war ich auf dem gleichen Weg gewesen.

Selbstwertgefühl, Herz und Willenskraft: Das dritte, vierte und fünfte Chakra

Ich dachte, dass die schlimmsten Erkenntnisse nun hinter mir lagen, doch schon bald kam bei Carolines Chakra-System das dritte Chakra an die Reihe, das sich im Bereich des Solarplexus befindet (auch bekannt als Bauch). Dieses Energiezentrum repräsentiert unser Selbstwertgefühl und unsere Selbstliebe. Und schlagartig hatte ich schmerzhafte Erkenntnisse, die noch mal eine ganz andere Kategorie waren!

Die traurige Wahrheit ist, dass ich meinen Körper nie richtig geliebt habe, und mein Selbstwert war die meiste Zeit meines Lebens schwer angeschlagen von der Tatsache, dass ich schon immer übergewichtig gewesen bin. Und Überraschung – ich schleppe mein Bonusgewebe als Bauchfett mit mir herum – also in der Region des dritten Chakras.

Zu dieser Zeit war mir das Konzept der Selbstliebe völlig fremd. So sehr, dass ich dachte, es wäre doch ziemlich selbstsüchtig und narzisstisch, sich selbst zu lieben.

Ich verbrachte all meine Zeit als Musikmanager, um andere Leute zu umsorgen und vernachlässigte dabei mich selbst vollkommen. Ich steckte in koabhängigen Beziehungen mit meinen Klienten, aber auch im privaten Bereich.

Heutzutage glaube ich aus vollem Herzen an Selbstliebe, während ich zugleich weiß, dass Liebe erst dann vollständig ist, wenn sie auch an andere verschenkt wird. Doch damals habe ich das einfach nicht kapiert.

Caroline brachte mir bei, dass es ein Unterschied ist, ob man selbstsüchtig ist oder »selbstsichtig«.

Wenn jemand selbstsüchtig ist, bedeutet das, dass derjenige nur mit sich selbst beschäftigt ist – total narzisstisch. Wenn man jedoch *selbstsichtig* ist, dann ist man in der Lage, gesunde Grenzen zu setzen. Man kümmert sich um die eigenen Bedürfnisse, ohne dabei ein egoistisches Leben zu führen.

Eine selbstsichtige Person ist in der Lage, sich selbst zu sehen und wieder aufzutanken, um so wieder besser für andere da sein zu können.

Caroline lehrte mich auch, dass es ohne Selbstakzeptanz keine Selbsthilfe geben kann. Und zu dieser Zeit besaß ich so etwas nicht. Ich fühlte mich unsichtbar, so als wäre ich völlig egal. Und ich begriff, dass ich die Meinung vieler Leute mehr als meine eigene schätzte. Genau wie die äußerlichen Substanzen Macht auf mich ausübten, so wurde ich auch von der Anerkennung anderer abhängig. Egal ob es sich dabei nun um meine Ex-Freundin handelte, meine Ex-Chefs Paul und Fred, meine Klienten oder diese innere Stimme des Selbsthasses. Ich suchte überall nach Zustimmung, nur nicht in meinem eigenen Herzen.

Wann immer ich etwas Neues ausprobieren wollte, wurden all diese Stimmen in meinem Kopf immer lauter und versuchten mir zu sagen, was ich tun und was ich nicht tun sollte.

Was würde Paul denken? Was würden Mom und Dad in dieser Situation tun? Warum denkst du eigentlich, dass du es verdienst, erfolgreich zu sein?

Und obendrein konnte ich einfach keine Grenzen setzen. Ich gab immer nur. Ich gab und gab und gab – ohne dabei auf meine eigenen Bedürfnisse zu achten.

Das hatte natürlich auch mit der Industrie, in der ich arbeitete, zu tun. Im Musikgeschäft – und in der Unterhaltungsbranche im Allgemeinen – gibt es so etwas wie Grenzen auch eigentlich nicht. Wenn du Assistent bist, dann erwartet man von dir, dass du für deinen Chef da bist. Immer. Es spielt keine Rolle, ob es schon mitten in der Nacht, noch vor Sonnenaufgang, am Wochenende oder gar an Weihnachten ist.

Man erwartet, dass du da bist und wirklich *voll* da bist, wann immer dein Chef dich anruft.

Und wenn man dann ganz vorsichtig versucht, auch mal Grenzen zu setzen, ist man auf einmal »nicht mehr teamfähig«.

Das kommt auch daher, dass die Chefs ebenfalls keine Grenzen setzen können, wenn sie mit Klienten verhandeln. Und die zusätzliche Arbeit wird dann eben auf die Angestellten abgewälzt.

Obwohl die Unterhaltungsbranche bunt und spaßig sein kann – man denke an all die magischen Sachen, die wir Hollywoods Traumfabrik zu verdanken haben – finde ich, dass diese Industrie endlich einmal lernen sollte, wie man Menschen behandelt.

In vielerlei Hinsicht ist es ein dunkles Geschäft, in dem Koabhängigkeit und die Sucht nach Anerkennung weitverbreitet sind.

Um dazuzugehören, vernachlässigte ich mich selbst, um so Anerkennung von denen zu erlangen, die über mir standen. Inzwischen habe ich gelernt, dass man sich selbst niemals vernachlässigen sollte, nur um jemand anderen bei Laune zu halten. Damals hatte ich diese Lektion aber noch vor mir, und es war Caroline, die den Ball ins Rollen brachte.

Ich glaube, dass das Leben, das Uni-Versum oder das Göttliche will, dass wir gesehen werden. Also werden wir auch auf die eine oder andere Art gesehen werden.

Viele Probleme mit dem dritten Chakra kommen davon, wenn man seine Meinung nicht sagt, weil man gemocht werden will. Wir verdrängen unsere eigenen Bedürfnisse, um Anerkennung zu bekommen. Wenn das geschieht, leidet unser drittes Chakra darunter. Unser schlechtes Selbstwertgefühl manifestiert sich dann vielleicht in einer schwachen Verdauung und/oder Fressattacken, was ironisch ist, denn dadurch werden wir breiter und breiter, obwohl wir nicht bereit sind, »uns selbst zu zeigen«, etwa indem wir unsere Meinung äußern. Wenn unsere Körper sich jedoch immer mehr ausdehnen, können wir irgendwann kaum noch übersehen werden.

Doch vor allem müssen wir uns selbst fragen: *Wessen Zustimmung brauche ich eigentlich, um meine Meinung äußern zu können?*

Und: *Was ist das Schlimmste, was passieren kann, wenn ich meine Wahrheit ausspreche?*

Viele von uns würden alles tun, um sich nicht verlassen zu fühlen, doch das Verlassenwerden beginnt in Wirklichkeit damit, dass wir uns selbst verlassen.

Wenn wir jedoch unser Selbstwertgefühl stärken, dann kann das vierte Chakra – das Herz-Chakra – damit beginnen, sich zu öffnen.

Das vierte Chakra befindet sich im Brustbereich, gleich rechts neben unserem Herzen. Ich glaube inzwischen wirklich, dass das Herz das Weisheitszentrum des Körpers ist, dem intellektuellen

Verstand weit überlegen. Tatsächlich bin ich überzeugt, dass das Herz der göttliche Funke ist, der in uns allen schlummert. Es ist der Bereich, in dem Gott in dir wohnt. In meinen persönlichen Coaching Sessions und in meinen Seminaren, die ich überall auf der Welt anbiete, praktiziere ich etwas, dass ich die »Kipp Heart Therapy« (KHT) nenne. KHT ist eine Methode, um mit seinem Herz zu sprechen, um zu Klarheit, Stärke und einer neuen Perspektive zu gelangen.

(Für mehr Infos über KHT einfach auf DailyLove.com/KHT vorbeischauen.)

Als ich mich zum ersten Mal mit den Sachen von Caroline Myss beschäftigte, hatte ich keinen blassen Schimmer von diesen ganzen »Herzensdingen«. Als Kind von zwei Wissenschaftlern verehre ich den menschlichen Verstand geradezu. Entschuldige, aber ich muss jetzt schon wieder mit einer *Star Trek*-Referenz ankommen: Ich war früher so eine Art Vulkanier. Ich unterdrückte meine Emotionen und hatte keine Ahnung von der Intuition meines Herzens.

Caroline sagt, dass die Wahrheit des vierten Chakras lautet: »LIEBE ist göttliche Macht.« Was bedeutet das? Es heißt, dass deine Seele und das ganze Uni-Versum von der Energie der LIEBE abstammen.

Wir neigen in dieser angsterfüllten Welt leicht dazu, das zu vergessen. Der ganze Stress produziert außerdem eine Menge Kortisol und Adrenalin in uns, was unseren Körper in einen Zustand bringt, in dem es fast unmöglich ist, die subtileren Energien der LIEBE zu empfangen. Aber LIEBE ist das Kommunikationsmedium des Göttlichen. Wenn wir wirklich in LIEBE handeln, wird sich das ganze Universum zusammentun, nur um uns bei unserem Unterfangen beizustehen. Es ist praktisch unmöglich, das auch mit dem Verstand zu schaffen, aber wenn wir erst einmal mit unserem Herzen in Verbindung stehen, beginnen wir, unseren Weg zu erfühlen. Joseph Campbell war sogar überzeugt, dass es im Leben und bei der Reise des Helden hauptsächlich darum geht, *»dass das Herz den Verstand in einen Bereich der Offenbarungen einführt«.*

Caroline lehrt, dass wir unser Herz dazu nutzen können, uns durch alle möglichen schwierigen Umstände zu manövrieren.

Sie rät beispielsweise, für Leute zu beten, die uns auf die Palme bringen: *»Lass mich heute mehr darüber lernen, wie ich diese Menschen lieben kann.«*

Sie brachte mir auch bei, dass Vergebung im Herzen wohnt und dass sie nicht etwas ist, das man für die Person tut, der man vergeben will. Letztendlich geht es beim Vergeben nämlich darum, anderen die Macht zu entziehen; eine sehr selbstsichtige Angelegenheit also!

Viele Leute glauben, dass durch Vergebung, die Sache, die geschehen ist, wieder gut gemacht wird. Aber das ist ganz und gar nicht wahr; wir vergeben wegen uns selbst, nicht wegen der anderen Person. Vergebung befreit uns. Sie ist die ultimative Rache für all das, was man uns angetan hat. Denn solange man seinen Tätern nicht vergibt, üben sie immer noch Macht auf uns aus.

Manchmal sind wir sogar stolz darauf, dass wir an den Dingen festhalten wollen. Aber wenn wir vorwärtskommen wollen, müssen wir vergeben. Das Gewicht der Dinge, an denen wir festhalten, hält unsere Träume davon ab, wahr zu werden.

Das deckt sich mit einer von Carolines Kernlehren. Demnach müssen wir das Bedürfnis loslassen, verstehen zu wollen, warum bestimmte Sachen passieren. Rein logisch betrachtet kann das Leben ziemlich unfair und chaotisch erscheinen. Aus einer größeren Perspektive jedoch – einer, die wir als Menschen nicht voll begreifen können – wohnt allen Dingen eine göttliche Ordnung inne.

Ich habe gelernt, dass die Frage *Warum ist mir das passiert?* eine der toxischsten ist, die man sich im Leben überhaupt stellen kann.

Ich könnte den Rest meines Lebens damit verbringen, mit den verschiedensten Antworten aufzuwarten, warum gewisse Dinge geschehen sind, und trotzdem würde ich nie vollkommen zufrieden damit sein.

Durch Carolines Werk begriff ich, dass wir hier in der »Erdenschule« sind, und dass es bei der ultimativen Reise unseres Lebens darum geht, *was unsere Seele lernt.* Und das könnte sogar jenseits dessen liegen, was Menschen begreifen können.

Anstatt mir die Frage zu stellen: *Warum ist mir das passiert,* lernte ich zu fragen: *Was lerne ich genau jetzt?* Ich habe immer wieder festgestellt, dass die Antwort auf diese Frage weit wichtiger und viel befriedigender ist.

Warum? *Weil das, was du gerade lernst, zugleich der Grund ist, warum es überhaupt passiert.* Es geht um die Lernerfahrung, nicht um die Umstände. Es ist viel interessanter, etwas zu lernen, als die ganze Zeit zu analysieren, warum die Dinge so oder so geschehen sind.

Als ich anfing, mich auf die Lektion zu konzentrieren, begann ich *wirklich* meine Kraft zurückzugewinnen.

Was mich zum fünften Chakra bringt – das wahrscheinlich von allen Chakras *das* Chakra ist, das am schwierigsten zu meistern ist.

Dieses Energiezentrum befindet sich im Halsbereich und wird mit der Art und Weise assoziiert, mit der wir unsere Willenskraft einsetzen. Oder anders gesagt: Es geht darum, wie man sich entscheidet zu entscheiden. Das Mantra für diesen Teil des Körpers ist: »Übergib deinen Willen dem göttlichen Willen.«

Der vielleicht berühmteste Moment der Menschheitsgeschichte, der mit dem fünften Chakra zusammenhängt, geschah, als Jesus im Ölgarten in Getsemani war. Davon wird in Matthäus 26:37-42 berichtet:

Jesus nahm zu sich Petrus und die zwei Söhne des Zebedäus und fing an zu trauern und zu zagen. Da sprach Jesus zu ihnen: »Meine Seele ist betrübt bis an den Tod; bleibet hier und wachet mit mir!«

> Und Jesus ging hin ein wenig, fiel nieder auf sein Angesicht und betete und sprach: »Mein Vater, ist's möglich, so gehe dieser Kelch von mir; doch nicht, wie ich will, sondern wie du willst!« Und er kam zu seinen Jüngern und fand sie

> schlafend und sprach zu Petrus: »Könnet ihr denn nicht eine Stunde mit mir wachen? Wachet und betet, dass ihr nicht in Anfechtung fallet! Der Geist ist willig; aber das Fleisch ist schwach.«
>
> Zum andern Mal ging er wieder hin, betete und sprach: »Mein Vater, ist's nicht möglich, dass dieser Kelch von mir gehe, ich trinke ihn denn, so geschehe dein Wille!«

Was für ein kraftvoller Moment und welch beeindruckende Demonstration. *Doch nicht, wie ich will, sondern wie du willst!*

Unsere Welt ist voller Angst. Vielen von uns mangelt es an Vertrauen, dass unsere einfachsten Grundbedürfnisse jederzeit gestillt werden. Um uns herum sehen wir Chaos und Gewalt.

Als Jesus lebte, waren die Dinge auch nicht anders, doch trotzdem war er bereit, seinen Willen einer höheren Macht zu übergeben.

Sogar heute noch kann uns so ein Gebet tief in unserem Inneren erschüttern. Es ist offensichtlich, warum dieser Moment in Jesu Leben als die »Agonie im Ölgarten« bekannt ist. Je nach Übersetzung wird berichtet, dass Jesu Schweiß wie Blutstropfen auf die Erde fiel, weil es so hart für ihn war, so etwas zu sagen (Lukas 22:44).

Die Leute sprechen über das »Christus-Bewusstsein« oder das »Buddha-Bewusstsein«, als ob diese Ebene der Hingabe schmerzlos und wunderschön wäre. Aber das stimmt so nicht ganz. Das Gebet «Dein Wille geschehe« ist wahrscheinlich einer der furchteinflößendsten Sätze, die man überhaupt sagen kann. Er entzieht uns die Kontrolle und stößt uns in die ultimative Ungewissheit – weit entfernt von dem, was für die meisten von uns noch angenehm ist.

Das Leben des großen Lehrers Jesus war nicht frei von Wut und Schmerz. Am Ende war es voll von Verrat, Folter und schließlich auch von Tod. Und dennoch ist dies genau das Leben, für das wir uns sinnbildlich bewerben, sobald wir den spirituellen Weg betreten.

Der spirituelle Weg – der Weg, auf dem man die LIEBE verkörpert – ist ein Weg der Bescheidenheit. Es ist ein Weg voller Probleme, Agonie und Verwirrung. Es ist auch ein Weg der Freude, die zur Glückseligkeit führen kann, allerdings nicht ohne Not und Mühsal. Denn wenn wir unseren Willen dem göttlichen Willen übergeben, dann bitten wir darum, dass all die Dinge, die Gott nicht dienlich sind, von uns genommen werden – und da kann dann schon mal sehr plötzlich die Hölle los sein. Ich glaube nicht an Strafen von Gott, aber ich glaube an Lektionen. Oder wie ich gerne sage: *Das Uni-Versum musste dich schütteln, um dich wachzurütteln.*

Als ich damals anfing, *Energy Anatomy* zu hören, hatte ich diese Perspektive noch nicht. Ich erinnere mich noch an das allererste Mal, als ich sagte: «Dein Wille geschehe«. Die Worte erschütterten mich bis ins Mark. Ich rollte mich auf dem Boden in Los Feliz zusammen und weinte eine halbe Stunde lang, weil ich eine Wahnsinnsangst hatte.

Wenn wir dies so äußern, dann bitten wir damit sozusagen darum, dass unser ganzes Leben entwurzelt wird. Es macht Angst und kann wehtun. Aber ich habe festgestellt, dass sich kurzzeitige Schmerzen auf lange Sicht hin auszahlen. Denn ganz egal, wie hart es ist – letztendlich wirst du es überstehen und dich in einer Zauberwelt wiederfinden, die du dir selbst nicht hättest schöner ausdenken können.

Wenn du dir Sorgen machst, dass es dich nicht glücklich machen wird, wenn du deinen Willen an Gott oder an das Göttliche übergibst – dann entspann dich mal.

Auf der tiefsten Ebene ist Gottes Wille, dass du glücklich bist. Es wird wahrscheinlich nicht so aussehen, wie du es erwartest, aber es wird unbeschreiblich toll sein.

Intuition und der Himmel: Das sechste und das siebte Chakra

Nach dem fünften kommt das sechste Chakra, das sich zwischen (aber auch etwas über) den Augenbrauen befindet. Oder wie man in der Eso-Szene sagt – dein drittes Auge. Ich stelle mir gern vor, dass damit eigentlich das Gehirn gemeint ist. Und es kommt nicht überraschend, dass sich bei diesem Energiezentrum alles um den Verstand und logisches Denken dreht. Caroline Myss' Mantra für dieses Chakra lautet: »Suche nur nach der Wahrheit.«

Ich habe das Gefühl, dass ich die meiste Zeit meines Lebens in diesem Chakra gewohnt habe. Wie schon gesagt – da meine Eltern Biologen waren, war dieses Zentrum bei mir sehr gut ausgeprägt. Und mein Verstand war wirklich gut darin, mich davon zu überzeugen, dass dies stimmte. Trotzdem hatte ich keine Ahnung, wie man nach der WAHRHEIT sucht.

Wie es sich inzwischen herausgestellt hat, ist der Verstand ein wunderbares Werkzeug, das uns erlaubt, *nur danach zu schauen, was wir sehen wollen*. Und meistens finden wir das dann auch. Das ist es, wovon ich am Anfang dieses Kapitels sprach – diese verzerrte Wahrnehmung auf der Suche nach Bestätigung. Wenn du beispielsweise glaubst, unwürdig zu sein und nicht gut genug, dann wirst du ständig nach einer Bestätigung für diese Überzeugung suchen. Du beginnst mehr davon in der Welt zu »sehen« – und schenkst denjenigen Dingen mehr Aufmerksamkeit, welche deine Theorie unterstützen, im Gegensatz zu jenen, die dagegen sprechen (obwohl letztere Indizien gleichwertig oder vielleicht sogar überzeugender sind).

Mit anderen Worten bestätigt das sechste Chakra also die große spirituelle Wahrheit: »Suche, so wirst du finden.« Die Frage ist nur: Wonach suchst du eigentlich?

Als ich erst mal begonnen hatte, das sechste Chakra zu studieren, erkannte ich, dass ganz egal wonach ich suchte, ich es tatsächlich auch fand. Die meiste Zeit meines Lebens hatte ich nach Beweisen gesucht, dass ich nicht gut genug oder sogar vollkommen unwichtig wäre. Ich fand auch Beweise dafür und hatte daher das Gefühl, dass ich keine LIEBE verdienen würde. Jemand wie ich würde sich nie wieder von all den Fehlern, die ich gemacht hatte, aufrappeln können. *Oh-oh*, dachte ich. Ich sollte mich lieber nach etwas anderem umschauen.

Anstatt immer nur nach Beweisen für meine Wertlosigkeit zu suchen, begann ich also nach Hinweisen zu forschen, dass ich *wertvoll* war. Ich schaute nach Anzeichen dafür, dass ich Talent besaß sowie einem Beweis, dass das Uni-Versum auf meiner Seite war.

Der Schlüssel ist hier, dass du erkennst, dass man nicht sofort den Riesendurchbruch erwarten kann. Denn wenn du das tust, dann unternimmst du nicht die notwendigen Schritte, um Etappensiege erringen zu können. Und darum geht es im Leben – Teilerfolge und wie wir täglich Schritt für Schritt darauf hinarbeiten, bis diese sich schließlich summieren und wir einen größeren Sieg feiern können.

Dieser Teil des Energiesystems bittet uns also, die kleinen Siege zu feiern – die sich nach einer Weile in große Wahrheiten verwandeln werden. Die Arbeit mit dem sechsten Chakra erfordert, dass wir unsere Überzeugungen und Glaubenssätze überprüfen, an denen wir vielleicht schon viel zu lange festhalten. Was an unseren Überzeugungen so cool ist? Nun, sie können sich ändern – genauso wie unsere neuralen Verbindungen im Gehirn.

Die Menschen haben früher einmal geglaubt, dass die Erde flach ist, dass Flüge unmöglich wären und nur hölzerne Schiffe nicht untergehen würden. Aber natürlich war keine dieser »Wahrheiten« tatsächlich *wahr* – obwohl sie es zu sein schienen.

Wie man inzwischen weiß, so ist Glaube einfach nur ein Gefühl von absoluter Gewissheit. Ganz egal, ob es nun stimmt oder nicht! Als ich das begriff, begann ich das, woran ich glaubte, zu hinterfragen, um zu sehen, ob das tatsächlich so ist.

Ungefähr zu dieser Zeit stieß ich auf ein tolles Zitat des Schriftstellers Richard Bach: »Streite dich wegen deiner Begrenzungen, und du darfst sie behalten.« Ich begann zu sehen, dass *ich derjenige war, der mir im Weg stand.* Hier war ich also und glaubte, die Welt würde mich einschränken, während ich mich in Wahrheit selbst blockierte.

Meine Überzeugungen formten meine Realität. Und bis heute arbeite ich daran, diese Überzeugungen wahrzunehmen und sie zu verändern.

Ich musste sogar mein ganzes Glaubenssystem überarbeiten, um hinter die Geheimnisse des siebten und letzten Energiezentrums zu kommen. Das hatte vor allem auch damit zu tun, dass es beim siebten Chakra um die Verbindung zum »Göttlichen« geht, und ich mit dem Konzept des Göttlichen damals so ziemlich auf dem Kriegsfuß stand.

Aber was Caroline über dieses Chakra erklärte, zeigte mir, dass das Göttliche ziemlich bodenständig ist. Keine Wolkengötter oder so.

Ich kann dieses Chakra am besten zusammenfassen, indem ich sage, dass das Göttliche im gegenwärtigen Moment lebt. Für mich ist das Göttliche nicht irgendein bärtiger Typ, der in den Wolken thront, sondern eine immerfort präsente Energie der LIEBE, die alle Materie umgibt, nährt und dazu ermutigt, sich weiterzuentwickeln und zu wachsen.

Es stimmt, dass das Göttliche nur jetzt existiert. Wir kamen von der LIEBE, und wenn wir sterben, werden wir zur LIEBE zurückkehren. Die Lektion des siebten Chakras ist das Loslassen der Vergangenheit und das Bemühen, sich auch nicht ständig mit der Zukunft zu befassen.

Stattdessen müssen wir unseren Geist auf die Gegenwart fokussieren. Erst dann können wir wirklich damit beginnen, gute Entscheidungen zu treffen und unsere Kraft zurückzuerlangen.

Als ich präsenter wurde, sah ich ein, dass ich mich bisher viel an der Vergangenheit festgehalten hatte. (Und das immer noch tue.) Es ist ein lebenslanger Prozess, die Vergangenheit loszulassen, und er beginnt mit Akzeptanz. Die Leute fragen mich ständig, wie sie loslassen können. Und die einzige Antwort, die ich da geben kann, ist Akzeptanz. Als Erstes müssen wir akzeptieren, was geschehen ist. Wir sollten es uns nicht länger wegwünschen. Die Vergangenheit ist nun mal passiert, und das können wir nicht mehr ändern. Was wir allerdings ändern *können*, ist die *Bedeutung* der Vergangenheit. Wir können beginnen, sie in einem neuen Licht zu sehen.

Aber es ist zwecklos, zu versuchen, irgendetwas zu ändern, was in der Vergangenheit liegt. So funktioniert das Leben nicht.

Es ist genauso unmöglich zu wissen, was noch vor einem liegt. Und es ist sehr leicht, von Gedanken an die Zukunft regelrecht gelähmt zu werden, sodass man gar nichts mehr zustande bringt. Ich malte mir alle möglichen Worst-Case-Scenarios aus und konnte mir beim besten Willen keine Zukunft vorstellen, in der ich nicht wieder alles total verbocken würde.

Es wurde immer schlimmer, als ich auf das zurückblickte, was in meinem Leben bisher so passiert war. Ich war mit großen Hoffnungen nach L.A. gezogen – und musste dann mit ansehen, wie mein Traum, bei Geffen Records zu arbeiten, wie eine Seifenblase zerplatzte. Es war wie ein grausamer Witz – so als würde Gott sagen: «Hier hast du mal einen Vorgeschmack von dem, was du dir wünschst. Aber du wirst es übrigens niemals bekommen.« Es war so schmerzlich gewesen, meine Träume zu verfolgen, dass ich inzwischen riesige Angst hatte, es noch einmal zu probieren.

Aber dann begann ich, an meinem siebten Chakra zu arbeiten.

Als ich begann, mich umzusehen, stellte ich fest, dass in eben diesem Moment alle meine Bedürfnisse erfüllt waren. Ich hatte ein Dach über dem Kopf. Ich hatte etwas zu essen. Ich hatte Wasser. Ich hatte noch Benzin im Auto.

Die Horrorzukunft, die ich mir ausgemalt hatte, war nicht wahr geworden. Für mich ist die Lektion des siebten Chakras –

welche die der anderen sechs zusammenfasst – das Gewahrwerden des gegenwärtigen Moments. Hier, in diesem Augenblick, ist alles so, wie es sein soll – selbst wenn ich Angst davor habe, was noch kommen könnte.

Das Werk von Caroline Myss war für mich wirklich bahnbrechend. Ich hoffe, dass *Energy Anatomy* eines Tages an Schulen gelehrt werden wird, da es wirklich ganz simple Lebenskonzepte enthält, die das Leben verändern können. Am meisten half mir Caroline Myss, wieder meine eigene Kraft zurückzugewinnen, die ich bisher »nach außen« projiziert hatte.

Carolines geführtes Meditationsprogramm *Spiritual Power, Spiritual Practice* ist eine Morgen- und Abendmeditation, die dabei hilft, bewusst in die eigene Kraft zu kommen und »die Chakras zu reinigen«.

Wenn dir die Idee, deine Chakras zu reinigen, nicht gefällt – es klingt ein bisschen abgedreht, selbst für mich – dann stell es dir einfach wie einen »Power-Scan« vor. Du scannst dich bewusst durch, um herauszufinden, wo deine Kraft liegt, nach wessen Anerkennung du suchst und welche Gedanken dich zurückhalten. Danach nimmst du deine Kraft wieder selbst in die Hand.

Es gab diese sechsmonatige Phase, in der ich morgens und abends nichts anderes tat, als die ganze Zeit nur dieser Meditation zuzuhören. Eine der Schlüsselphrasen ist mir noch immer ins Gehirn eingebrannt: *Mach dich frei von dem Bedürfnis, wissen zu wollen, warum die Dinge so geschehen, wie sie es eben tun, und bring deine Aufmerksamkeit in den gegenwärtigen Moment.*

Diese Idee ist so einfach – und doch so tiefsinnig. Kombiniere sie mit der Idee, deinen Willen dem Göttlichen zu übergeben, und mach dich dann bereit dafür, dass sich dein Leben drastisch ändern wird. Ich weiß, dass das bei mir so war.

Noch ein letzter Rat, bevor du damit anfängst. Wenn du dich auf den spirituellen Weg begibst, musst du bereit sein, jeden Moment so zu sehen, wie ein Kind das tut: als wäre alles brandneu. Deine Wahrnehmung spielt eine große Rolle, wenn du die Geschichte deines Lebens änderst. Wenn du nicht bereit bist, zum Anfang zurückzugehen, dann kannst du nicht erwarten, dass du einen sauberen Neustart auf deiner eigenen Heldenreise hinlegst. Und diese Lektion sollte ich als Nächstes lernen.

KAPITEL 5

Der Spur des Helden folgen

Außerdem müssen wir das Risiko dieses Abenteuers nicht einmal allein auf uns nehmen, denn so viele Helden sind schon lange vor uns losgezogen. Das Labyrinth ist durch und durch bekannt. Wir müssen nur der Spur des Helden folgen, und wo wir dachten, dass wir dort eine Abscheulichkeit vorfinden werden, dort werden wir einen Gott entdecken. Und dort, wo wir denken, dass wir jemanden umbringen müssten, werden wir uns nur selber töten. Immer wenn wir denken, wir müssten irgendwohin verreisen, werden wir im Zentrum unserer eigenen Existenz ankommen. Und wenn wir glauben, allein zu sein, so wird doch die ganze Welt bei uns sein.

JOSEPH CAMPBELL
DIE KRAFT DER MYTHEN

Die Antworten zu meiner Frage *Wie kann ich mich ohne Drogen genauso gut fühlen, als ob ich welche genommen hätte?* flogen mir weiterhin zu. Nachdem ich Caroline Myss entdeckt und beschlossen hatte, mich wieder für spirituelle Dinge zu öffnen, war es so, als ob all die Informationen, die ich benötigte, wie eine Flutwelle auf mich einzuströmen begannen.

Ich managte noch immer Bands, aber zu diesem Zeitpunkt ging es mir dabei nur noch um Geld. Was einst meine Leidenschaft gewesen war, fühlte sich nun wie Zwangsarbeit an. Ich hatte die Nase voll davon, dass mein Lebensunterhalt davon abhing, wie stark andere gerade das Gefühl hatten, arbeiten zu müssen. Es kann eine ziemlich koabhängige Sache sein, als Musikmanager zu arbeiten. Wenn der Klient glücklich ist, bist du auch glücklich. Wenn der Klient nicht glücklich ist, bist du auch nicht glücklich. Und wenn der Klient keine Lust zu arbeiten hat, zu viele Drogen nimmt oder unter starken Stimmungsschwankungen leidet, dann hat das große Auswirkungen auf dein Leben.

Als ich damit anfing, schien es, als wäre ich wie geschaffen für diesen Lebensstil. Doch je tiefer ich den Kaninchenbau hinabfiel, umso stärker hinterfragte ich diese These. Ich konnte allerdings auch nicht aufhören, sagte ich mir, da ich auf diese Weise ja immerhin meinen Lebensunterhalt verdiente.

Was sollte ich denn sonst machen, um an Geld zu kommen? Ich konnte meine Rechnungen nicht bezahlen, indem ich einfach nur spirituell war. Und selbst wenn, wie würde das funktionieren? Ich wusste nichts darüber, wie man anderen Leuten etwas beibringt. Ich war doch nur ein ehemaliger Abhängiger, der sich allmählich wieder erholte. Außerdem war ich noch immer völlig durch den Wind und galt in der Musikbranche als Versager.

Was würde ich tun? Ich fühlte mich verloren. Die Sachen von Caroline Myss hatten mich neu geformt und wieder auf die Beine gebracht, aber ich fühlte mich, als hätte ich weder Landkarte noch Kompass. Ich verstand die Konzepte der Chakras, wusste allerdings nicht, was ich nun damit anfangen sollte.

Ungefähr zu dieser Zeit sagte mir meine Intuition, dass ich mir noch einmal die *Star Wars*-Filme ansehen sollte. Seit ich nach L.A. gezogen war, hatte ich das noch nicht getan – was für meine Verhältnisse eine lange Zeit war. Aber nun machte ich ja eine Existenzkrise durch, und meine Intuition sagte mir, dass es in den Filmen eine Wahrheit gab, die ich als Kind vielleicht verpasst hatte. Es war einfach so eine Ahnung.

Also machte ich es mir in meinem Los Feliz-Apartment gemütlich, und entschied mich für *Das Imperium schlägt zurück.* Und wie jeder *Star Wars*-Fan weiß, ist das sowieso der beste Film von allen. Ich schob also den Film in den Player und war begierig, darin Botschaften zu finden. Vielleicht hatte ich zuvor ja etwas übersehen, das ich über das Leben wissen sollte.

Bald kam die Stelle, als Luke nach Dagobah geht, dem Planeten, wo er seinen neuen Jedi-Mentor Yoda trifft (den kleinen grünen Kerl). Diese Szenen hatte ich als Kind Dutzende Male gesehen. Und damals hatte ich diesen Teil immer ziemlich langweilig gefunden, weil es keine Action gab. Aber dieses Mal sah ich alles mit neuen Augen.

Luke trainiert mit Yoda, und sie beginnen eine Diskussion über den Unterschied zwischen der dunklen und der hellen Seite der Macht. Luke fragt Yoda, wie man beides unterscheiden kann, und Yoda erklärt Luke, dass man auf der hellen Seite die »Ruhe bewahrt« und den »Frieden« fühlt. Sie beenden das Training, und Luke bemerkt eine dunkle und unheimliche Höhle. Er sagt, dass er von dort Kälte spürt – »tödliche Kälte«.

Yoda sagt, dass diese Höhle von der dunklen Seite der Macht erfüllt ist, dem Reich des Bösen angehört – und Luke dorthin muss. Als Luke fragt, was er im Inneren dieser Höhle finden wird, antwortet Yoda: »Nur, was du mit dir nimmst.« Luke fängt an, sich seinen Waffengürtel umzuschnallen, doch Yoda drängt Luke dazu, diesen zurückzulassen. Luke wirft einen weiteren Blick auf die Höhle und beschließt, seine Waffen trotzdem mitzunehmen, obwohl ihm sein Mentor gerade gesagt hatte, dass er diese nicht bräuchte.

Als Luke in die Höhle hinabsteigt, sieht er zunächst viele Schlangen und Eidechsen. Vor ihm liegt eine winzige Passage, die sich schließlich verbreitert. Plötzlich sieht er direkt vor sich seinen Erzfeind Darth Vader. Beide zücken ihr Lichtschwert, und sie beginnen zu kämpfen. Luke gewinnt die Oberhand und enthauptet Vader. Als Vaders Kopf auf dem Boden rollt, öffnet sich seine Maske und enthüllt Lukes eigenes Gesicht.

Als ich das sah, zitterte ich plötzlich am ganzen Körper. Es war so, als ob mir eben eine ganz tiefe Wahrheit offenbart worden war. Ich stoppte den Film, sah mir Lukes Gesicht an, das hinter dieser Maske des Bösen versteckt gewesen war – und dann traf es mich wie ein Blitz: Ich musste meinen tiefsten Ängsten ins Gesicht sehen.

Ich bin nicht genug und werde es niemals sein.

Ich werde niemals irgendetwas beitragen können.

Wer bin ich schon, dass ich irgendetwas aus mir machen könnte? Es wird nie besser werden, und es wird immer so wie jetzt bleiben.

Diese Gedanken waren die Dinge, die mich blockierten. In dieser Nacht erkannte ich, dass sich in meinen tiefsten und dunkelsten Ängsten die Lektionen verbargen, die ich am dringendsten lernen musste. Ich sah nun ein, dass ich nicht getrennt von meinen Ängsten existierte. Sie waren ein Teil von mir, dem ich mich *stellen musste*. Die Frage war nur: Wie?

Glücklicherweise ließ mich das *Imperium* nicht im Stich: Die Antwort war nur ein paar Szenen entfernt.

Yoda instruiert Luke, wie man die Macht benutzt. Luke macht einen Handstand, und Yoda steht dabei auf Lukes Füßen in der Luft. Gleichzeitig benutzt Luke die Macht dazu, Felsbrocken übereinander zu stapeln. Er fängt an, auf einer Hand zu stehen, und Yoda ist beeindruckt. Dann beginnt allerdings R2D2, wie verrückt zu piepsen, und Luke verliert seine Konzentration. Er fällt hin – und somit auch Yoda.

Luke schaut nach, was der ganze Pieps-Lärm zu bedeuten hat, und sieht, dass sein X-Wing-Schiff im Sumpf versunken ist und nur noch das Vorderteil herausragt.

Was als Nächstes geschieht, hat mein Leben für immer verändert.

Ich zitiere:

Luke: Oh, nein – das Schiff! Wir werden es niemals herauskriegen!

Yoda (kopfschüttelnd): So überzeugt bist du davon? Unmöglich ist immer alles für dich. Meine Worte – hörst du sie nicht?

Luke: Meister, Steine in Bewegung zu versetzen ist eins, aber das hier – das ist etwas völlig anderes.

Yoda: Nein! Nichts anders! In deiner Vorstellung nur. Vergessen musst du das, was früher du gelernt.

Luke (zaghaft): Also gut, ich werd's versuchen.

Yoda: Nein! Nicht versuchen! Tu es. Oder tu es nicht. Es gibt kein Versuchen.

Luke schließt die Augen und konzentriert sich darauf, das Schiff aus dem Sumpf herauszudenken. Für einen kurzen Moment beginnt sich das Vorderteil des X-Wings anzuheben – aber genauso schnell rutscht es wieder zurück und verschwindet im Sumpf.

Luke: Ich schaff es nicht. Es ist einfach zu groß.

Yoda: Größe bedeutet nichts. Sieh mich an. Nach meiner Größe beurteilst du mich – tust du das?

Luke schüttelt den Kopf.

Yoda: Und das solltest du auch nicht. Denn die Macht ist mein Verbündeter. Und ein mächtiger Verbündeter ist sie. Das Leben erschafft sie, bringt sie zur Entfaltung. Ihre Energie umgibt uns, verbindet uns mit allem, erleuchtete Wesen sind wir, nicht diese rohe Materie. Du musst sie fühlen, die Macht, die dich umgibt. Hier zwischen dir, mir, dem Baum, dem Felsen dort – allgegenwärtig, ja! Selbst zwischen dem Sumpf und dem Schiff!

Luke: Du willst das Unmögliche.

Luke wendet sich voller Zweifel ab, aber der kleine Yoda fängt nun selbst an, sich voll auf dem Sumpf zu konzentrieren. Er hebt seine Hand in Richtung versunkenes Schiff – und auf wundersame Weise beginnt es aufzutauchen. R2D2 ist ganz außer sich, und ein paar Augenblicke später ist das Unmögliche schon geschehen: Lukes zuvor eingesunkener X-Wing ist wieder vollkommen aufgetaucht, schwebt sogar in der Luft und ist von der Gefangenschaft des Sumpfes befreit.
Luke ist fassungslos, einfach völlig verblüfft.

Luke: Also das … das glaub ich einfach nicht.

Yoda: Darum … darum versagst du.

Wieder hielt ich den Film an. Schauer liefen mir den Rücken herunter. Ich konnte es kaum glauben: Die ganze Zeit hatte sich diese tiefe Weisheit in meinem Lieblingsfilm aus meiner Kindheit versteckt!

Die Worte – *darum versagst du* – waren mir ins Gehirn eingebrannt. Ich musste unwillkürlich an meine aktuellen Lebensumstände denken. Ich hatte »versagt«, weil ich nicht in der Lage war, mich meinen größten Ängsten zu stellen. Ich hatte Drogen genommen, anstatt mich mit meinen Gefühlen auseinanderzusetzen. Wenn ich falsch lag, konnte ich das nicht zugeben. Ich hatte kein Mitgefühl. Ich wusste nicht, wie man echte Beziehungen schmiedet, und nach einer Weile glaubte ich, dass das die »Schuld von Hollywood« war und nicht meine eigene. Und das brachte mich dazu, zu versagen. Und ich hörte nicht auf zu »versagen«, da ich nicht daran glaubte, dass die Dinge auch anders sein könnten. Es war ein tiefgreifender Moment. Eine größere Welt breitete sich nun vor mir aus: eine Welt voller Ungewissheit – und ja, auch eine Welt voller Magie und Geheimnisse. Ich hatte keine Ahnung, was auf der anderen Seite dieser Offenbarung lag, aber ich war begierig, dies herauszufinden.

Es geht nicht um den Finger

Ich versuchte in den folgenden Wochen und Monaten wieder und wieder, mir die *Star Wars*-Filme anzusehen, aber jedes Mal überkam mich dabei eine große Traurigkeit. Nachdem ich eine Weile in mich gegangen war, begriff ich, dass ich die Nase voll davon hatte, jemand anderen dabei zuzuschauen, wie er sich auf ein wundervolles Abenteuer begab.

Ich wollte der Held sein! Ich wollte mich selbst verwirklichen, mein eigenes Abenteuer bestehen und andere dazu inspirieren, das Gleiche zu tun. Ich wusste nur nicht, wie ich anfangen sollte, also begann ich, alles über den Schöpfer von *Star Wars*, George Lucas, zu recherchieren. Man kann mit Bestimmtheit sagen, dass es zu einer Besessenheit von mir wurde (aber auf eine gute Art). In dieser Zeit machte ich auch viel Therapie bei einer Frau namens Trinka Terra. (Man kann mehr über ihre Praxis auf www.katrinkaterra.com erfahren.) Ich sah sie ein paar Mal in der Woche, um mit dem Kram klarzukommen, der bei mir gerade so hochkam. Ich fühlte, dass ich unbedingt dorthin gehen musste, da ich allein nicht weiterkam und Antworten brauchte, die weder ich noch meine Freunde hatten.

Meine Mom freute sich, dass ich zur Therapie ging, aber mein Vater sagte, dass er glaube, Therapeuten seien nur Leute, »die man bezahlt, damit sie deine Freunde sind«.

Er ist ein großer Beatles-Fan, und daher sagte ich: »Manchmal reicht ja auch schon ein bisschen Hilfe von deinen Freunden.« Ich persönlich glaube nicht, dass man sich auf einer Therapeutencouch wiederfindet, weil man »total daneben« ist. Ich glaube, dass wir alle Führung und Leute brauchen, die uns dabei helfen, mit unseren existenziellen Fragen klarzukommen.

Ich fühlte mich nun mal stark dazu berufen, zur Therapie zu gehen und von Trinka zu lernen. Sie war zu meinem Yoda geworden, meiner Version des Orakels aus *Matrix*. Jeder Held braucht einen echten Mentor im wirklichen Leben, und bei mir war das Trinka. Ich las Bücher, sah mir Filme an und berichtete ihr dann, was ich daraus gelernt hatte.

Eines Tages erzählte mir Trinka diese Geschichte über einen Zenmeister. Er lächelte superglücklich, während er auf den Mond am Nachthimmel zeigte. Die meisten seiner Studenten waren verwirrt und traurig, da sie nur seinen ausgestreckten Finger sahen und sich fragten, warum ihm das so viel Freude bereitete. Aber es gab einen Schüler, der weiter als nur bis zum Finger des Meisters sah – bis zum Mond. Dieser hatte ebenfalls ein Lächeln im Gesicht.

Die Moral der Geschichte ist, dass wir nicht unsere Mentoren als Quelle der Macht ansehen dürfen. Wir müssen vielmehr dort danach suchen, wo auch sie es tun, und dann unsere eigenen Antworten finden.

Und wie gewöhnlich kam die Lektion zum perfekten Zeitpunkt – genau inmitten meiner Recherchen über George Lucas. Bis zu diesem Punkt hatte ich mich definitiv *auf ihn* konzentriert – in der Hoffnung auf Antworten. Wer war dieser Mann? Was war seine Geschichte?

Aber nach dieser Sitzung mit Trinka begann ich dorthin zu schauen, *wo er hinsah*. Wer hatte ihn inspiriert? Wer waren *seine* Lehrer gewesen?

Ich lernte über seine besondere Beziehung zu seinem Mentor Francis Ford Coppola; über seine Freundschaft mit Steven Spielberg (ein anderer Regisseur, dessen Filme mich mit ihrem Sinn für kindliches Staunen tief berührt hatten) und über die Zeit, während der George und Francis in San Francisco in American Zoetrope (Coppolas Produktionsfirma) zusammenarbeiteten.

Ich konnte kaum glauben, dass all diese bedeutenden Filmemacher sich nicht nur kannten, sondern sogar befreundet waren! Und mehr noch – sie waren alle von demselben Mann inspiriert worden: dem großen japanischen Filmemacher Akira Kurosawa. Ich begann, Kurosawas Filme zu studieren, und konnte bald unzählige Parallelen zwischen *Star Wars* und Kurosawas Werk entdecken – besonders bei *Die sieben Samurai*.

Bei meiner Suche nach den Inspirationsquellen von George Lucas fand ich heraus, dass er noch einen anderen Mentor hatte – ein Mann, dessen Werk zum Herzstück meines Lebens werden würde. Dieser Mann war Joseph Campbell.

Während er Film an der USC studiert hatte, war Lucas in einem Anthropologieseminar auf Joseph Campbell gestoßen. Später, als er an Star Wars arbeitete, fühlte er sich von den epischen Ausmaßen des Films bald *völlig überfordert*. Seine Intention war es gewesen, einen Mythos für eine neue Generation zu erschaffen – keine einfache Leistung. Eines Tages erinnerte er sich wieder an ein Buch, das er früher einmal auf der USC studiert hatte – *Der Heros in tausend Gestalten*. In diesem Buch enthüllt Joseph Campbell ein universelles Muster, das in Mythen zu allen Zeiten und in allen Kulturen auftaucht.

Es handelt sich um einen Zyklus von Ereignissen, die er die »Heldenreise« nannte – 12 Schritte, die von den Helden fast aller epischer Geschichten unternommen werden müssen. Und dabei spielen weder Religion, ethnische Herkunft noch Kultur eine Rolle, denn alle großen Geschichten besitzen dieselbe Grundstruktur. Obwohl die Geschichten von Christus, Buddha und Arjuna (im Hinduismus) alle sehr unterschiedlich erscheinen, folgen sie unter der Handlungsoberfläche alle den gleichen Geburt-Tod-Wiedergeburt-Zyklen der Transformation.

Am Anfang jeder epischen Geschichte wird der Held in seinem »normalen Umfeld« gezeigt, in der Welt seines Alltags.

Doch in diese normale Welt dringt nun der »Ruf des Abenteuers«, der den Helden zu einer furchteinflößenden, doch zugleich spannenden Reise einlädt.

Was nun folgt, sind Prüfungen, Belastungen und Proben. Der Held trifft alle möglichen Feinde und Verbündete, während er sich auf die größte aller Prüfungen vorbereitet: den eigenen Tod.

Und nach dem Tod wird er wiedergeboren – mit neuen Einsichten, die ihn näher mit der Wahrheit seines eigenen Herzens verbinden. Mit diesem neuen Verständnis stellt sich der Held erneut dem Tod – und ist so in der Lage, seine Familie oder sein Land vor dem sicheren Untergang zu bewahren. Nach dieser heroischen Tat muss er die neuen Erkenntnisse seiner Heimatgemeinde mitteilen. Die Reise ist nicht vollständig, wenn sie nicht mit anderen geteilt wird.

Wieder und wieder wird der Held mit seiner eigenen Sterblichkeit und dem Tod konfrontiert. Und dadurch gelangt er in ein tieferes Reich – dorthin, wo Magie und Träume Wirklichkeit werden.

Um mehr über die Heldenreise zu erfahren, kannst du einfach auf DailyLove.com/JosephCampbell gehen. Ich empfehle außerdem wärmstens *Die Odyssee des Drehbuchschreibers* von Christopher Vogler. Er hat aus meiner Sicht Campbell so gut wie sonst keiner für alle verständlich aufgeschlüsselt.

Aber zurück zu meiner eigenen Reise. Bei meinen Recherchen erfuhr ich, dass George Lucas das Buch *Der Heros in tausend Gestalten* erneut durchgelesen und es danach benutzt hatte, um die Struktur seines mythischen Films *Star Wars* zu erschaffen. Der Rest ist Geschichte – *Star Wars* wurde zum Megahit. Zu dieser Zeit zollte Lucas Campbell sehr offen Anerkennung für die Struktur der Heldenreise, und dieser Anerkennung verdankt Campbell seinen Einzug in den Mainstream.

Seit jener Zeit haben Drehbuchschreiber, Dichter, Musiker und alle möglichen anderen Künstler Campbells Werk genutzt, um universelle Geschichten zu erschaffen, die Millionen Herzen berühren.

Ich wurde nach einer Weile ganz versessen auf alles, was mit Joseph Campbell zu tun hatte. Ich sah ihn als den Mond, auf den der Zenmeister zeigte. Ich begann auch zu verstehen, dass mich nicht *Star Wars* selbst so fasziniert hatte, sondern die tiefere Wahrheit, für die Lukes Reise stand.

Campbell war der Meinung, dass wir das Wort *Mythos* völlig falsch benutzen.

Viele Leute benutzen das Wort *Mythos* als Synonym für *Lüge*. Wenn wir sagen, dass etwas »mythisch« ist, meinen wir damit meist, dass jemand sich das alles nur ausgedacht hat. Aber dafür steht das Wort *Mythos* eigentlich gar nicht. Campbell sagt, dass ein Mythos eine Metapher für etwas ist, *das so groß ist, dass wir es nicht wirklich beschreiben können*. Ein Mythos weist auf eine Erfahrung hin, die so gewaltig ist, dass es schwierig ist, sie überhaupt irgendwie zu begreifen. Der Mythos ist ein Ort, an dem die äußere Welt der Formen auf die innere unserer eigenen Ewigkeit trifft. Er ist eine Metapher für Gott.

Campbell schreibt:

> »Gott ist eine Metapher für ein Mysterium, das alle Kategorien menschlichen Denkens übersteigt …Ich meine, es ist doch auch so … Aber die Hälfte der Weltbevölkerung besteht aus religiösen Menschen, die denken, dass es sich bei ihren Metaphern um Fakten handelt. Wir nennen sie Theisten. Die andere Hälfte sind die Leute, die wissen, dass die Metaphern keine Fakten darstellen und daher Lügen sind. Dies sind die Atheisten.« (*The Hero's Journey: The World of Joseph Campbell)*

Das fühlte sich sehr stimmig für mich an. Ich begann zu verstehen, warum ich nicht in diese christliche Schule gepasst hatte: Meine Klassenkameraden hatten alles, was mit Gott zu tun hatte, wörtlich genommen – während ich auf intuitiver Ebene wusste, dass

Gott nur eine Metapher für etwas war, das größer war als alles, was wir je begreifen können.

»Alle Religionen sind wahr«, sagt Campbell, «doch keine kann man wörtlich nehmen.«

Ich begann zu verstehen, dass in der Geschichte der Menschheit stets zu viel Aufhebens um die semantischen Namen für Gott gemacht worden war (Jesus, Allah, Jehovah, Krishna und so weiter), anstatt sich auf die Essenz dessen zu konzentrieren, wofür diese Namen stehen.

Wieder einmal kam mir Trinkas Bild in den Sinn – das des Meisters, der zum Mond zeigt, und aller seiner Schüler (bis auf einen), die nur seinen Finger sehen. Was, wenn die Essenz aller Religionen dieselbe wäre – nur auf unterschiedliche Art ausgedrückt? Was, wenn dumme Menschen sich so sehr in die Namensfrage verrannt hatten, dass sie darüber das wirklich Wichtige – die LIEBE – vergessen hatten?

Ein paar Tage später grübelte ich in meiner Wohnung in Los Feliz erneut über diese Möglichkeit nach. Ich sah die Sonne durchs Fenster meines Apartments. Und mir ging auf, dass seit Anbeginn der Zeit alle Menschen überall auf der Welt dieselbe Sonne sahen. Trotzdem benutzten die verschiedenen Kulturen, Völker und Regionen überall verschiedene Namen für die goldene Himmelskugel.

Englisch = *sun*	Deutsch = *Sonne*
Französisch = *soleil*	Altägyptisch= *Ra*
Hindi = *sūraja*	

Faszinierend! Dieselbe *Essenz*, aber verschiedene *Wörter*. Und ich wusste, dass das Gleiche auch bei Gott zutrifft. Aber es ist viel leichter, über die Sonne zu sprechen, da sie sichtbar und messbar ist. Aber bei so etwas Großem wie Gott, ist es schwieriger, die richtigen Worte zu finden. Wenn es um Gott geht, begeben wir uns in das Reich des Mystischen – ins Reich des *Mythischen*.

Je mehr ich über die Heldenreise lernte, umso mehr sah ich sie überall um mich herum. Ich begann, Religionen – und alle spirituellen Lehren – als bloße Metaphern zu verstehen, die mich zu meiner eigenen Erfahrung des göttlichen Mysteriums zurückführten.

Finkle ist Einhorn!

Während ich mich mit Campbell beschäftigte, stieß ich auf das Werk des großartigen Carl Jung. Jung war der Schöpfer des Konzepts der »Archetypen« – symbolische Charaktere, Verhaltensweisen oder Ereignisse, die für universelle menschliche Ideen stehen. Man findet sie überall in Geschichten, der Mythologie und in den Religionen. Denk beispielsweise mal daran, wie ein »Meister« aussieht. Was kommt dir dabei in den Sinn? Vielleicht ein weises altes Männlein wie Yoda? Und wenn ich böse Hexe sage, siehst du dann eine spitze grüne Nase unter einem schwarzen Hut hervorschauen?

Wenn ich »Wiederauferstehung« sage, siehst du dann einen Phönix aus der Asche aufsteigen? Oder vielleicht Jesus am Kreuz? Diese Wörter beziehen sich auf universelle Archetypen – auf Symbole, die den meisten Menschen vertraut sind.

Das bedeutet, dass die *meisten* Leute die gleichen oder ähnliche Bilder im Kopf haben, wenn sie diese Worte hören.

Dann erinnerte ich mich daran, dass Caroline Myss auch von Archetypen spricht! Sie erklärt, dass jeder von uns während seines Lebens verschiedene Archetypen verkörpert.

Plötzlich hatte ich einen gigantischen kosmischen AHA-MOMENT! Als ich damals die CDs von Caroline Myss erhielt, hatte ich sie in meinem Kopf gleich in die Schublade »Spiritualität und Selbsthilfe« geschoben. Dann fand ich Joseph Campbell und Carl Jung und archivierte sie unter «Mythen und Geschichten«. Aber wenn man mal wirklich drüber nachdenkt, handelt es sich doch um genau dieselbe Sache.

Caroline Myss hatte Carl Jung studiert, wie sich herausstellte. Alle Wege führen nach Rom, wie man so sagt.

Die Heldenreise ist eine spirituelle Reise. Es ist das, worauf alles Selbsthilfematerial und die ganzen spirituellen Sachen abzielen. So gesehen sind epische Geschichten, Filme und Mythen *Selbsthilfematerial in fiktiver Form*, das uns durch die universelle Kraft der Archetypen den Weg zeigt.

Ich fühlte mich wie Ace Ventura. *«Finkle ist Einhorn. Einhorn ist Finkle!«*

Das riss mich wirklich vom Hocker und änderte meine Sicht von der Welt. Alles, wonach ich in diesem Reich der Mythen gesucht hatte, war die Erfahrung, meine eigene Berufung zu ehren.

Das Schlüsselwort ist *Erfahrung.*

Wir haben alle Wissen, aber was wir wirklich brauchen, um uns zu transformieren, ist *Erfahrung*. Plötzlich war es kristallklar, warum es mir so schwerfiel, *Star Wars* anzuschauen. Ich sah immer nur jemand anderen seine Heldenreise antreten, dabei wollte ich so gerne auf *meine eigene* gehen. Ich hatte die letzten paar Jahre damit zugebracht, meinen Klienten dabei zu helfen, ihre eigenen kreativen Träume zu verwirklichen, und ich hatte in diesem Prozess meine eigene Kreativität geopfert.

Bald darauf stieß ich auf Joseph Campbells weisesten und meist zitierten Satz, der wohl durch alle Zeit hindurchvibrierte, als er ihn zum ersten Mal aussprach: «Folge deiner Glückseligkeit.«

Klar, diese Phrase ist inzwischen so abgedroschen, dass man sie mit billigen Fußgelenk-Tattoos assoziiert. Aber eigentlich liegt eine tiefe, zeitlose Weisheit in ihr.

Campbell sagt, dass dieses Konzept aus dem Hinduismus kommt. In dieser Tradition nennt man die Erfahrung der »Erleuchtung« (*brahman* im Sanskrit) *satcitananda*. Das Wort besteht aus drei Bestandteilen:

sat (wird «SAHT« ausgesprochen)
cit (wird «CHIT« ausgesprochen)
ananda (wird »ah-NAN-da« ausgesprochen)

Sat bedeutet «Wahrheit« oder «Wesen«. *Cit* bedeutet «Bewusstsein«. Und *ananda* bedeutet «Glückseligkeit«. Campbell wollte wissen, wie die Erfahrung der »Erleuchtung« war, also sinnierte er viel über diese drei Ausdrücke. Als er über *sat* – Wahrheit oder Wesen – nachgrübelte, konnte er den Begriff nicht richtig zu fassen kriegen. Die Wahrheit ist relativ. Was ist denn eigentlich wahr? Und wie kann man sich überhaupt bei etwas sicher sein? Als er bei *cit* ankam, also dem Bewusstsein, war er wieder völlig ratlos. Was *ist* denn Bewusstsein überhaupt genau? Wie funktioniert es? Campbell wusste die Antwort damals genauso wenig wie wir heute. (Ich war neulich mit dem Harvard-Neurochirurgen Dr. Eben Alexander zum Abendessen, der mir erklärte, dass wir bis heute nicht wissen, wie genau eine Vollnarkose auf das menschliche Bewusstsein wirkt; wir wissen nur, dass sie – in den meisten Fällen – funktioniert.)

Als Campbell zu *ananda* – oder Glückseligkeit – kam, entspannte er sich wieder. Um ihn zu zitieren:

> »Ich weiß nicht, ob mein Bewusstsein echt ist oder nicht. Ich weiß nicht, ob das, was ich über mein Wesen weiß, mein echtes Wesen ist oder nicht; aber ich weiß, wo meine Begeisterung, meine Verzückung, liegt. Solange man mir meine Begeisterung lässt, spüre ich sowohl mein Bewusstsein als auch mein Wesen.«

Campbell beschreibt diese Begeisterung oder Glückseligkeit so: »Ich sage meinen Studenten immer, dass sie dorthin gehen sollen, wo ihre Seele und ihr Körper hinwollen. Wenn du dieses Gefühl spüren kannst, dann bleib dabei und lass dich von niemandem davon abbringen.«

Seine Vermutung war, dass man Wahrheit und Bewusstsein finden wird, wenn man seiner Glückseligkeit folgt, da all drei miteinander in Verbindung stehen. Und in Kombination führen sie zu der ultimativsten Erfahrung, die ein Mensch nur haben kann.

In *The Hero's Journey* sagt er:

> *Ich glaube inzwischen ganz fest daran, nicht nur wegen meiner eigenen Erfahrungen, sondern auch wegen der Erfahrungen, die andere Leute gemacht haben. Wenn du deiner Glückseligkeit folgst – und mit Glückseligkeit meine ich, das tiefe Gefühl, dass du im Glück schwimmst – und das tust, wozu es dich in diesem Leben drängt; dann ist das vielleicht nicht immer spaßig, aber es ist deine Glückseligkeit, und es gibt auch Glückseligkeit hinter all den Schmerzen.*
>
> *Wenn du dem folgst, dann werden sich Türen öffnen, wo es vorher keine gab, wo man niemals Türen vermutet hätte und wo es auch für niemanden sonst eine Tür geben würde.*

Campbell sagt, dass es unser Job ist, uns wieder mit unserer Glückseligkeit zu verbinden, um das zu finden, was uns Lebendigkeit schenkt.

Die Welt – das ganze Universum – *leidet* tatsächlich, wenn wir nicht unserer Glückseligkeit folgen. Das heißt aber nicht, dass es keinen Mut dazu braucht. Deshalb brauchen wir Mentoren. Das ist der Grund, warum wir Freunde brauchen. Wir können uns schon mal darauf einstellen, dass wir Feinden begegnen werden und alle möglichen Wächter sich uns in den Weg stellen werden – äußere und innere. Aber wenn wir uns mit unserem metaphorischen Tod arrangieren können, werden wir wie neu geboren aufwachen, und unsere menschliche Existenz wird ausgefüllter, spiritueller und reicher sein.

Doch es kann keine Glückseligkeit geben, wenn wir uns nicht unseren tiefsten Ängsten stellen. Zur selben Zeit zeigt uns die Glückseligkeit auch, wer wir sind. Jeder Samen in der Welt ist genau *wie* das, wo er herkam. Apfelkerne sind wie der Apfel, aus dem sie kamen. Wenn du sie einpflanzt, dann wird daraus ein Apfelbaum wachsen. Dasselbe kann man über Orangenkerne, Eicheln oder Avocadokerne sagen. Es ist noch nie vorgekommen, dass jemand Apfelkerne gesät hat, und dann eine Avocado geerntet hat.

Und warum ist das so? Weil aus dem Samen das wird, woraus er stammt. Mit dem Samen der Glückseligkeit, der in dir eingepflanzt ist, verhält es sich genauso. Er spiegelt das wieder, was ihn hervorgebracht hat. Das ist auch der Grund, warum sich eine Tür öffnet, wenn du deiner Glückseligkeit folgst. Du bist dann auf der Mission, Gottes Willen in deinem Leben zu erfüllen, denn Gott ist *Glückseligkeit*. Das bedeutet nicht, dass es nicht hart werden und ohne Schmerzen ablaufen wird. Trotzdem müssen wir der Spur des Helden folgen. Wenn man Joseph Campbell vertrauen darf – und ich persönlich denke, dass man das ruhig tun kann – dann erwartet uns ein gutes Leben auf der anderen Seite:

Ich denke, dass ein gutes Leben aus einer ganzen Reihe von Heldengeschichten besteht. Immer wieder und wieder wird man zu neuen Abenteuern gerufen, zu neuen Horizonten. Und jedes Mal steht man vor derselben Frage: Soll ich es wagen? Und wenn du dich traust, dann gibt es auch Gefahren, aber auch Hilfe – und danach entweder Erfüllung oder ein Fiasko. Es gibt immer die Möglichkeit eines Fiaskos. Aber es gibt auch die Möglichkeit für Glückseligkeit.
(*Pathways to Bliss: Mythology and Personal Transformation*)

Ja zum Abenteuer sagen

Von Campbell lernte ich, dass sich alles verändert, wenn man erst einmal richtig verstanden hat, was Glückseligkeit ist. Und dann verpflichtet man sich dazu, dies als Kompass zu benutzen.

Nun, ich hatte zumindest meine Landkarte.

Ich wusste zwar nicht, was meine Glückseligkeit *war*, aber ich wusste zwei Dinge: Meine Süchte waren nicht mein Glück, und es machte mich auch nicht selig, ein Musikmanager zu sein. Das war schon mal ein Anfang.

Ich beschloss, alles zu ändern – und zwar schnell. Ich hatte keine Lust mehr, mich ausgetrocknet zu fühlen oder so von meinem Gehalt abhängig zu sein. Beim zweiten Chakra geht es um unsere Beziehung zum Geld, und ich war ein Sklave meines Gehalts gewesen.

Man könnte sagen, dass ich ein schwaches zweites Chakra hatte, und es war an der Zeit, das zu ändern.

Ich folgte also meinem Glück und traf eine radikale Entscheidung. Ich feuerte all meine Musikklienten.

Das war mein erster Schritt in die Welt der Glückseligkeit, von der Campbell sprach – mein erster Versuch, zu Luke Skywalker zu werden, anstatt ihm immer nur zuzusehen.

Doch einer meiner Klienten ließ sich nicht so leicht abschütteln, und zusammen beschlossen wir, eine neue Firma zu starten – ein Plattenlabel, das nur Musik machte, durch die man sich *wirklich* besser fühlte, und das so irgendwann zu einer bekannten Marke werden würde. Wir brauchten nur noch einen Namen.

In dieser Zeit fuhren wir beide von L.A. nach Las Vegas wegen einer Show von den Nine Inch Nails. Ich fühlte mich nicht so toll, deswegen hörten wir auf dem ganzen Weg die CDs von Caroline Myss. Als ich in Vegas ankam, war ich emotional immer noch am Boden. Ich kaufte mir einen Schreibblock im Caesars Palace und schrieb mir selbst einen Liebesbrief.

Ich schrieb all die Dinge auf, die ich nicht länger in meinem Leben tolerieren würde, und all die Dinge, die ich von nun an tun würde. Ich versprach mir selbst, dass ich mir selbst erlauben würde, mich gut zu fühlen und dass es okay war, sich gut fühlen zu wollen. Ich schrieb, dass ich es wert war, ein besseres Leben zu führen als das, was ich derzeit hatte. Und ich schrieb sogar, dass – obwohl ich furchtbare Angst vor der Zukunft hatte – mein Bauchgefühl mir sagte, dass ich geführt und getragen werde und nie allein sein würde.

Als ich fertig war, unterschrieb ich mit: Alles Liebe von Dir selbst – Love, Yourself.

Ich zeigte den Brief meinem Geschäftspartner, und wir entschieden beide, dass wir gerade den Namen unserer Firma gefunden hatten: Love Yourself.

Was dann folgte, war meine erste Lektion in Sachen: *Wir lehren, was wir selbst lernen müssen.*

Denn wirklich – liebte ich mich selbst?

Nein.

Ist es hart, diese Lektion zu lernen?

Darauf kannst du wetten.

Und was als Nächstes passierte, wirst du eh kaum glauben.

KAPITEL 6

Wir lehren, was wir lernen müssen

Wenn du von einer großartigen Sache inspiriert bist, einem außergewöhnlichen Projekt, dann brechen deine Gedanken alle Fesseln, dein Geist überwindet Grenzen, dein Bewusstsein dehnt sich in alle Richtungen aus – und du findest dich in einer neuen, großartigen und wundervollen Welt wieder. Schlummernde Talente, Stärken und Fähigkeiten erwachen, und du entdeckst, dass du ein noch wundervollerer Mensch bist, als du es dir je erträumt hast.

PATANJALI, THEMAHABHASYA

Wenn du dich erst einmal einem Weg verpflichtet hast und aktiv wirst, dann beginnen die Dinge, sich zu verändern. Oder anders gesagt – wenn das Uni-Versum weiß, dass es dir ernst ist, dann beginnt es, dir in die Hände zu arbeiten.

Das heißt allerdings nicht, dass alles ohne Schmerzen ablaufen wird. Und ich meine damit wahnsinnige Schmerzen.

Doch so läuft nun einmal der Zyklus von der Krise zur Glückseligkeit – und ich begann, das auch zu fühlen.

Ich wollte unbedingt meiner Glückseligkeit folgen und hatte ja auch schon die ersten Schritte getan – ich hatte all meine Klienten gefeuert und ein neues Plattenlabel gegründet. Trotzdem fühlte ich mich noch immer wie ein Blinder, der versucht, sich durch die Straßen von New York City zu schlagen. Ich hatte keine Ahnung, in welche Richtung ich mich drehen sollte und prallte deshalb ständig mit irgendwelchen Dingen zusammen. Glückseligkeit war mein neuer Kompass, der allerdings scheinbar von einem Nebel umhüllt war. Ich schätze, der Nebel war die ganze Zeit schon dagewesen, aber nun war ich mir dessen auch bewusst. Als frühere Führungskraft in Hollywoods Musikbranche war ich es gewohnt, mit allen möglichen Stars auf Du und Du zu stehen und um die ganze Welt zu reisen.

Und jetzt rutschte ich quasi auf meinen Knien rum und versuchte, meinen Weg zu erfühlen. Der Schmerz der Krise ist ein natürlicher Teil des Aufwachprozesses.

Es gibt zwei Arten von Schmerzen, die ich kennengelernt habe: der Schmerz des Schlafens und der Schmerz des Aufwachens. Wenn wir den Schmerz des Schlafens wählen – also uns entscheiden, unser Leben keiner Prüfung zu unterziehen – dann sind Schmerzen unvermeidlich.

Ein ungeprüftes Leben wird immer mehr Schmerz mit sich bringen, da wir dann die meiste Zeit damit beschäftigt sind, das zu umgehen, was uns unangenehm ist. Dabei erschaffen wir immer mehr Unbehagen, da wir uns der Konsequenzen unseres Handelns nicht bewusst sind. Wenn wir uns andererseits dazu entschließen aufzuwachen, müssen wir uns den Schmerzen unserer Wunden stellen. Aber wenn wir erst einmal anfangen, unsere Wunden zu verstehen – und dann zu LIEBEN – da uns bewusst geworden ist, wie sie entstanden sind, dann verwandelt sich der Schmerz in Freude. *Jedes Gefühl, das wir voll fühlen, ist Freude.*

Der Schmerz des Schlafens ist die stille Sehnsucht nach mehr. Es ist ein Verlangen nach einer tieferen Verbindung zum Leben. Zuerst erscheint uns der Schmerz des Schlafens erträglicher als der Schmerz des Aufwachens zu sein, da er subtiler ist. Doch wenn sich das eigene Leben dann dem Ende naht, erkennt man, dass man die meiste Zeit davon einfach nur verschwendet hat. Wenn wir nicht auf den Weckruf hören, dann wird sich unser Sehnen allmählich in Skepsis verwandeln – und unser Herz am Ende verschlossen sein.

Der Schmerz des Schlafens ist ein Weg, auf dem wir kurzlebigem Vergnügen den Vorzug geben, was dann allerdings zu langwierigen Schmerzen führt.

Der Schmerz des Schlafens ist die Geschichte aller Abhängigen und all jener, die mit unerfüllten Träumen leben.

Wenn wir jedoch aufwachen, dann begrüßen wir kurzfristigen Schmerz, da wir dadurch langanhaltende Freude erschaffen. Das ist der härtere Weg. Es ist ein sehr selten beschrittener Weg, denn keiner von uns will sich gern bewusst Schmerzen zufügen. Aber wir müssen Schmerz spüren, wenn wir erwachen wollen. Und ich fühlte sehr viel davon.

Also tat ich, was ich immer tue, wenn ich mich verloren fühle und Hilfe brauche: Ich betete. Meine dringlichsten Gebete waren: «Dein Wille geschehe« und «Zeig mir, wie ich meiner Glückseligkeit folgen kann«.

Es folgte eine lange Periode, in der keine Antworten kamen. Ich glaube inzwischen, dass wir uns manchmal aus einem bestimmten Grund verirren, wenn wir uns im Übergangsstadium von einer Lebensphase zur nächsten befinden. Manchmal umhüllt uns dann ein göttlicher Nebel, *da wir den nächsten Schritt noch gar nicht sehen sollen*. Wir *sollen* gar keine Klarheit haben. Dadurch lernen wir, uns zu entspannen, die Kontrolle abzugeben und nicht so krampfhaft an allem festzuhalten.

Während dieses göttlichen Nebels fühlte es sich so an, als wenn alle Macht, die ich einmal gehabt hatte, verschwunden wäre. Ich fühlte mich wirklich zum ersten Mal in meinem Leben richtig machtlos.

Es überrascht also nicht, dass eine meiner Abhängigkeiten sich wieder so richtig bemerkbar machte.

Ich war zwar schon eine Weile runter vom Kokain, aber ich nahm immer noch Adderall, was praktisch legales Speed ist und oft beim Aufmerksamkeitsdefizitsyndrom verschrieben wird.

Und obwohl es legal, billig und sozial akzeptiert ist, finde ich persönlich, dass es so zerstörerisch ist wie Kokain.

Ich hatte begonnen, Adderall zu nehmen, als ich noch im Musikgeschäft arbeitete, da ich es toll fand, wie ich mich dadurch besser konzentrieren und superviele Sachen erledigen konnte.

Aber sogar nachdem ich all meine Klienten gefeuert hatte, war ich immer noch auf dem Zeug. Ich fühlte mich echt scheiße, dass ich so was nahm, aber wenn ich das nicht tat, war ich ständig müde und fühlte mich den ganzen Tag lang wie aufgebläht.

Als ich begann, dem Weg meiner Glückseligkeit zu folgen, fühlte ich dieses tiefe Wissen in mir, dass ich vom Adderall runterkommen musste. Aber ich war dafür noch nicht bereit. Ich hatte ja jahrelang sehr heftige Stimulanzien zu mir genommen.

Wer würde ich – oder wer würde ich nicht – ohne das Zeug sein? Wie würde ich ohne meine Droge kreativ sein können? Diese Fragen machten mir Todesangst. Aber ich wusste ja, dass ich mich meinen größten Ängsten stellen musste. Deshalb ging ich – ein paar Monate, nachdem ich meine Klienten gefeuert hatte – auf kalten Entzug.

Es war hart, und ich hatte lange Zeit Entzugserscheinungen. Ich hatte keinerlei Energie und wurde depressiv. Ich begann, meine Sucht nach Adderall durch eine Sucht nach Essen zu ersetzen, und bald schon aß ich alles, was in meiner Sichtweite war. Das war zwar schon mal eine Stufe besser, aber es konnte nicht sehr lange so weitergehen.

Also betete ich um Hilfe. Und zum Glück kam mir das Göttliche auch wirklich zur Hilfe.

Ich danke Gott für iTunes.

Ich suchte nach mehr Material von Caroline Myss, als ich plötzlich las: »Andere Leute, die Caroline Myss gekauft haben, kauften auch Wayne Dyer.« Ich hatte noch nie von Wayne Dyer gehört, aber ich war fasziniert von dem Titel des Buches: *The Power of Intention: Learning to Co-create Your World Your Way* (deutsche Ausgabe: *Mit Absicht: Den eigenen Lebensplan erkennen und verwirklichen*). Das gefiel mir. Ich wusste zwar nicht, was «Co-Creation« bedeutete – aber die Welt so zu verändern, wie es mir gefiel? Das klang gut. Ich kaufte also *The Power of Intention* als Audioversion. Denn ich bin Legastheniker, und daher ist es fast unmöglich für mich, eine längere Zeit über zu lesen – geschweige denn die Informationen zu behalten.

Also kaufte ich das Hörbuch und begann, es mir anzuhören. Und ich konnte nicht wieder aufhören. Ich hörte und hörte und hörte und hörte.

Ich sog jedes Wort in mich auf, das Wayne vorlas. Dieses Buch fasste auf praktische Weise das neue Glaubenssystem zusammen, das sich gerade in mir formte. Ich muss dieses Hörbuch in jenem Monat etwa 20 Mal gehört haben. Es war immer an, die ganze Zeit. Während ich arbeitete, während ich duschte, wenn ich im Auto war.

Waynes Stimme war die eines liebevollen Vaters. Er schien nicht so angespannt wie Caroline zu sein. Ich erinnere mich, als ich ihn sagen hörte: »Du bist eine dieser Manifestationen. Du bist ein Teil dieser universellen Intelligenz – ein Stück von Gott.« Das haute mich völlig von den Socken.

Selbst nach all den Sachen von Joseph Campbell, die ich inzwischen gelesen hatte, kam ich damit überhaupt nicht klar. Wie konnte ich, dieses winzige Persönchen, ein Teil von Gott sein? Das klang einfach zu lächerlich.

Unmöglich. Ich hätte es fast als Blasphemie bezeichnet. Denn als ich aufwuchs, war mir immerzu eingetrichtert worden, dass Gott nun mal Gott war und ich ich bin – dass wir getrennt wären, und ich ein Sünder wäre, kaum würdig, Gottes LIEBE und Vergebung zu empfangen.

Und von dieser Einstellung ausgehend auf einmal zu denken, man wäre »ein Teil von Gott«, war ein gewaltiger Sprung, um es gelinde auszudrücken. Aber ich erinnerte mich an eine bestimmte Bibelstelle, und zwar an die Verse 20 und 21 aus dem 17. Kapitel des Lukas-Evangeliums, die in Bibelkreisen nicht oft genug zitiert werden:

> Da er aber gefragt ward von den Pharisäern: »Wann kommt das Reich Gottes?«, antwortete er ihnen und sprach: »Das Reich Gottes kommt nicht mit äußerlichen Gebärden; man wird auch nicht sagen: ›Siehe hier!‹ Oder: ›Da ist es!‹ Denn sehet, das Reich Gottes ist inwendig in euch.«

Vielleicht *war ich* ja ein Teil von Gott. War das möglich, dass ich in all der Zeit nur nach dem Wasser gesucht hatte, in dem ich bereits schwamm? War ich schon längst in Gott, aber unfähig, das zu erkennen? Ich war mir nicht sicher, aber bereit, diese Theorie ein bisschen auszutesten. Ich hatte ja inzwischen sowohl von Caroline Myss als auch von Wayne Dyer gehört, dass es unumgänglich für jeden transformativen Prozess ist, sich selbst zu LIEBEN. Ich war bereit, meinen bisherigen Ansatz erst einmal zur Seite zu schieben – also, dass ich immer meine eigenen Bedürfnisse zugunsten meiner Klienten vernachlässigt hatte – um dafür im Gegenzug zur Selbstliebe zu gelangen. Das Problem war, dass ich den Unterschied zwischen Selbstliebe und Narzissmus nicht verstand. Statt also zu üben, mich aufrichtig selbst zu lieben und zu würdigen, eignete ich mir eine toxische Mischung aus Egozentrik, Anspruchsdenken und Arroganz an. Um es kurz zu machen – bei allen Dingen ging es mir zuerst um mich selbst. Ich sah einfach nicht, dass es auch einen Mittelweg gab – einen Ort, an dem sich Selbstliebe mit dem Dienst an anderen vereint. Stattdessen fuhr ich voll die »Narzissmus«-Schiene – und Mann, war das ein Trip! Wo ich früher gedachte hatte, dass Gott komplett außerhalb von mir war, glaubte ich nun, dass Gott komplett *in* mir war. Tatsächlich war ich mir sogar irgendwann ziemlich sicher, dass ich selbst Gott wäre, und nicht nur ein Teil von Gott (wie wir alle).

Es war der totale Ego-Trip. Ich hatte ja nicht gerade einen Messias-Komplex, aber ich dachte, dass ich zumindest mächtiger war als ich es mir bisher vorgestellt hatte. Ich hatte das Land der spirituellen Egoisten betreten – war also so jemand, der ein paar

Bücher gelesen und sich ein paar neue Vokabeln angeeignet hatte, dessen Bewusstsein aber noch genau wie vorher war.

Ich dachte, dass ich was Besonderes war, weil ich mit Worten wie *Intention, Archetypen* oder *Chakras* um mich schmeißen konnte. Ich fing an, andere als »weniger spirituell« als mich einzustufen. Es stimmt, dass man plötzlich viele neue Leute um sich hat, wenn man sich auf den spirituellen Pfad begibt. Aber wenn du denkst, dass andere weniger wert sind als du, dann bist du selbst der Angeschmierte.

Hier war ich also, ein Typ Mitte Zwanzig, der gerade vom Adderall runter ist und sich für einen echt übercoolen Spirituellen hält, nur weil er ein paar Bücher gelesen hat. Klar, war das ein Rezept für eine Katastrophe, und die ließ auch nicht lange auf sich warten. Noch dazu kam sie in einer ziemlich gefährlichen Verkleidung: getarnt als Erfolg.

Du sagst, du willst eine Revolution?

Wie gesagt, mein früherer Klient John und ich hatten ja nun zusammen diese neue Firma mit dem Namen Love Yourself. Ich kann gleich mal festhalten, dass ich mich definitiv *nicht selbst liebte*, aber ich war eben dieser Kerl, der durch die Gegend zog, um dafür zu sorgen, dass alle anderen sich selbst liebten. Da John Musiker war und ich Musik-Manager, beschlossen wir, Platten rauszubringen. Wir nahmen eine Künstlerin unter Vertrag, Emma Burgess, und machten mit ihr ein Demo-Tape.

Nun, schon bald wurde aus der Demo ein vollwertiges, komplettes Album. Ich benutzte mein Vitamin B und bekam ein paar wirklich tolle Musiker für sie: Mike Garson, David Bowies Klavierspieler, und Josh Freese, den besten Schlagzeuger im Business.

Unser Ko-Produzent war selbst ein sehr bekannter Gitarrist. Er ließ seine Beziehungen spielen und brachte uns mit anderen großartigen Musikern zusammen.

Da waren wir also – John, ich und dieser erstklassige Gitarrist

– produzierten eine Platte und versuchten, aus Emma eine großartige Künstlerin zu machen.

Einige wirklich tolle Songs sind während dieser Sessions entstanden: »Something That You Do«, »Massachusetts«, »Big Break«, »Back Seat Queen«, »Longway« und ein Cover des Outfield-Songs »Your Love«. Wenn ich mir diese Songs heute anhöre, muss ich sagen, dass sie den Test der Zeit bestehen. Ich bin immer noch sehr stolz auf das, was wir damals fabriziert haben.

Aber es dauerte immer länger und länger, die Platte zu machen. Jede Verzögerung bedeutete, dass es uns noch mehr Geld kostete. Ich musste zwar an mein College-Geld und meine Erbschaft gehen, um diese Platte zu produzieren – war jedoch mit vollem Herzen dabei.

Love Yourself Records musste ein Hit werden, und wenn es das Letzte war, was ich tun würde. Außerdem machte mir der Prozess selbst richtig Spaß. John und ich waren beste Freunde geworden.

Wir lebten in Los Feliz ja schon in der gleichen Straße. Und nun, da wir eine gemeinsame Firma hatten, waren wir wie Pech und Schwefel. Wir blieben immer lange auf – wobei ich so viel Selbsthilfe-Material verschlang, wie ich zu fassen kriegte, und John währenddessen das Album perfektionierte. Zusätzlich zur Platte begannen John und ich, Designs für Love Yourself-T-Shirts zu entwerfen. Wir dachten, dass ein bisschen Merchandising nebenher vielleicht dabei helfen würde, zusätzlich zu den CDs Geld zu verdienen.

Dann kam jedoch die Zeit, als mir das Geld ausging. Ich beschloss, eine Barkeeper-Ausbildung zu machen und als Barkeeper zu arbeiten, bis sich die Firma selbst finanzierte. Aber ich hasste schon die erste Unterrichtsstunde. Ich hatte noch nie etwas so wenig gemocht wie die Barkeeper-Schule. Hier war ich also und sprach darüber, wie ich meiner Glückseligkeit folgte – während ich für eine Sache die Schulbank drückte, die ich hasste.

Aber ich brauchte das Geld.

Als ich nach dem zweiten Tag meiner Ausbildung nach Hause kam, betete ich um ein Wunder. Ich wollte nicht auf diese Weise mein Geld verdienen. Ich merkte doch jetzt schon, dass meine Seele dabei total verkümmerte. Außerdem wollte ich nicht in einer Umgebung arbeiten, wo ich von Süchtigen umzingelt war, denn die Bars in L.A. sind regelrechte Brutstätten für Abhängige.

Doch wie es der Himmel wollte, bekam ich am nächsten Tag einen Anruf, der die Richtung meiner Karriere wieder veränderte. Mein alter Freund Brian, ein Agent bei William Morris, rief mich an, da deren neuer Klient, eine Band namens Gnarls Barkley, derzeit nach einem Manager für die täglichen Sachen suchte – ob ich Interesse hätte.

Ich kannte diese Band nicht. Da ich ja jetzt »spirituell« war, schenkte ich der Popkultur keinerlei Beachtung mehr. Aber eine kurze Google-Suche zeigte mir, dass ihr Song »Crazy« an der Spitze der Charts war.

Ich sagte zu und traf mich mit dem Manager der Band, und innerhalb einer Woche wurde ich angeheuert. Adé, Barkeeping!

Mein neuer Chef fuhr zudem auch selbst voll auf die Selbsthilfe-Schiene ab, daher war es leicht, mir mit ihm genügend Freiraum auszuhandeln, um weiterhin mit Emma Burgess arbeiten zu können. Es schien, als wären meine Gebete beantwortet worden.

Ich war high vom Leben. Ich hatte in der Musikbranche wieder an Einfluss gewonnen, ohne jedoch die besagten Opfer bringen zu müssen. Ich wusste ja, dass Gnarls Barkley nur nach einem kurzfristigen Management suchte, also bestand da kein Risiko, dass ich für immer hängen bleiben würde. Der Job war einfach zur rechten Zeit gekommen, damit ich meine Rechnungen bezahlen konnte, um den nächsten Teil meiner Reise antreten zu können. Ich war mir daher auch ziemlich sicher, dass er direkt von Gott gesandt worden war.

Kann ich die Vögel befreien? (Oder: Auch dies geht vorbei.)

Das nächste Buch, das mein Denken total veränderte, war *Eine neue Erde* von Eckhart Tolle. An dem Tag, als es erschien, besorgte ich mir sofort die Audioversion und hörte es von da an ständig. Eckhart wurde zur vierten kraftvollen Stimme in meinem Chor der transformativen Lehrer. Was ich vor allem von Eckhart lernte: Der gegenwärtige Augenblick ist alles, was wir haben. Ich hatte mir das vorher nie richtig überlegt.

Als Musik-Manager – und sogar zuvor als Träumer – schwebte mir ständig irgendeine erhabene Traumvision oder ein ideales Endergebnis vor Augen. Ich liebte es, mir die Zukunft auszumalen und mir vorzustellen, was alles möglich wäre.

Ich hatte inzwischen auch zu viele Narben aus der Vergangenheit, um voll im gegenwärtigen Moment leben zu können. Es gab so viel Schmerz in meiner Vergangenheit, dass ich mir in der Gegenwart keinen Moment ohne Schmerzen vorstellen konnte. Also versuchte ich, das einfach zu vermeiden. Ich erkannte sogar, dass ich die meiste Zeit und den Großteil meines Geldes bisher dazu verwendet hatte, der Gegenwart zu entfliehen.

Eines Tages, als ich mir *Eine neue Erde* anhörte, sah ich durch mein Fenster ein Vogelpaar. Sie schienen in der Luft miteinander zu tanzen – verspielt und völlig sorgenfrei.

In diesem Moment war ich neidisch auf die Vögel. Ich wollte auch so präsent sein können – spielen und glücklich sein, ohne einen besonderen Grund. Aber diese Art von müheloser Freude schien so meilenweit entfernt zu sein. Für mich war der gegenwärtige Moment voller Stress und Sorgen.

Ich wusste nicht, wie ich es schaffen konnte, präsenter zu sein, aber *Eine neue Erde* half mir wirklich, einen großen Schritt in die richtige Richtung zu tun. Eine Geschichte berührte mich ganz besonders tief:

Nach einer alten Sufi-Geschichte lebte einst im Orient ein König, der ständig zwischen Glück und Kummer hin- und herschwankte. Die kleinste Kleinigkeit regte ihn auf oder brachte ihn völlig aus der Fassung, und dann schlug sein Glück sofort in Enttäuschung und Verzweiflung um. Es kam so weit, dass der König seiner selbst und seines Lebens müde wurde und nach einem Ausweg zu suchen begann.

Er ließ nach einem Weisen schicken, der in seinem Königreich wohnte und in dem Ruf stand, erleuchtet zu sein. Als der Weise kam, sagte der König zu ihm: »Ich möchte wie du sein. Kannst du mir etwas geben, das meinem Leben Ausgeglichenheit, Gelassenheit und Weisheit verleiht? Ich bezahle dir jeden Preis, den du verlangst!«

Der Weise sagte: »Vielleicht kann ich dir helfen. Aber der Preis ist so hoch, dass dein gesamtes Königreich nicht reichen würde, um ihn zu bezahlen. Darum sollst du es als Geschenk erhalten, sofern du es zu würdigen weißt.« Dies versicherte ihm der König, und der Weise ging.

Einige Wochen später kehrte er zurück und überreichte dem König ein mit reichen Schnitzereien verziertes Kästchen aus Jade. Der König öffnete das Kästchen und fand darin einen einfachen goldenen Ring. Auf dem Ring war eine Inschrift. Sie lautete: »Auch dies geht vorbei.«

»Was bedeutet das?« fragte der König. Der Weise erwiderte: »Trage diesen Ring immer. Sobald etwas geschieht, berühre ihn und lies seine Inschrift, bevor du es gut oder schlecht nennst. Dann wirst du immer im Frieden sein.«

Ich war sehr bewegt von dieser Geschichte. »Auch dies geht vorbei.« Ich hatte diesen Satz schon zuvor gehört, aber nicht in diesem Zusammenhang. Plötzlich begann ich, die wahre Unbeständigkeit des Lebens zu erkennen. Ich denke, dass die meisten von uns davon ausgehen, dass diese Redewendung sich auf die schlechten Phasen im Leben bezieht. So nach dem Motto: Verzweifle nicht, das wird nicht ewig so weitergehen. Obwohl das stimmte, verstand ich aber auch, dass diese Medaille noch eine andere Seite hatte. Ich erinnere mich noch, wie ich dachte: *Oh, ich hoffe, dass ich mich daran auch in guten Zeiten erinnern werde – denn die werden auch nicht ewig währen.*

Diese zeitlose Redewendung war genau die Weisheit, die ich brauchte, um einen Schritt in Richtung wahre Präsenz zu machen. Sie erinnerte mich daran, dass dieser Moment, so schrecklich ich ihn auch empfand, ebenfalls vorbeigehen würde. Es würde nicht immer so bleiben. Diese Redewendung war so kraftvoll, dass ich darüber nachdachte, ob ich sie mir nicht auf die Stirn tätowieren lassen sollte, sodass ich sie niemals vergessen würde.

Wie sich herausstellte, brauchte ich das Tattoo gar nicht. Denn die Unbeständigkeit sollte es sich schon bald auf Dauer in meinem Leben gemütlich machen.

Durch den Tod zu leben lernen

Ich hatte wenig Sicherheit in meinem Leben, aber eine Sache wusste ich: zusammen könnten John und ich alles schaffen.

Mein Apartment verwandelte sich in ein Tonstudio für Emmas Platte. John war eine Nachteule – also ging ich zwischen neun und zehn zu Bett, nachdem ich meine Wayne Dyer-»Japa«-Meditationen gemacht hatte – während er im Nebenzimmer bis in die frühen Morgenstunden an der Platte arbeitete.

Ich würde meist zeitig aufwachen, um an der geschäftlichen Seite von Love Yourself zu basteln, während er dann schlafen ging. Wir waren ein 24-Stunden-Team; und es schien so, als ob uns nichts aufhalten könnte.

Wir hatten die gemeinsame Mission, Love Yourself und Emma Burgess überall bekannt zu machen.

Aber das Rad des Lebens dreht sich unaufhörlich weiter – und bei Johns Vater wurde Krebs diagnostiziert. Es war herzzerreißend. Johns Vater war zugleich sein bester Freund – der Mann, der mehr als jeder andere an ihn glaubte; einer, der ihn immerzu anfeuerte, seinen Träumen zu folgen und der ihm zujubelte, wenn diese Wirklichkeit wurden.

Mit dieser Diagnose veränderte sich alles. Ich sah meinem Freund dabei zu, wie er am Tag arbeitete und arbeitete, abends zu seiner Familie ging und danach völlig niedergeschmettert wiederkam.

Die Zeit verging, und es wurde immer offensichtlicher, dass sich sein Vater inzwischen im Endstadium befand. In dieser Phase war ich für John da. Sein Vater lag in einem Krankenhaus außerhalb der Stadt, und ich versicherte John, dass ich ihn ins Krankenhaus fahren würde, wenn es soweit wäre, damit er Abschied nehmen könne. Eines Morgens – es war noch sehr früh – erhielt ich einen Anruf von John. Er klang völlig aufgelöst und hysterisch. Heute wäre der Tag.

Ich beeilte mich, aus dem Bett zu kommen, zog mir hastig ein paar Sachen an, holte John ab und schon düsten wir los.

Wir hatten noch etwa 40 bis 50 Meilen vor uns – und ich raste so schnell wie möglich. Es war sechs Uhr früh, und ich fuhr mit mindestens 100 Meilen die Stunde. Wir hätten von einem Sondereinsatzkommando oder den Marines verfolgt werden können – es wäre mir vollkommen egal gewesen. Ich konzentrierte mich nur auf eins: meinen Freund zum Krankenhaus zu bringen, bevor sein Vater starb.

Nach einer gefühlten Ewigkeit kamen wir endlich an. Als wir die Intensivstation erreichten, bot sich uns keine schöne Szene. Johns Familie war da. Sein Vater hing an Maschinen und sah ziemlich schlimm aus. Ich versuchte mein Bestes, um mich geistig in einen Raum der LIEBE zu begeben, war allerdings nie zuvor in so einer Situation gewesen. Ich war mir nicht sicher, was ich tun sollte. Also stand ich einfach nur da – im Bewusstsein, dass Johns Vater jeden Moment sterben würde. Wir versammelten uns, hielten uns alle an den Händen und flüsterten ihm LIEBEVOLLE Dinge ins Ohr, damit er spürte, dass er GELIEBT wurde und nicht allein war. Und nach einer Weile ist er von uns gegangen.

Es war ein tragischer Moment, auf den ich nicht vorbereitet war. Die Erfahrung war so intensiv, dass ich einen Schock erlitt. Ich konnte meine Gefühle einfach nicht mehr spüren. Ich versuchte trotzdem, so gut es ging, »präsent zu bleiben«, wie ich es von Eckhart gelernt hatte. Und durch diese Praktik der Präsenz war ich in der Lage, in diesem Zimmer Zeuge eines Wunders zu werden.

Ich hatte zuvor noch nie jemanden sterben sehen und fühlte mich daher wie in Trance. Ich betrachtete seinen Körper etwa fünf bis zehn Minuten lang, nachdem er verschieden war. Ich konnte meine Augen einfach nicht abwenden. Ich weiß noch, dass es einen ganz bestimmten Moment gab, als er sich von einem lebendigen Wesen in eine bloße körperliche Hülle verwandelte. Ich sah dabei zu, wie sich diese Form veränderte – es war, als ob seine Seele uns gerade verlassen hätte. Ich konnte den Übergang förmlich miterleben.

Ich kann es nicht anders beschreiben – es war wirklich so, als würde ich seiner Seele beim Abschied zusehen. Und danach war er kein menschliches Wesen mehr. Sein Körper war nur noch ein übrig gebliebener Behälter. Es war eine der spirituellsten, transzendentalsten und verrücktesten Erfahrungen meines Lebens. Ich bin nie Zeuge von etwas geworden, das für mich näher an Gott oder dem Göttlichen war. Nichts, und ich meine wirklich *nichts*, kommt da irgendwie auch nur ansatzweise ran.

Nach viel Reflektion verstehe ich nun, dass diese Erfahrung einer der entscheidendsten Momente meines Lebens gewesen ist.

Dadurch veränderte ich mich zum Besseren, und zwar für immer. Im Angesicht des Todes war ich wieder motiviert und inspiriert für das Leben. Ich verstand zwei äußerst bedeutende Wahrheiten. Die erste war, dass das Leben unaussprechlich kostbar ist. Es gibt einfach keine Worte, die beschreiben können, wie wichtig und GELIEBT jeder einzelne von uns ist. Doch zugleich sind wir auch sehr zerbrechlich und verletzlich – und es kann von einem auf den anderen Moment für immer vorbei mit uns sein. Es gibt keine Garantien.

Ich hatte das schon viele Male davor gehört, doch in dieser Nacht war es für mich zu mehr als nur einem abgedroschenen Klischee geworden. Ich spürte und wusste es nun in den Tiefen meiner Seele.

Als ich Adderall absetzte, hatte ich wieder mit so mancher depressiver Verstimmung zu kämpfen. Schließlich war ich sogar für eine Weile selbstmordgefährdet. Aber nachdem ich bei diesem Tod Zeuge gewesen war, beschloss ich, mich lieber meinen Ängsten zu stellen, statt als Feigling zu sterben. Das hieß auch, dass Selbstmord nicht länger eine Option für mich war. Was vor mir lag, war unbekannt.

Dass ich beim Tod des Vaters meines besten Freundes zugesehen hatte, hatte mich auf den nächsten Teil meiner Reise vorbereitet. Nachdem ich diese Erfahrung gehabt hatte, gab es nichts mehr, was mich davon abhalten konnte, meine Gabe mit der Welt zu teilen.

Wenn ich an diesem Morgen nicht mit John mitgegangen wäre, gäbe es heute kein *Daily Love*. Ich hätte viel zu viel Angst gehabt, um damit anzufangen. Ich hätte einfach den Schwanz eingekniffen. Diese Erfahrung hat mich zwar auch nicht völlig furchtlos gemacht, aber mir zumindest die Courage und die Perspektive geschenkt, die ich brauchte, um zu verstehen, dass wir uns der Angst stellen müssen, wenn sie in uns hochsteigt. Denn sonst führen wir ein Leben, in dem wir ständig alles bedauern und bereuen.

Bald nach dem Tod kam die Beerdigung. John und ich schaufelten die Erde auf das Grab seines Vaters.

Ich war noch nie so nah am Tod dran gewesen und hatte noch nie jemandem so nahegestanden, der gerade seinen besten Freund verloren hatte. In der darauffolgenden Woche ließ ich mir das »Auch dies geht vorbei«-Tattoo auf meinen rechten Arm stechen, um Johns Vater zu ehren. Ich beschloss, dass ich von diesem Moment an so leben wollte, als würde ich bald sterben.

Diese T-Shirts werden dein Leben verändern

Kurz darauf hatten John und ich ein Meeting mit Emma Burgess und ihrem Anwalt. Sie teilte uns mit, dass sie die Platte nicht mochte, die wir produziert hatten, und sich neu orientieren wollte. Innerhalb weniger Wochen hatte John seinen Vater verloren und wir unsere Künstlerin.

Was sollten wir nur tun?

Gott sorgte dafür, dass ich nicht völlig unterging. Ich hatte kürzlich aufgehört, für Gnarls Barkley zu arbeiten, und nach einem viermonatigen Zwischenstopp als Assistent für Hugh Jackman hatte ich den Job als Senior Vize-Präsident einer neuen Musikmanagement-Agentur angenommen.

Ich handelte einen Deal mit dieser Firma aus, der mir erlaubte, trotzdem weiterhin an Love Yourself zu arbeiten. Während wir auf einen neuen Künstler warteten, beschlossen John und ich, unsere Bemühungen, was die Merchandising-Schiene betraf, zu verdoppeln. Wir entschieden, das Geld, das wir noch hatten, für die Produktion von T-Shirts zu verwenden – etwas, was ich noch nie gemacht hatte. Es war aufregend – wir beschlossen Selbstliebe durch Kleidung unter die Leute zu bringen. Wir wollten hippe Grafiken mit Spiritualität mixen und Bewusstsein cool aussehen lassen.

Also designten wir eine Handvoll T-Shirts. Eine ganze Weile geschah nichts weiter. Dann fand ich heraus, dass die Frau meines Chefs eine Einkäuferin für die Modeabteilung eines großen Einzelhandelsgeschäfts war. Wir zeigten ihr ein paar von unseren Mustern, und sie war begeistert. Sie brachte uns die Grundlagen des Fashion-Business bei und zeigte uns dann, was ein Showroom ist.

So ein Showroom ist ein Ort, an dem Modedesigner ihre Kreationen präsentieren und die Einkäufer verschiedener Läden hingehen, um möglichst viele Kleidungsstücke auf einmal sehen zu können.

Wenn man einen Showroom bekommt, vergrößert sich die Chance, dass man größere Mengen seiner Sachen verkaufen kann.

Wir bekamen einen Showroom in Downtown L.A. – gerade noch rechtzeitig für den »L.A. Market«, wo Läden von überall auf der Welt nach Los Angeles kommen, um sich die neuesten Trends anzusehen.

Zu unserer Überraschung verkauften sich die T-Shirts tatsächlich! Sogar der angesehene Laden von Lisa Kline auf dem Robertson Boulevard wollte unsere Sachen. Ich war mir sicher, dass wir die neuen Modegurus der Selbstliebe waren, von Gott auserwählt, um den Massen etwas darüber beizubringen, wie sie sich selbst LIEBEN können.

Na, jetzt standen wir echt unter Druck. Wir hatten Bestellungen, also mussten wir nun auch T-Shirts machen. Wir suchten in ganz L.A. nach einem Verkäufer, der eine kleinere Bestellung zu unseren Terminvorgaben ausliefern konnte. Wir fanden schließlich auch einen, der T-Shirts produzierte. Leider klappte es jedoch überhaupt nicht mit den Lieferterminen.

Durch den Markterfolg von L.A. Market bekamen wir Zugang zu einer der weltweit besten Fashionshows. Sie hieß Project, und der Termin stand quasi schon vor der Tür. Wir mussten also eine größere Produktlinie entwickeln, um mehr Sachen verkaufen zu können, und zwar schnell. Also strampelten wir uns richtig ab und erstellten eine ganze Serie von T-Shirts und Mustern.

Wir arbeiteten Tag und Nacht daran, um alles zu schaffen.

Auf der Project passierte dann das Beste überhaupt (was sich später allerdings als das Allerschlechteste herausstellte): Wir bekamen eine Bestellung im Wert von 60.000 Dollar von der japanischen Abteilung von Kitson, einem L.A.-Kaufhaus der gehobenen Preisklasse.

Alles in allem kamen wir bei Project schließlich auf Bestellungen im Gesamtwert von 100.000 Dollar.

Ein paar Wochen später hatten die Lehman Brothers ihren Crash, und die große Finanzkrise begann – doch John und ich schwammen im Geld.

Na ja, so ungefähr.

Weißt du, wenn du für 100.000 Dollar T-Shirts verkaufst, musst du erst einmal 40.000 Dollar haben, um sie auch zu *produzieren*. So viel Geld zum Vorschießen hatten wir aber nicht. Ich gab die Bestellung trotzdem schon mal beim Hersteller ab und konzentrierte mich von da an nur noch darauf, genügend Geld aufzutreiben. Wir bettelten, borgten und klauten – und irgendwie kriegten wir es dann auch hin.

Es war wirklich extrem anstrengend, eine Riesenaktion – aber letztendlich hatten wir all diese verdammten T-Shirts fertig und konnten sie tatsächlich auch rausschicken.

Wie man sich leicht vorstellen kann, dachte ich inzwischen, ich wäre der Größte. Ich hatte mehr Geld in einer einzigen Verkaufsshow gemacht als früher in einem ganzen Jahr in der Musikbranche.

Ich war von mir selbst schwer beeindruckt und süchtig nach dem Rausch des Erfolgs. Wir fingen an, zu expandieren. Alles ging superschnell. Damals kannte ich das Business-Sprichwort »Wachstum ... Wachstum ... gestorben« noch nicht. Ich nahm einfach an, dass das Geld immer weiter so reinkommen würde. In Wirklichkeit hatte ich keine Ahnung, wie ich Geld so ausgeben, sparen oder investieren sollte, um dadurch ein Geschäft am Laufen zu halten.

Als wir begannen zu wachsen, begriffen John und ich, dass wir recht unterschiedliche Ansichten darüber hatten, in welche Richtung sich die Firma entwickeln sollte. John wollte klein bleiben und langsam wachsen, während ich *sofort* groß und global durchstarten wollte. Das führte zu ständigen Auseinandersetzungen. Die meiste Zeit lagen wir uns deswegen in den Haaren. Aus meinem heutigen Blickwinkel heraus verstehe ich, dass ein langsameres Wachstum besser für das Geschäft gewesen wäre. Meine Ungeduld spielte eine große Rolle beim Niedergang der Firma.

Leider ging mit unserer Geschäftspartnerschaft auch unsere Freundschaft in die Brüche. Schon bald griff ich wieder nach Adderall, um mit dem ganzen Stress klarzukommen. Und das war der Tropfen, der das Fass zum Überlaufen brachte – ich verwandelte mich in ein Monster. Innerhalb weniger Monate war Love Yourself Geschichte.

Wenn ich zurückblicke, sehe ich ein, dass ich es nur auf mich genommen hatte, den Leuten etwas über Selbstliebe beizubringen, weil mein Ego sich so gerne bedeutend fühlen wollte. Aber ich hatte nicht entsprechend an mir selbst gearbeitet. Mit »Arbeit« meine ich *innere* Arbeit. Ich war mit einer Botschaft in die Welt hinausgegangen, die ich selbst noch nicht verkörpert hatte. Ich war wie Ikarus: Ich flog viel zu hoch und war im Begriff, mir meine Flügel zu versengen. Ich hatte gute »Absichten«, aber ich erkannte nicht, dass der spirituelle Weg nicht dafür da war, sich ganz toll und besonders vorzukommen. Ich ging die Sache völlig falsch an.

Obwohl ich damals deswegen am Boden zerstört war, ist mir heute sonnenklar, warum Love Yourself nicht funktioniert hat. Ich hatte etwas gepredigt, was ich selbst zu dieser Zeit noch nicht lernen wollte. Ich musste vor allem Demut lernen, meine eigene Kreativität entdecken und begreifen, dass ich mich nicht hinter Emma Burgess oder John oder irgendjemand sonst zu verstecken brauchte. Kurz gesagt, Love Yourself hatte nicht funktioniert, weil ich noch nicht die nächste Lektion meiner Reise gelernt hatte.

KAPITEL 7

Der göttliche Sturm

Man kann wild werden wie ein tollwütiger Hund, wie alles gekommen ist. Man kann fluchen und sein Schicksal verdammen. Aber wenn es zu Ende geht, dann muss man loslassen.

DER SELTSAME FALL DES BENJAMIN BUTTON, 2008

Zu dieser Zeit kam Kundalini-Yoga in mein Leben. Als ich zum ersten Mal von Kundalini hörte, glaubte ich, dass es wohl eine italienische Form des Yoga sein müsste. Klingt wie ein Pasta-Gericht, nicht wahr? So wie Kundalini Alfredo – helle Soße, Nudeln und Linsen – eine lustige Mischung aus italienischer und indischer Küche.

Als ich erst einmal mit Kundalini angefangen hatte, dachte ich, dass man es eigentlich «Kunda-loony« (*loony* – dt.: Verrückter/Verrückte) nennen sollte, da es wirklich eine höchst *seltsame* Form des Yoga ist. Es ist nicht wie Vinyasa – also die Art von Yoga, an die man meist zuerst denkt – mit all den Körperstellungen wie Kamel, Rad oder Skorpion.

Kundalini ist eher eine atembasierte Technik, durch die man sich besser fühlt, weil man dabei seine Emotionen lösen kann. Bei Ängstlichkeit hilft sie prima – und ist viel gesünder als Xanax. Außerdem bekommt man am Morgen nach einer Kundalini-Stunde einen *positiven* Kater!

Als der Druck anstieg, meine Firma am Laufen zu halten und weiter auszubauen – und zudem die Spannungen mit John ihren Höhepunkt erreichten – war der einzige Ort, an dem ich wirklich

Trost finden konnte, meine Yoga-Matte. Während der Arbeitszeit flüchtete ich immer häufiger zu Golden Bridge, dem Kundalini-Studio um die Ecke. Dort, auf meiner Matte, konnte ich zusammenbrechen – immer und immer wieder.

Es gab eine Zeit, in der ich zwei oder drei Kundalini-Kurse *am Tag* besuchte. Es wirkte gut gegen meine Ängste und Beklemmungen. Außerdem half es, die ständigen Auseinandersetzungen mit John erträglicher zu machen.

Nach einem Streit mit John ging ich immer auf die Yoga-Matte. Ich schaute unsere Rechnungen durch – und rannte dann meist lieber schnell zur Yoga-Matte. Ich fragte ein Mädchen, ob es mit mir ausgehen wollte, bekam einen Korb (wie immer) und rettete mich danach auf die Yoga-Matte.

Es war fast so, als wäre Kundalini mein neuer Lehrer. Ich übte so viel, als würde mein Leben davon abhängen.

Dann eines Tages, inmitten meiner Firmenkrise, kam mir die Idee zu *The Daily Love*, während ich auf einer Couch in der Lobby von Golden Bridge saß.

Ich postete seit einigen Jahren Weisheiten und Zitate auf Social-Media-Plattformen – zuerst auf MySpace (ja, *so* lange schon) und später auf Facebook.

Meine Lieblingswebsite war damals DailyCandy, ein hipper und cooler täglicher E-Mail-Newsletter über alle schönen und femininen Dinge im Leben. Ich überlegte, dass es vielleicht Spaß machen würde, eine Website wie DailyCandy zu starten, und zwar basierend auf den Prinzipien, die ich von Caroline Myss, Wayne Dyer, Joseph Campbell und anderen lernte.

Die URL www.DailyLove.com war schon vergeben (es würde noch fünf Jahre dauern, ehe ich sie bekommen sollte), aber TheDailyLove.com war noch zu haben.

Also kaufte ich das.

Und ich hatte keine Idee, was ich damit anfangen sollte.

Je mehr Kundalini-Yoga ich machte, umso klarer wurde mir, dass ich schreiben musste und keine Energie mehr in eine Bekleidungsfirma stecken durfte. Das war eine krasse Erkenntnis. Ich hatte all mein College-Geld, viel von dem Geld meiner Eltern, viel von dem Geld von Johns Eltern und eine Menge Zeit in dieses Projekt gesteckt.

Indem ich mich nun um meine eigenen Bedürfnisse kümmerte – was zu dieser Zeit Kundalini-Yoga und Schreiben bedeutete – würde ich mich von all dem abwenden.

Aber nur so konnte ich auch endlich die Botschaft leben, die ich bisher nur gepredigt hatte: Liebe dich selbst – Love Yourself.

Zu dieser Zeit postete ich auch einen meiner absoluten Lieblingstweets von *Daily Love*:

Gib dich niemals selbst auf,
nur um es anderen recht zu machen.

Eine bestimmte »andere« Person, die mir damals die meisten Sorgen bereitete, war John. Allein der Gedanke, ihn im Stich zu lassen, nach allem, was wir zusammen durchgemacht hatten, war nur schwer zu verdauen. Es war offensichtlich, dass es mit unserer Geschäftsbeziehung bergab ging – und leider auch mit unserer Freundschaft. Doch ich wollte das zu jener Zeit nicht wahrhaben. Als ich die Daily Love-Domäne kaufte, begann in meinem Leben eine Phase, in der ich scheinbar eine Allergie gegen Geld entwickelte. Irgendwie wich es mir immer wieder aus. Unsere Rechnungen stapelten sich bei Love Yourself, und unsere Suche nach einem Investor, der die Firma »retten« würde, war vergeblich.

Eine potenzielle Anlegerin gab mir als Feedback, dass ich »mehr leiden« müsste, bevor ich erfolgreich sein würde. Ich verstand damals nicht, was sie meinte. Aber zurückblickend verstehe ich, dass sie darauf anspielte, dass mein Partner jemand war, der nicht gut für mich war, ich das allerdings nicht einsehen wollte. Ich hatte viel Zeit mit dieser Person verbracht, und sie kannte mich inzwischen sehr gut. Sie war ein unglaublicher Transformator in meinem Leben, da sie mich mit SLAA, den anonymen Sex- und Liebessüchtigen, bekannt machte (Mann, Liebessucht ist wirklich eine Bitch), zugleich aber stets daran interessiert war, in mein Unternehmen zu investieren. Sie hatte recht; ich musste wirklich mehr leiden. Und ich musste unangenehmerweise selbst herausfinden, was ich wollte.

Als die Situation immer schlimmer wurde, vertiefte ich mich mehr und mehr in meine Spiritualität. Ich fragte meine Yoga-Lehrerin Tej, ob es Kundalini-Meditationen für Wohlstand gäbe.

Die Meditation, die sie mir vorschlug, basiert auf der Silbe *Har* (wird »Hadd« ausgesprochen). Man chantet täglich für 20 bis 30 Minuten *Har* mit geschlossenen Augen.

Man wölbt seine Handflächen und schlägt sie so zusammen, dass der obere und untere Teil aufeinandertreffen. Dazu sagt man jedes Mal *Har*.

Ich machte das 30 Minuten am Morgen und 30 Minuten am Abend. Die ganze Zeit über visualisierte ich, wie ich Investoren bekommen würde und meine Geschäftsbeziehung und Freundschaft mit John wieder kitten würde. Ich stellte mir vor, wie erfolgreich Love Yourself wirklich sein *konnte*.

Aber je mehr ich meditierte, umso schlimmer wurden die Dinge – schlimmer und schlimmer und schlimmer. Unser Verkaufsteam in New York ließ uns fallen. Die Verkäufe an Läden blieben aus. Wir bekamen keine neuen Bestellungen rein, und schon bald kam alles zum völligen Stillstand.

In einem allerletzten Versuch, die Firma finanziell zu retten und unseren Bestellungen rechtzeitig nachkommen zu können, schloss ich einen Lizenzvertrag mit einer Firma namens Band Merch ab. John fand nicht, dass das ein guter Deal war, aber ich machte ihn trotzdem – es war eine sehr einseitige Entscheidung, die ich da traf, und der Sargnagel für meine Beziehung zu John. Im Nachhinein sehe ich ein, wie ungeduldig ich war, aber zu jener Zeit war ich so panisch, dass ich nicht wusste, was ich sonst hätte tun sollen.

John war unser Chef-Grafikdesigner, aber unsere Partnerschaft steckte in einer Sackgasse, und es waren keine neuen Designs in Sicht. Also beschloss ich, dass ich unsere Designs den Grafikern von Band Merch zeigen und mit ihnen zusammen daran arbeiten würde, die Produktlinie neu zu beleben.

Doch John hatte nicht die Absicht, die Entwürfe rauszurücken. Wie sich herausstellte, hatten wir nie einen Vertrag unterzeichnet, der besagte, dass der Firma »Love Yourself, LLC« Johns Designs gehörten, daher war er nicht vertraglich dazu verpflichtet, sie mir zu geben. Und ohne Designs oder ein neues Produkt war Love Yourself praktisch gestorben.

Ich meditierte weiterhin für Fülle und Wohlstand, doch nichts dergleichen geschah. Was dann als Nächstes kam, nenne ich inzwischen meinen »göttlichen Sturm«.

Was zum Teufel ist überhaupt ein göttlicher Sturm?

Bevor ich von meinem göttlichen Sturm erzähle, möchte ich diesen Ausdruck erst einmal definieren. Ein göttlicher Sturm ist ein Zeitraum (das kann ein Tag, eine Woche, ein Monat, ein Jahr oder eine Ära sein), wo es tatsächlich so aussieht, als wäre die ganze Welt – das ganze Universum und sogar Gott – gegen dich. Es ist eine Zeit, wo alles zusammenbricht und es scheinbar keinen Ausweg mehr gibt. Es ist eine Zeit, die wahnsinnig wehtut.

Letztendlich kommt der göttliche Sturm, um das von dir zu nehmen, was nicht zur nächsten Phase deiner Entwicklung gehört. Und das kann dich wirklich schlimm durchrütteln, je nachdem, wie dickköpfig du bist.

Ich präsentiere daher an dieser Stelle einen meiner Lieblings-*TDL*-Tweets:

Das Uni-Versum hat dich geschüttelt,
um dich wachzurütteln.

Das Göttliche handelt nicht entsprechend deiner Wünsche oder Erwartungen. Das Göttliche kennt dich besser als du selbst. Es funkt dazwischen, um reinen Tisch zu machen und dich dazu zu zwingen, das aufzugeben, was du bisher nicht loszulassen bereit warst. Mit anderen Worten – sobald man den Satz »Dein Wille geschehe« von sich gibt, kann man sich darauf einstellen, dass schon bald die Hölle ausbricht.

Mein göttlicher Sturm brach über mir los. Ich dachte damals, dass die Dinge eigentlich schon schlimm genug waren – ich verlor mein Geschäft, meinen besten Freund und war wieder auf Adderall – aber das war nur der Anfang. Was als Nächstes kam, prüfte meinen Glauben an mich und das Göttliche wirklich auf Herz und Nieren.

Alles, was ich während dieser neuen »spirituellen« Phase meines Lebens zu LIEBEN begonnen hatte, wurde mir wieder weggenommen. Es fühlte sich so an, als würde Gott mir den Boden unter den Füßen wegziehen, und zwar aus keinem ersichtlichen Grund. Die folgenden Ereignisse geschahen alle innerhalb einer Woche:

- Das buddhistische Mädchen, mit dem ich ausging, machte Schluss mit mir.
- John und ich beendeten unsere Geschäftsbeziehung.
- Love Yourself war gestorben.
- Mein Mitbewohner sagte mir, dass er in 30 Tagen ausziehen würde.
- Die ersten Anleger, die bei Love Yourself investiert hatten, teilten uns mit, dass sie 70 Prozent ihres Vermögens durch den Börsencrash und die Wirtschaftskrise verloren hatten.
- Ich bekam Probleme mit dem unteren Rücken.
- Ich bekam Gicht (ja, Gicht) in meinem linken großen Zeh.

Es war eine der schlimmsten Wochen meines Lebens. Schlimmer noch als all die Jahre, als ich auf Koks war, ständig trank und schließlich bei Geffen gefeuert wurde. Denn Love Yourself war nicht einfach nur eine Bekleidungsfirma für mich. *Es war das, was ich war.* Es war meine Identität, und nicht nur meine Identität, sondern auch meine Mission. Es war die Art, wie ich vorhatte, die Welt zu inspirieren und das Leben vieler Menschen zu verändern.

Doch innerhalb weniger Wochen war es vorbei mit Love Yourself. Und alles andere war irgendwie auch weg. Ich hatte kein Unternehmen, keine Freundin, kaum Geld und keinen Ort, wo ich wohnen konnte. Ich hatte nur einen Haufen Schulden und einen Gichtzeh. (Versuch mal, in einem Orthopädiestiefel für Rentner durch L.A. zu laufen und dich dabei gut zu fühlen.)

Ich verbrachte nun immer mehr Zeit an meinem Lieblingsort, Golden Bridge Yoga, sogar trotz meiner Gicht. In jener Woche traf ich dort zufällig die Besitzerin von Golden Bridge, eine Frau namens Gurmukh. Sie sagte mir, dass nach Louise Hay Gicht ein Symptom für ein übersteigertes Kontrollbedürfnis sei. Aber was gab es bei mir denn noch zu kontrollieren – außer einem Leben, dass an allen Ecken und Enden auseinanderfiel?

Ich steckte voll in der Krise, es war echt erschreckend. Es fühlte sich so an, als ob Gott und das gesamte Uni-Versum gegen mich wären. Also setzte ich das Adderall ab (diesmal für immer), hörte wieder meine Caroline Myss-Meditationen, machte weiterhin die Wohlstandsmeditationen und noch mehr Kundalini-Yoga.

Eines Tages, während ich Caroline zuhörte, blitzte für einen kurzen Moment eine Idee in meinem Kopf auf. *Was wäre, wenn das alles nicht zu deinem Nachteil, sondern vielmehr für dich geschieht?* Ich kann mich nicht erinnern, wo ich das gelesen hatte, aber ich erinnerte mich, dass sie gesagt hatte, dass es unser Job ist, zu beten und dann alles, was nach dem Gebet geschieht, als Antwort anzusehen.

Was also, wenn mein göttlicher Sturm die Antwort auf meine inbrünstigsten Gebete war? Was wäre, wenn es keine Strafe, sondern ein Akt der Liebe wäre, dass in meinem Leben alles zusammenbrach?

Konnte das *wirklich* wahr sein? Es schien verrückt, das zu denken. Ich fühlte mich so verloren, verlassen und allein. Ich wollte einfach nicht mehr. Aber dann sah ich einen Hoffnungsschimmer.

Jetzt gibt es kein Zurück mehr

Ich überlegte, ob ich Freunde aus der Musikbranche anrufen und versuchen sollte, zurückzugehen. Das müsste doch ein Leichtes sein. Viele hochrangige Agenten und Manager waren nur einen Anruf entfernt.

Doch ich war immer noch dickköpfig genug, an der Idee festzuhalten, dass ich meiner Glückseligkeit folgen musste – trotz allem, was passiert war.

Ich hatte das Gefühl, dass ich diesen Traum aufgeben würde, wenn ich wieder zurückging. Ein Teil tief in mir drinnen wusste allerdings, dass die Musikbranche mir nichts als Kummer, Abhängigkeit und innere Leere einbrachte.

Es schien nur eine logische Lösung zu geben: einen Schritt vorwärts ins Ungewisse zu unternehmen.

Zu diesem Zeitpunkt postete ich mehrmals die Woche Zitate von meinem *The Daily Love*-Account. Ich schaute mir meine Zahlen auf Twitter und in meinem E-Mail-Konto an, und zu meiner Überraschung hatte ich tausend Follower auf Twitter sowie tausend E-Mail-Adressen.

Das war VIEL größer als die Kontaktdatenbank von Love Yourself. Es schien so, als würde das Posten all dieser Zitate und inspirierender Gedanken tatsächlich … *funktionieren*. Ich fragte mich: *Was würde wohl passieren, wenn ich mich nur noch auf The Daily Love konzentrierte?*

Ich dachte an eins meiner Lieblingszitate von Will Smith, das ich noch heute zu beherzigen versuche: »Es gibt keinen Grund dafür, einen Plan B zu haben, denn er lenkt nur ab von Plan A.« Es war wieder einmal an der Zeit, sich für eine Sache mit unsicherem Ausgang zu entscheiden – den Sprung ins Ungewisse zu wagen. Es war an der Zeit, denn ich wusste nicht, wo ich sonst hingehen sollte.

Doch erst mal stand fest, dass ich mich dramatisch verkleinern musste. Als ich aus dem Apartment auszog, gab ich die meisten meiner Möbel weg und mietete einen kleinen Lagerraum für den Rest. Als ich so überlegte, wo ich von nun an wohnen sollte, fielen mir die Eltern meiner Ex-Freundin ein. Sie waren ein lesbisches Pärchen, das im San Fernando Valley lebte, und quasi Familie für mich.

Obwohl ich mich nicht länger mit ihrer Tochter traf, standen wir noch immer in Kontakt. Ich erinnerte mich daran, dass sie mir früher einmal freundlicherweise angeboten hatten, dass ich in ihr Poolhaus ziehen könnte, falls es bei mir mal hart auf hart käme. Das war damals, als sie das sagten, nur schwer vorstellbar gewesen. Aber nun war ich obdachlos, und ich hatte auf der Bank nur noch für höchstens drei Monate Geld. Das Poolhaus war mietfrei, wodurch ich etwas Zeit schinden konnte, um mir zu überlegen, was ich als Nächstes tun würde.

Am 1. August 2009 zog ich ein. Ich plante, etwa einen Monat zu bleiben. Das Poolhaus war ein etwa fünf Quadratmeter großer Raum –das Einzige, was reinpasste, war mein Bett – mit einem kleinen Badezimmer und einem noch kleineren begehbaren Schrank. Es gab kein Internet – und dass, obwohl ich ja gerade versuchte, ein Online-Unternehmen zu gründen. Zumindest war es ein Dach über dem Kopf.

Ich trat ordentlich in die Pedale und twitterte und mailte wie ein Wahnsinniger – *The Daily Love* wurde meine neue Obsession. Es war so, als würde mein Leben davon abhängen, dass ich diese Sachen schrieb. Ich wusste nicht, ob es funktionieren würde, aber Will Smith erlaubte mir nicht, mir einen Plan B zu überlegen, daher hatte ich keine Wahl.

Ich sehe das inzwischen als meinen »Agonie im Ölgarten«-Moment an. So ein Augenblick, in dem man nur noch sagt »Dein

Wille geschehe« und kapituliert. Man übergibt im wahrsten Sinne den Ausgang der Situation an Gott.

Ich bewilligte mir selbst ein tägliches Budget für Essen von 17 Dollar und aß nur Zeug von Trader Joe's, einer der wenigen Orte in L.A., wo man Lebensmittel für einen ganzen Tag für unter 17 Dollar bekommen konnte. Und mein neues Büro war Golden Bridge Yoga. Ich konnte mir die Yoga-Kurse nicht mehr leisten, aber meine gute Freundin und Lehrerin Sat Siri ließ mich zum Glück kostenlos an ihren Stunden teilnehmen.

Mein Leben bestand nur noch daraus, zu schreiben, so wenig Geld wie möglich auszugeben und Kundalini-Yoga. Ich befand mich in diesem süßen und zugleich schrecklichen Zustand der völligen Hingabe.

Ich erinnere mich, dass ich eines Tages einen Spaziergang durch die Nachbarschaft unternahm und so viele Häuser mit Familien und Kindern sah – Leute, die es in meinen Augen »zu etwas gebracht hatten«. Ich habe mich nie in meinem Leben so fern von Gott gefühlt. Würde ich jemals »ankommen«? Das schien unmöglich.

Es fühlte sich an, als würde die Welt sich einfach ohne mich weiterdrehen, weil ich eben keine Rolle spielte. Ich fühlte mich allein und verlassen. Darum schrieb ich damals folgendes Gebet:

Meine liebe Quelle der Schöpfung,
Hol mich ab, wenn ich nicht weiterlaufen kann
Hilf mir, diesen dunklen Ort etwas aufzuhellen
Damit ich den nächsten Schritt vor mir erkennen kann
Oh, himmlische Quelle, bitte zeig mir den Weg
Wenn ich mich verirrt habe.
Denn deine Gegenwart tröstet mich
Und regeneriert mich vollständig
Mein Vater-, meine Mutterquelle
Ich werfe mich dir zu Füßen

Und verbeuge mich vor deiner unendlichen Weisheit
Ich weiß, dass alle Dinge von dir
Durch mich getan werden.
Ich bin dein bescheidener Diener
Nimm mich, schüttle mich, oh Muse,
Bis in die Knochen erschrecke mich
Doch gib mir dir Kraft, aufrecht zu stehen
Und zu erkennen, dass meine Ängste unnütz sind
Erschüttere mich bis zum Kern
Sodass ich weiß, wie sich mein Herz wirklich fühlt.
Nimm alles Unnötige von mir,
Sodass ich DICH klar erkennen kann
In dem Raum, der dazwischen existiert.
Meine Muse, meine süße Muse
Beschütze mich vor dem Tod
Bis es für mich an der Zeit ist für größere Weiden
Treib mich bis zum Rand und lass mich dort
Sodass ich einen Fuß im Tod und
Einen im Leben habe,
Damit ich diese beiden Welten enger verknüpfen kann.
Danke, Muse, für diese
Lektionen, diese Momente der Freude und Traurigkeit.
Ich weiß, dass sie dein perfektes Rezept
Für Glückseligkeit sind.

Ich meinte wirklich, was ich in diesem Gebet sagte: Ich *wollte* auf der Kante leben. Ich wollte bloß nicht *runterfallen*.

Seit etwa einem Monat wohnte ich jetzt schon im Poolhaus. Eines Nachts kam ich von einem weiteren schrecklichen Date heim und borgte mir von einem armen, nichtsahnenden Nachbarhaus für eine Weile das Internet. (Ich setzte mich dazu immer draußen in meinen Jeep und suchte nach ungeschützten WLANs.) Mein E-Mail-Eingang war bis zum Rand voll mit Twitter-Benachrichtigungen. Ich schaute in meinen Twitter-Account, und tatsächlich – die Anzahl meiner Follower war gestiegen – und zwar enorm. Über Nacht folgten mir statt 1000 Leuten plötzlich zehntausend. Ich konnte es kaum glauben.

Was war bloß passiert? Dann sah ich es: Der Reality-TV-Star Kim Kardashian hatte über mich getwittert. Und zwar: «Ich fühle mich immer so inspiriert, wenn ich die Tweets von @TheDailyLove lese. Ich fühl mich dadurch so liebevoll und positiv!«

Gerade hatte ich einen weiteren Gott-Shot bekommen.

Das war ein kraftvoller Moment. Plötzlich, durch einen einzigen Tastendruck, hatte ich Zugang zu zehntausend Menschen. Was sollte ich jetzt sagen? Würde es gut sein? Ich wusste das nicht, aber ich twitterte weiter. Ich bekam noch mehr Follower, und nun twitterten die Leute auch zurück, dass ich ihr Leben mit meinen Zeilen verändern würde.

Ich konnte nicht so recht glauben, dass ein Tweet ein Leben verändern kann, aber offensichtlich passierte irgendetwas. Ich bekam dadurch auch einen neuen Schub Energie und Motivation, um weiterzumachen.

Aber obwohl mir diese Welle Schwung verlieh, kann ich mich erinnern, dass ich mich trotzdem im Poolhaus umsah und mich fragte: *Warum bin ich hier?* Alles war so klein. Es fühlte sich an wie eine Gefängniszelle. In einer meiner Meditationen stellte ich die Frage: *Warum ein Raum in dieser Größe? Du bist so reich an so vielem – warum etwas, das so klein ist?*

Die Antwort kam umgehend: *Mastin, dieses Zimmer repräsentiert deinen Glauben.*

Dieser Gedanke rief bei mir Gänsehaut hervor, denn ich wusste, dass das stimmte. Ich hatte meinen Glauben an so viele andere abgegeben. Ich war nicht meiner wahren Berufung gefolgt, und dieser Raum symbolisierte, wie sehr ich an mich selbst glaubte und an Gott – und dass er mich dabei unterstützen würde, falls ich meiner Glückseligkeit folgte. Während ich weitermeditierte, erinnerte ich mich an eine Bibelstelle, in der Jesus sagt:

> Denn wahrlich ich sage euch: So ihr Glauben habt wie ein Senfkorn, so mögt ihr sagen zu diesem Berge: »Hebe dich von hinnen dorthin! So wird er sich heben, und euch wird nichts unmöglich sein.« (Matthäus 17:20)

Ich begann, laut zu lachen. Ich konnte es nicht glauben! Ich könnte bestimmt eine *Milliarde* Senfsamen in meinem Poolhaus unterbringen. Ich verstand, dass ich unterstützt wurde und sehr VIEL Glauben hatte, obwohl ich in einem solch kleinen Raum war. In diesem Augenblick begann ich zu verstehen, dass dieses Poolhaus nicht mein Gefängnis, sondern mein Kokon war. Ich verwandelte mich gerade von einer Raupe in einen Schmetterling, doch deshalb musste ich zunächst noch »sterben«.

Beeil dich und stirb!

Es gibt einen Moment in jeder Geschichte, in dem der Held sterben muss, um wiedergeboren zu werden. Joseph Campbell nennt es »Die Feuerprobe«. In *Der Heros in tausend Gestalten* fragt Campbell: »Die Feuerprobe vertieft das Problem der ersten Schwelle. Und noch immer schwebt die Frage in der Luft: Kann das Ego sich selbst umbringen?«

Ich wusste, dass dieser düstere Moment nicht ewig währen würde. Ich wusste, dass ich einfach nur einen Tod erlebte, mir jedoch schon bald die Wiedergeburt bevorstand. Ich wusste zwar nicht, wann oder wie, aber ich wusste, dass sie kommen würde. Ich musste nur Vertrauen haben – obwohl es natürlich alles andere als einfach ist, sich so einfach voller Vertrauen in seine Träume fallen zu lassen. Die Stimmen der Außenwelt wollen ständig, dass du nach Komfort und finanzieller Sicherheit strebst. Aber deine Komfortzone ist nicht das Land deiner Träume.

Nachdem ich für mehr als drei Monate bei den Eltern meiner Ex-Freundin gelebt hatte, begann mein Umfeld, sich Sorgen um mich zu machen. Und zwar besonders *meine Eltern*. Ich habe bereits ausführlich darüber geschrieben, wie sehr ich sie liebe und wie sehr sie mich unterstützt haben. Sie opferten viel Zeit und Geld, um meinen Traum Love Yourself zu unterstützen. Sie hatten die ganze Zeit hinter mir gestanden. Doch nun, da dieses Projekt den Bach runtergegangen war und ihr Sohn in so einem seltsamen Zustand zu sein schien, begannen sie, meine Entscheidung, *The Daily Love* zu verwirklichen, ernsthaft in Frage zu stellen.

Ich glaube nicht, dass es irgendwie merkwürdig ist, wenn Eltern sich Sorgen um die finanzielle Sicherheit ihrer Kinder machen. Aber ich denke trotzdem, dass man seine Existenzängste und sein Bedürfnis nach Anerkennung abschütteln sollte, wenn die seltsamen Abgründe des Unbekannten rufen, damit man das Land seiner Träume betreten kann.

Ich bin ein totales Muttersöhnchen. In all den Jahren, in denen ich in L.A. gelebt habe, ist nicht ein einzelner Tag verstrichen, an dem ich nicht mit meiner Mutter gesprochen habe. Während dieser extrem harten Zeit meines Lebens ging es in den Gesprächen hauptsächlich um mein Überleben – was ich als Nächstes tun würde. Ich war nach Hollywood gekommen, hatte es zu was gebracht und danach wieder alles verloren. Ich hatte mich von den ganzen Drogen befreit, eine neue Firma gegründet, in die ich alles reinsteckte und der ich dann beim Scheitern zugesehen hatte.

Und nun twitterte ich von einem Poolhaus aus. Ich hatte vielleicht zehntausend Follower, doch das brachte mir überhaupt kein Geld ein.

Von außen betrachtet ergab das alles keinen Sinn, und doch wusste ich, dass es das war, was ich tun musste.

Meine Eltern fragten mich ständig, womit ich mein Geld verdienen würde und wann ich wieder einen Job hätte. Es tat mir jedes Mal sehr weh, wenn sie mich das fragten. Es war schon so hart genug, auf diesem unbekannten Weg zu sein – ohne eine Ahnung, wo es hingehen würde. Aber dass mich meine Eltern, die ich über alles liebte, nun fragten, wann ich mir denn endlich mal einen Job zulegen würde – war einfach zu viel. Ich wollte ihnen sagen, dass ich bereits einen Job *hatte*. Mein Job war es zu twittern.

Es war der Oktober 2009. Das anfängliche Hoch von Kim Kardashians Tweet war verflogen, und ich fühlte mich, als würde ich in einer vergessenen Einöde des Glaubens herumirren.

Doch dann bekam ich zum Glück Hilfe – und zwar in Form eines Films.

Ich kann wirklich viel Trost und Frieden in Filmen finden. Ich fühl mich in dieser Welt einfach sehr wohl. Ich hatte noch eine Menge *ArcLight Cinemas*-Punkte aus der Zeit, als ich noch Geld gehabt hatte. Und diese Punkte erlaubten mir, ins Kino zu gehen, was ich mir ansonsten nicht hätte leisten können.

Der Film, den ich an diesem Tag sah, war *Amelia*, die wahre Geschichte von Amelia Earhart. Ihr Mut und ihr tiefer Wunsch zu fliegen, berührten mich. Am Ende des Films – in der letzten Szene, in der Amelia ihrem Tod entgegenfliegt – sind folgende Worte zu hören:

> All die Dinge, die ich so lange nicht gesagt habe. Sieh nach oben und lies sie in meinen Augen. Jeder Mensch hat Ozeane zu überqueren, man muss sich nur ein Herz fassen. Ob es leichtsinnig ist? Mag sein. Aber was wissen Träume schon von Grenzen?

Genau das war es! Was wissen Träume schon von Grenzen?

Das war ich. Das waren die Worte, nach denen ich gesucht hatte – die Worte, die beschrieben, was mein Traum, *The Daily Love* ins Leben zu rufen, wirklich für mich bedeutete.

Am nächsten Tag rief ich meine Mutter an und las ihr das Zitat vor. Ich sagte: »Wenn du wissen willst, was aus deinem Sohn geworden ist, dann erinnere dich an diese Worte.«

Ich versicherte ihr, wie sehr ich sie lieb hatte und dass sie mir wirklich wahnsinnig viel bedeutete. Doch ich erklärte ihr auch, dass ein normaler Job für mich beim besten Willen nicht in Frage käme und ich eher am kalifornischen Venice Beach mit meinem Laptop leben und an *The Daily Love* arbeiten wollte, als ein sechsstelliges Einkommen zu haben.

Ich konnte es einfach nicht. Meine Seele musste frei sein.

Wir diskutierten nie wieder darüber, dass ich einen Job haben sollte. Es war hart, dieses Gespräch zu führen. Doch es war die Sache wert. Meine Ehrlichkeit schweißte mich und meine Eltern enger zusammen als je zuvor.

Und nachdem ich diese Erklärung abgegeben hatte, wurden die Dinge erst richtig interessant.

Wie sich herausstellte, entspricht dieses Zitat von William Hutchison Murray absolut der Wahrheit:

> »In allen Akten von Initiative und Schöpfung liegt eine elementare Wahrheit (…) In dem Augenblick, in dem man sich endgültig einer Aufgabe verschreibt, bewegt sich die Vorsehung auch. Alle möglichen Dinge, die sonst nie geschehen wären, geschehen, um einem zu helfen.«

Liebe – aus Wut geboren

Nach einiger Überlegung entschied ich mich, noch einmal zu John zurückzugehen, um ihm mitzuteilen, dass ich mit Love Yourself endgültig abgeschlossen hatte. (Insgeheim hoffte ich, dass er sagen würde, dass es ihm leidtäte, und dass wir die Dinge vielleicht wieder geradebiegen konnten.) Wir gingen zum Abendessen, und ich erzählte ihm von dieser »Daily Love«-Sache.

»Hey, ich will, dass das ein großes Ding wird, und du kannst ein Teil davon sein. Wir können das zusammen durchziehen, mit Love Yourself. Lass uns das mal richtig angehen.«

Aber er war mir längst entglitten. Er wollte mit *Daily Love* nichts zu tun haben und hielt immer noch an den Designs fest. Ich sagte ihm, dass er mich, die Firma und meine Eltern bescheißen würde, wenn er nicht mit den Designs rausrückte, für die wir bezahlt hatten. Und ich werde niemals seine Antwort darauf vergessen: »Ich bin Skorpion. Es liegt in meiner Natur, Leute zu bescheißen.«

Wut schoss wie heiße Lava durch meinen Körper. Ich konnte nicht glauben, dass er gerade unsere Firma sabotierte und die Schuld dafür seinem Sternzeichen gab.

All die aufgestaute Wut, die ich gegen mich selbst hegte, kam nun hoch und wurde direkt auf John projiziert.

Es war einfach zu viel. Ich wollte laut aufschreien, entschloss mich stattdessen aber, um den Silver Lake-Stausee zu joggen. Während ich rannte, entschied ich, dass es tatsächlich vorbei war. Ich würde nicht mehr zu John oder zu Love Yourself zurückkehren.

Ich würde lieber den *Daily Love*-Blog machen und so zur *Huffington Post* der persönlichen Weiterentwicklung werden. Es gab kein Zurück; denn zu diesem Zeitpunkt war endgültig eine Grenze überschritten worden.

Während ich rannte, sah ich, was aus *The Daily Love* werden würde. Ich sah all die Menschen, die dadurch berührt werden würden, und all das Gute, das dadurch entstehen konnte. Ich sah es Millionen von Menschen lesen. Ich gebe auch zu, dass ich etwas erschaffen wollte, das so groß war, dass John nicht in der Lage sein würde, es zu ignorieren. Ich dachte, dass Erfolg die beste Rache wäre.

Als ich fertig war mit dem Laufen, war ich zwar immer noch wütend, aber auch energetisiert. Ich beschloss, meine Wut zu benutzen, um etwas Wunderschönes zu machen. Als ich bei meinem Auto ankam, sah ich, dass ich eine SMS von meinem langjährigen Freund Brian bekommen hatte. Er wollte mit mir in Venice Sushi essen gehen, also fuhr ich quer durch die Stadt, um mich mit ihm zu treffen.

An diesem Abend erzählte er mir, dass seine Firma Causecast von nun an mit der *Huffington Post* zusammenarbeiten werde. Er würde dort die »Impact«-Rubrik leiten – HuffPos Sparte für Gemeinnütziges.

Ich konnte es nicht glauben. Nur eine Stunde zuvor hatte ich beschlossen, die »*Huffington Post* der persönlichen Weiterentwicklung« zu werden.

Und als Nächstes fand ich heraus, dass mein guter Freund, gerade zum Topredakteur der Seite ernannt worden war! Wenn das keine Bestätigung dafür war, dass ich mich auf dem richtigen Weg befand, dann weiß ich auch nicht.

Etwa einen Monat später war ich auf der Weihnachtsfeier von Causecast. Dort tummelte sich eine Mischung aus Aktivisten, Politikern aus L.A. und ein paar Geschäftsleuten. Wenn ich ehrlich bin, machte es mir nicht gerade viel Spaß. Das änderte sich, als ich eine Frau erblickte, die vergnügt mit zwei jungen Männern tanzte.

Sie war der Mittelpunkt der Party, und ich wollte sie unbedingt kennenlernen. Also ging ich zu ihr und stellte mich vor.

»Hi«, sagte ich. «Mein Name ist Mastin.«

»Ashton?«, fragte sie. Sie muss wohl gedacht haben, ich sei Ashton Kutcher – wir sehen uns ja auch superähnlich (LOL).

»*Mastin*«, sagte ich.

»Hi, Mastin, ich bin Agapi. Hast du Lust zu tanzen?« Sie sagte das mit einer griechischen Leidenschaft, die ansteckend war. Wir tanzten und redeten die ganze Nacht. Sie gab mir ihre Karte und bat mich, sie anzurufen, um uns darüber zu unterhalten, wie wir uns gegenseitig helfen könnten.

Als ich sie in der darauffolgenden Woche anrief, lud sie mich auf ein Treffen bei sich zu Hause ein. Ich muss zugeben, dass ich sowohl von der Größe (riesig) als auch von der Lage (Westwood) ziemlich überrascht war. Agapi kam zur Tür und empfing mich herzlich. Sie bat mich, in ihrem Büro Platz zu nehmen, während sie noch ein paar Dinge erledigte. Als ich so dasaß und wartete, bemerkte ich ein Foto von Agapi und Arianna Huffington.

Dann sah ich ein Bild von Agapi mit Ariannas Töchtern. Danach fiel mir ein Foto mit Arianna Huffington und Präsident Obama auf. Und endlich fiel der Groschen: Ich war in *Arianna Huffingtons Büro.* Agapi war ihre Schwester.

Weniger als einen Monat, nachdem ich die Erklärung abgegeben hatte, dass ich die »*Huffington Post* der persönlichen Weiterentwicklung« sein wollte, saß ich wirklich und wahrhaftig auf Ariannas Bürostuhl. In diesem Augenblick wusste ich, dass ich nie wieder in die Musikbranche oder zu meinem alten Leben zurückkehren würde. Das war der Durchbruch.

An diesem Tag sah ich mehrmals ein, dass die Antwort auf unsere Gebete bedeutet, dass wir das, was wir wollen, *nicht* bekommen. Ich hatte mich dem göttlichen Sturm hingegeben, Vertrauen in Gott gehabt, den Dingen einfach ihren Lauf gelassen – und am Ende war ich genau dort angelangt, wo ich sein sollte.

Bist du Babbitt?

Es gibt da diese Geschichte von Joseph Campbell, die ich unglaublich gern mag. Sie beschreibt, was passiert, wenn du im Leben nicht dem folgst, was dir Freude bereitet.

Sie ist aus seinem Buch *Die Kraft der Mythen*, und Campbell benutzt darin den Roman Babbitt von Sinclair Lewis als Beispiel.

> *Erinnern Sie sich noch, wie es ganz zum Schluss heißt: »Mein Lebtag hab ich niemals das gemacht, was ich wollte.« Das ist ein Mann, der niemals seiner Freude gefolgt ist. Diesen Satz habe ich tatsächlich einmal gehört, als ich noch im Sarah Lawrence-College unterrichtete.*
>
> *Vor meiner Heirat aß ich immer in den Restaurants zu Mittag und zu Abend. Am Donnerstagabend hatten in Bronxville die Dienstmädchen frei, daher gingen viele Familien aus in Restaurants. Eines schönen Abends saß ich also in meinem Lieblingsrestaurant, und am Tisch neben mir saßen ein Vater, eine Mutter und ein magerer Junge von ungefähr 12 Jahren. Der Vater sagte zu dem Jungen: »Trink deinen Tomatensaft!«*

Und der Junge: »Ich will nicht.«

Darauf der Vater mit lauterer Stimme: »Trink deinen Tomatensaft!«

Und die Mutter sagte: »Zwing ihn doch nicht, etwas zu machen, was er gar nicht will.«

Der Vater schaute sie an und versetzte: »Er kann nicht sein Leben lang machen, was er will. Wenn er nur macht, was er will, ist das sein Tod. Schau mich an. Ich hab mein Lebtag nicht gemacht, was ich wollte.«

Und ich dachte: »Mein Gott, da sitzt der fleischgewordene Babbitt.«

Das ist der Mann, der niemals seiner Freude gefolgt ist. Man kann im Leben Erfolg haben, aber man fragt sich nun einmal: Wozu war es gut?

Man hat sein Lebtag nicht gemacht, was man eigentlich wollte. Ich sage meinen Studenten immer wieder: Gehen Sie dorthin, wo Ihr Körper und Ihre Seele hinwollen. Wenn Sie das richtige Gefühl haben, dann bleiben Sie dabei und lassen Sie sich von keinem Menschen davon abbringen.

Um nicht selbst wie Babbitt zu enden und um wirklich seiner Freude und Seligkeit zu folgen, muss man sich kurzzeitigen Schmerzen aussetzen. Die Lektion hier ist, dass man für den Rest seines Lebens unerfüllt bleibt, falls man das nicht tut. Sei also bereit, für ein paar Jahre so zu leben, wie es die meisten Leute nicht tun würden, sodass du den Rest deines Lebens so verbringen kannst, wie es die meisten Leute nicht tun können.

KAPITEL 8

L. A. Moms

Das Schönste an einer Freundschaft ist nicht die ausgestreckte Hand, das freundliche Lächeln oder der menschliche Kontakt, sondern das erhabene Gefühl, jemanden zu haben, der an einen glaubt und einem sein Vertrauen schenkt.

(DIESES ZITAT WIRD MEIST RALPH WALDO EMERSON ZUGESCHRIEBEN.)

Wenn ich auf meine Reise zurückblicke und sehe, wie viel Hilfe und Unterstützung ich bekam, um dorthin zu gelangen, wo ich heute bin – dann glaube ich inzwischen, dass es niemanden gibt, der es wirklich »allein geschafft« hat. Klar, können wir uns das Leben unserer Träume erschaffen, wenn wir uns anstrengen – aber niemals nur aus eigener Kraft.

Ich teile mein Leben gedanklich in »vor Agapi« und »nach Agapi« ein. Agapi Stassinopoulos ist einer der offensten, liebevollsten und großzügigsten Menschen, die ich kenne. Sie lebt ihr Leben wirklich aus vollem Herzen. Ohne ihre Freigiebigkeit, Liebe und ihr Mitgefühl, würde *The Daily Love* nicht das sein, was es heute ist.

Außerdem finde ich es echt unglaublich, dass mit jeder Form der Unterstützung, die ich bekam, sich mir gleichzeitig immer eine Möglichkeit bot, etwas zurückzugeben. Agapi nahm mich unter ihre Fittiche und half mir, aber sie brauchte zugleich auch meine Hilfe. Ich war inzwischen ein wahrer Twitter- und E-Mail-Meister geworden, und sie suchte nach jemandem, der ihr in Sachen Social Media und E-Mail-Marketing unter die Arme griff.

Ich empfahl ihr auch, ein Buch zu schreiben und es bei Hay House zu veröffentlichen. Keiner von uns beiden hatte Kontakte bei Hay House, aber ich schlug ihr vor, es trotzdem zu schreiben und darauf zu vertrauen, dass Hay House es veröffentlichen würde.

Sie begann zu schreiben, und nur einen Monat später hatte sie einen Agent. Der Agent stellte das Buch bei Hay House vor – und sie kauften es! Das Buch, *Unbinding the Heart,* ist eine liebevolle Dosis griechischer Weisheiten von Agapi.

Zur selben Zeit stärkte Agapi aber auch mir den Rücken. Und zwar im wahrsten Sinne des Wortes, da ich ja Rückenprobleme hatte, wegen der sie mich zu ihrem Chiropraktiker schickte und die Behandlung auch gleich noch bezahlte. Zusätzlich half sie mir im geschäftlichen Bereich.

Eines Tages trafen wir uns, und sie fragte mich, was ich wirklich bräuchte. Das war im Januar 2010, und mein Bankkonto würde ab 1. März leergeplündert sein.

Mir blieben zwei Monate, um für neue Einkünfte zu sorgen. Also erzählte ich ihr, dass ich dringend Anzeigenkunden für TheDailyLove.com brauchte. Sie dachte einen Moment darüber nach und schlug dann vor, mich mit einem Mann namens Tommy Rosen zu treffen. Sie erzählte mir, dass Tommy sehr gut in der Yoga-Szene vernetzt war und viele spirituell ausgerichtete Firmen kannte, die vielleicht bei mir Werbung schalten würden.

Ich werde nie vergessen, wie es war, als ich Tommy Rosen zum ersten Mal traf. Dieser Mann verströmte pure Lebensfreude. Er hatte ein riesiges Lächeln im Gesicht und begrüßte mich gleich mit einer Umarmung. Von dem Moment an, als ich Tommy sah, fühlte es sich so an, als wäre er mein Bruder. Tommy lebt dafür, anderen Menschen zu helfen. Er und ich trafen uns oft, redeten über Yoga, das Leben, *The Daily Love* und wie er mir helfen konnte. Als Tommy hörte, dass ich völlig pleite war, machte er es zu seiner obersten Priorität, mir zu helfen. Ich habe noch nie einen Mann getroffen, der so großzugig ist und der so gerne etwas zurückgibt.

Er kannte ein paar potenzielle Werbekunden, also arbeiteten wir einen Deal aus, bei dem er für mich Anzeigen besorgte und dafür 15 Prozent von den Erlösen erhielt. Ich war noch nie so nervös gewesen – denn das finanzielle Desaster stand kurz bevor, und ich brauchte ganz schnell ein Wunder.

Am 27. Februar 2010 – nur einen Tag bevor ich dann also mittellos sein würde – bekam ich einen Scheck für Anzeigen von einer Firma namens YogaEarth.

Nach den Abzügen blieb mir genau der Betrag, den ich für den Monat März brauchte.

Das Göttliche war mir zur Hilfe gekommen. *The Daily Love* fing nun tatsächlich an, mir Geld einzubringen.

Zu dieser Zeit fand Tommy heraus, dass ich in einem Poolhaus lebte, und er lud mich ein, für eine Weile auf seiner Couch zu schlafen. Ich nahm seine Einladung an. Allein seine Couch in Venice war viel besser als mein fünf Quadratmeter großer Raum im Valley. Und die Dinge wurden immer besser und besser. Tommys Cousin lebte draußen im Gästehaus. Er wusste von meiner Situation und fragte, ob ich dort für einen Monat mietfrei wohnen wollte, wenn er im August weg wäre.

Ich nahm ihn beim Wort, und genau ein Jahr, nachdem ich ins Poolhaus gezogen war, zog ich in Tommys Gästehaus.

Für mich war das so, als würde ich in eine Villa einziehen. Ich hatte meine eigene Waschmaschine, meinen eigenen Trockner, ein Bad, eine Küche und was am allerbesten war: Internet! Schluss mit den Cafés. Schluss mit dem »Borgen« des Internetzugangs anderer Leute, indem ich vor deren Häusern rumlungerte.

Ich beschloss, dass ich nie wieder zurück ins Poolhaus ziehen würde. Im August 2010 brachten mir Tommy und seine Frau Kia alles über basische Nahrung bei, über Kundalini-Yoga und die Bedeutung des Atems. Sie erklärten mir, wie wichtig es war, meinen Körper nach allem, was er so durchgemacht hatte, wieder in Form zu bringen. Tommy wurde mein neuer Mentor. Er machte mich mit grünen Säften bekannt – also *das* war wirklich eine Erfahrung, die ich nie vergessen werde. Wir waren im One Life Natural Foods in Venice in Kalifornien. Er gab mir einen großen grünen Saft, schenkte mir ein Lächeln und sagte: »Trink das aus.« Also tat ich das. Und ich musste mich fast übergeben.

Nicht ganz die Reaktion, die Tommy erwartet hatte! Aber er erklärte mir, dass mir der grüne Saft immer besser und besser schmecken würde, sobald mein Körper nicht mehr so übersäuert war. Und er hatte recht – schon bald wollte mein Körper nur noch grünen Saft und Yoga.

Die ganze Zeit tickte die Uhr unaufhörlich weiter. Ich hatte nur einen Monat in diesem Gästehaus. Ich wusste, dass ich mir eine andere Bleibe suchen musste.

In perfektem göttlichen Timing bot mir eine andere Freundin, die ich durch Agapi kennengelernt hatte, ihre Wohnung an.

Jan, Tommy, Agapi und Sophie (von der ich bald noch berichten werde) wurden zu meinen L.A.-Moms.

Jan ist wirklich eine weise Frau. Wie oft erzählte ich ihr von all meinen verrückten Ideen und Visionen, und sie sagte dann immer zu mir: »Schätzchen, du musst echt mal auf dem Boden bleiben.«

Ich war toll darin, mir Sachen auszudenken, aber es haperte bei der Umsetzung. Jan half mir dabei, meine Visionen wieder auf den Boden der Tatsachen zu bringen. Sie half mir zu erkennen, dass ich oft einfach nur Scheiße erzählte. Ich fakte zu viel und tat zu wenig.

Ich umgab mich zudem mit Leuten, denen meine Interessen nicht wirklich am Herzen lagen. Einer davon war ein Typ, der mein Unternehmen führen wollte. Als ich ihm dann tatsächlich einen Teil der Firma versprach, zog er plötzlich nach China. Ich hatte selbst kein Geld, also gab mir Jan ein paar tausend Dollar, um ihn auszuzahlen und so die Firma wieder zurückzukaufen. Sie war immer für mich da und wird es auch in Zukunft sein – genauso wie ich für sie.

Jan war gerade im Begriff, nach Europa zu reisen, als Tommys Cousin wiederkam – also bot sie mir ihr Apartment in Beverly

Hills an. Sie würde für einen Monat weg sein, also bekam ich abermals eine Gnadenfrist. Zu diesem Zeitpunkt war ich bereits seit einem Jahr und zwei Monaten ein »Couchsurfer«, während ich unaufhörlich am Tweeten und Mailen war, um mehr Bewegung in *The Daily Love* zu bringen. *The Daily Love* war inzwischen wirklich zu meiner täglichen Meditation geworden – zu meiner spirituellen Praxis.

Die Reichweite von *TDL* wuchs beständig, und jeden Tag arbeitete ich noch härter. Ich war nicht mehr aufzuhalten. Ich fühlte die Hand des Göttlichen auf Schritt und Tritt. Ich wurde unterstützt. Es war, wie Joseph Campbell sagt: Wenn man seiner Glückseligkeit folgt, dann »öffnen sich Türen, wo es vorher keine gab, wo man niemals Türen vermutet hätte und wo es auch für niemanden sonst eine Tür geben würde.«

Ich war in der Lage, meine Erfahrungen als eine Version der Heldenreise zu betrachten, und ich fühlte mich immer sicherer dabei, einen Sprung ins Unbekannte zu wagen, um meiner Glückseligkeit zu folgen, denn das Göttliche würde mich schon auffangen.

Einer, der sich auskennt

The Daily Love ging richtig gut ab. Wir hatten inzwischen alle möglichen prominenten Follower. Obwohl ich selbst gerade so viel Scheiße durchmachte, wurde das Social Media-Publikum immer größer.

Eines Tages kam ich in Kontakt mit einem Mann namens Jason Binn (@JasonBinn), einem Medien-König aus New York City. Er war der Gründer von Niche Media und dem *DuJour* Magazin.

Er hatte über Kim Kardashian von *The Daily Love* gehört, und seine Tweets erwähnten Leute wie Russell Simmons und Tony Robbins. Der Typ schien faszinierend zu sein, und ich wollte mich mit ihm treffen. Also schickte ich ihm eine Nachricht auf Twitter, und zu meiner Überraschung schrieb er mir zurück.

Wir beschlossen, uns das nächste Mal zu treffen, wenn er nach Los Angeles kam. Ein paar Monate später verabredeten wir uns zum Lunch im Sunset Tower Hotel auf dem Sunset Boulevard. Ich ging mit langen fettigen Haaren und nur leidlich sauberen Sachen hin, während Jason mit elegant gestyltem Haar und in einem todschicken Anzug aufkreuzte. Aber das war egal. Ich konnte nicht glauben, wie liebevoll und großzügig dieser Mann war. Ich erzählte ihm, dass Kim Kardashian *TDL* mochte. Er rief Kim direkt an und sagte ihr, dass wir gerade beim Lunch saßen – und sie sagte mir ein paar echt LIEBEVOLLE Sachen durchs Telefon.

Während des Essen fragte Jason mich: »Und wodurch wird der Mann hinter *Daily Love* inspiriert?« Ich erzählte ihm, dass ich in letzter Zeit viele Videos von Tony Robbins schaute. Darauf sagte Jason in seinem New Yorker Akzent: »Oh, Tony, Augenblick bitte …« Er nahm sein Telefon und wählte eine Nummer.

Es dauerte einen kurzen Moment, und dann sagte er: »Sage?« (Sage ist Tonys Frau.) »Hey, hier ist Jason – ist Tony da? Es ist wichtig …«

Ein weiterer Moment verstrich, und dann sagte er: »Oh, okay. Gut, dann sag ihm, dass er mich zurückrufen soll, sobald er wieder da ist.«

Ehrlich gesagt, war ich dankbar, dass ich nicht mit Tony Robbins sprechen musste. Denn schon allein der Gedanke daran schüchterte mich völlig ein.

Wir wandten uns wieder unserem Lunch zu. Gerade als wir fertig waren, klingelte Jasons Handy. *Oh Scheiße,* dachte ich so bei mir.

Und na klar – richtig geraten – es war Tony.

»Hey, Tony«, sagte Jason. »Ich bin hier mit Mastin. Er macht @TheDailyLove auf Twitter.«

Tony sagte, dass er davon wüsste und mir auf Twitter folgen würde. Oh mein Gott.

»Hier, sprich mit ihm …«, sagte Jason und reichte mir sein Handy.

»Hi«, brachte ich hervor.

»HEY, MASTIN, HIER IST TONY, WIE GEHT ES DIR? ICH FREU MICH SO, DASS MEINE SACHEN DICH SO INSPIRIERT HABEN!«

Es war wirklich diese klassische Tony-Stimme. »WIE HAST DU VON MIR GEHÖRT?« Ich überlegte kurz, dann schaffte ich es, irgendwie zu antworten.

»Ähm, *Shallow Hal …*« Das stimmte wirklich. Für diejenigen, die nicht wissen, was das ist: Shallow Hal ist ein Film, und Tony hatte eien Kurzauftritt. (Übrigens ein superlustiger Streifen.)

Tony lachte – und ich entspannte mich.

Er lud mich zu seinem Seminar »Unleash the Power within« (dt.: »Entfessele die innere Kraft«) ein, was einen Monat darauf in New Jersey stattfinden würde.

Jason fand, dass das perfekt wäre – ich solle zuerst nach New York kommen, damit wir dann von dort aus zusammen zu Tonys UPW-Seminar fahren könnten. Ich hatte zwar keine Ahnung, wie ich mir eine Reise nach New York leisten sollte, doch ich sagte zu.

Es war also abgemacht. Ich würde bei UPW als Tonys Gast dabei sein. So einfach ging es also für mich in eine ganz neue Richtung. Ich gab Jason eine dicke Umarmung und machte mich wieder auf den Weg.

Zu dieser Zeit kehrte Jan von ihrer Reise zurück, das hieß, dass ich rausmusste. Einige Tage vor meinem Auszug war ich zu Besuch bei meiner Freundin Sophie in ihrem Haus in den Hollywood Hills. Ich finde, Sophie ist eine der süßesten Frauen, die es gibt. Ich hatte sie über Agapi kennengelernt, und wir hatten sofort eine super Connection. Es war so, als wären wir schon seit einer Ewigkeit befreundet. Sie fragte mich, ob ich irgendetwas bräuchte, und ich erzählte ihr, dass ich eigentlich gerade dringend nach einer Bleibe suchte. Einfach so, aus heiterem Himmel, bot sie mir ein Schlafzimmer bei sich im Haus an.

Ich konnte es kaum glauben – passierte das alles wirklich? Meine Situation wurde immer besser und besser. Zuerst ein Poolhaus, dann ein Gästehaus, dann ein Apartment und nun ein Haus in den Hollywood Hills? Es schien so, als ob mein Gottvertrauen inzwischen zu groß für einen fünf Quadratmeter großen Raum geworden war. Jedes Mal, wenn ich Angst hatte, dass es wieder rückwärtsging, schubste mich das Uni-Versum erneut vorwärts auf etwas zu, das sogar noch besser war.

Ich erinnere mich noch bis heute an den Tag, an dem ich aus Jans Apartment in Sophies Haus zog. Ich war voller Schuldgefühle, dass ich ständig auf die Hilfe anderer Leute angewiesen war.

Obwohl *The Daily Love* erfolgreich zu sein schien, war ich immer noch pleite – und schaffte es kaum, mich über Wasser zu halten. Ich hatte das Gefühl, je länger das so weiterging, umso mehr wurde ich zur Belastung für die Leute, die mich unterstützten. Ich begann zu denken, dass ich eine nutzlose Person war, weil ich so viel Hilfe brauchte.

Ich ging an diesem Abend zu Sophia nach Hause, und wurde von Sophia und ihrer Tochter Leah mit einem *riesigen* Banner begrüßt, dass sie zusammen gebastelt hatten.

Darauf stand: *Willkommen zu Hause!*

Ich musste mich beherrschen, um nicht zu weinen (ich war damals nicht sonderlich gut darin, meine Gefühle zu zeigen). Da es schon spät war, gab ich ihnen nur eine lange Umarmung und ging hoch in mein Zimmer, wo ich dann begann, wie ein kleines Baby zu weinen.

Ich war voller Scham und Schuldgefühle von Jans Wohnung zu Sophie gefahren. Und gerade, als ich begann zu glauben, dass ich nur eine Bürde wäre, sorgten sie dafür, dass ich mich so geliebt fühlte. Es war so eine tiefgreifende Erfahrung, zu spüren, wie man von jemand anderem viel mehr geliebt wird, als man sich selbst liebt. Es ist so wichtig zu geben, aber wenn wir immer nur geben und niemals empfangen, machen wir irgendwann zu. Es ist eine machtvolle Position, wenn wir in der gebenden Rolle sind – während wir passiv und verletzlich werden, wenn wir empfangen.

Das Timing war perfekt für uns alle. Sophie und Leah hatten sich dafür entschieden, dass Leah die Schule verlassen und ungeschult bleiben würde. (Ich bin mir nicht ganz sicher, was ungeschult heißt – es bedeutet allerdings weder Heimunterricht noch dass man ungebildet ist. Es geht mehr darum, das Kind das machen zu lassen, was es gerne tut.) Da Sophie arbeitete, verbrachten Leah und ich viel Zeit zusammen. Wieder einmal hatte das Universum mir jemanden geschickt, der mir helfen konnte und dem ich umgekehrt auch helfen konnte. Wir wurden langsam eine richtige Familie.

All deine Bedürfnisse werden befriedigt sein

The Daily Love brachte mir inzwischen jeden Monat ein kleines Sümmchen ein. Und weil ich wusste, dass ich so lange bei Sophie bleiben konnte, wie ich wollte, hatte ich keine Gewissensbisse mehr, das Geld, das ich verdiente, auch auszugeben. Mein Essen kam nicht länger von Trader Joe's, sondern von Whole Foods, was wirklich toll war, da ich mich noch immer basisch ernährte, so wie ich es von Tommy gelernt hatte.

Meine Allergie gegen Geld schien wieder abzuklingen. Gerade als meine Werbeeinnahmen zur Neige gingen, bekam ich von irgendwelchen Mitgliedern der *Daily Love*-Community einen Scheck. Ich erhielt mindestens 5000 Dollar von Daily Lovern, die mir das Geld als Dankeschön schickten. Ich hatte nie darum gebeten, aber als ich es wirklich brauchte, tauchte es auf wie auf Bestellung – und es war genau der Betrag, den ich benötigte.

Die Entstehungsreise von *The Daily Love* hatte mich gelehrt, wie man sich wirklich ergibt. In diesem Prozess änderte sich meine Sichtweise des Lebens. Als ich zum ersten Mal durch die Sachen von Caroline Myss mit dem Konzept in Berührung kam, den Ausgang einer Sache etwas Höherem zu überlassen, machte mir das schreckliche Angst. Ich hatte Angst vor der Zukunft und war verunsichert durch die Vergangenheit.

Doch nun lebte ich von Tag zu Tag. Und an jedem einzelnen Tag fing mich das Uni-Versum auf und unterstützte mich.

Ich hatte genau das, was ich brauchte. Ich hatte anderthalb Jahre ohne einen »richtigen Job« gelebt, und die ganze Zeit über hatte ich ein Dach über dem Kopf gehabt, meistens einen vollen Magen und so viel Geld in der Tasche, wie ich brauchte. Diese Weise zu leben verband mich mehr mit dem gegenwärtigen Moment als alles andere. Die Angst vor dem Unbekannten begann sich immer mehr in Aufregung zu verwandeln – eine Art positive Erwartungshaltung. Wo ich mich zuvor immer so gefühlt hatte, als wäre ich von Gott verlassen worden, spürte ich nun, dass Gott und ich zusammen in dieser Sache steckten.

Ich hatte genug Glauben daran, dass die Ungewissheit meines Lebens zu positiven Resultaten führen konnte. Ich lebte nicht länger in Furcht vor dem Worst-Case-Szenario.

Zusätzlich zu *Star Trek* und *Star Wars* war ich früher auch ein großer Indiana Jones-Fan gewesen. Im dritten Film *Indiana Jones und der letzte Kreuzzug* gehen Indy und sein Vater auf die Jagd nach dem Heiligen Gral. Sie konkurrieren mit den Nazis, um ihn zu finden. Indys Vater hat sein ganzes Leben lang die Legenden, die sich um den Gral ranken, studiert. Er ist ein Experte für die Proben und Prüfungen, welche die Kammer birgt, in welcher der Gral versteckt ist.

Insgesamt gibt es drei Prüfungen in dieser Kammer, und die dritte ist ein Vertrauensvorschuss – ein Sprung ins Ungewisse. Und die Prophezeiung der dritten Prüfung ging mir nie wieder aus dem Kopf: »Nur beim Sprung im Kopf des Löwen wird er sich als würdig erweisen.«

Mein Leben wurde ein einziger riesiger Sprung.

Ich erinnere mich an den Moment, in dem ich beschloss, mich nur noch auf Plan A zu konzentrieren. Das war damals im Poolhaus, direkt nach dem Tweet von Kim K. über *The Daily Love*. Ich stellte Gott vor eine Herausforderung.

Wenn du mir eine Gabe geschenkt hast, sagte ich zu Gott, *wenn du mir meine Glückseligkeit gezeigt hast, damit ich ihr folgen kann, wenn ich anderen helfen soll und all das Chaos in meinem Leben davon kommt, dass ich mein Schicksal in deine Hände gelegt habe, dann fordere ich dich dazu heraus, mich scheitern zu lassen. Wenn ich jedoch scheitere, so wäre das eine totale Talentverschwendung. Du und ich wissen beide, dass du mich nicht scheitern lassen wirst, deshalb fordere ich dich ja auch heraus!*

Doch zu diesem Scheitern kam es nie, und zwar aus zwei Gründen. Zum einen hatte ich immer Unterstützung. Zum anderen war ich jedes Mal dankbar dafür, wenn ich sie bekam, ganz egal wie gering.

Ich habe ja nie gesagt: *Gott, ich hatte doch um Wohlstand und Fülle gebeten. Warum hast du mir also dann heute nur 40 Dollar geschickt?* Ich war dankbar für das, was ich bekam, und ich sah es als Zeichen, das ich mich auf meinen ultimativen Erfolg zubewegte.

Schließlich rückte der Tag immer näher, an dem ich nach New York reisen und mich dort mit Jason Binn treffen würde, um an Tony Robbins' Unleash the Power Within teilzunehmen. Eine echte Spritztour ins Ungewisse! Ich hatte mein Ticket nach New York einfach mal so gekauft – ohne blassen Schimmer, wo das Geld dafür herkommen sollte. Direkt nachdem ich das Ticket gebucht hatte, bekam ich einen Klienten, durch den die Kosten für das Ticket bei Weitem abgedeckt wurden. Eine Freundin ließ mich in ihrem Apartment in Jersey wohnen, wieder einmal war ich so finanziell gerettet.

Mein einziger wirklicher Vorbehalt bei diesem Tony Robbins-Seminar war ausgerechnet die Musik. Ich bin ein Musik-Snob. Man könnte sagen, dass ich »coole« Musik mag. Ich hatte viele Videos gesehen, in denen Tony den 2 Unlimited-Song »Get Ready for This« abspielen ließ.

Ich hasste diesen Song schon seit der Highschool und wollte wirklich nicht dazu gezwungen werden, zu so einer bekloppten Melodie hoch- und runterzuspringen.

Je näher der Termin heranrückte, umso mehr Widerstand regte sich in mir. Ich fing an zu denken, dass ich nicht hingehen sollte. Ich hatte solche Angst, dass ich zu einem meiner Freunde, der ebenfalls hinwollte sagte, dass ich sofort gehen würde, wenn am Anfang dieser Song gespielt wurde.

Jason konnte leider doch nicht zu UPW mitkommen, aber ich besuchte ihn in seinem Büro, bevor ich mich auf den Weg zu Tony machte. Ich würde allerhöchstens einen Tag verpassen, aber ich musste mich unbedingt mit Jason austauschen. Als wir uns dann trafen, musterte er mich von oben bis unten und schickte mich dann zu seinem Schneider in der Madison Avenue und ließ mir einen Anzug nach Maß anfertigen.

Es war mein erster Anzug seit Langem. Ich konnte kaum glauben, was Jason für ein toller Freund war. Er und ich verbrachten den Rest des Nachmittags damit, uns gegenseitig zu erzählen, was es so Neues gab, und danach düste ich los – nach Jersey zu UPW. Ich wollte ja den berühmten Feuerlauf nicht verpassen, der am ersten Abend stattfand.

Und natürlich – »Get Ready for This« lief, als wir reingingen – von den viertausend *kreischenden* Leuten im Publikum ganz zu schweigen. Derweil stand Tony auf der Bühne und heizte der Menge noch weiter ein. Ich hatte das Gefühl, in meiner persönlichen Hölle gelandet zu sein. Ich würde auf gar keinen Fall bleiben. Und ich würde nicht zu diesem blöden Lied hoch- und runterspringen.

Und ich versicherte mir selbst, dass es völlig okay war, dass ich das nicht tun wollte!

Mein Freund überredete mich, zu bleiben. Tony hatte uns ja auch schließlich Plätze in der ersten Reihe besorgt. Also willigte ich ein, die Sache durchzustehen – zumindest für eine Weile.

Als ich vorn ankam und sah, wie Tony sein Ding auf der Bühne durchzog, verflog mein Ärger wegen dem Lied und machte einem überwältigenden Gefühl der Bedrohung Platz. Ich war schon auf unzähligen Konzerten gewesen, aber so hatte ich mich noch nie gefühlt. Ich wollte nur noch kotzen.

Ich beobachtete Tony stundenlang dabei, wie er die Bühne beherrschte. Ich sah ihm dabei zu, wie er mit den Leuten innerhalb kürzester Zeit tiefgreifende Gespräche – Interventionen – führte. Das Publikum hing an seinen Lippen. Sie wollten auch auf die Bühne. Er veränderte ihr Leben. Es war, als ob der ganze Raum in Trance wäre.

Als ich durch den Raum sah und auf die Tausenden von Menschen blickte, die dort waren, und auf Tony, der in einem fort weitermachte, überkam mich immer mehr Angst. Ich musste für einen Moment rausgehen und mich sammeln, bis ich wieder ruhig und gelassen war. Als ich zurückging und mich diesmal in die erste statt in die letzte Reihe setzte, hatte ich plötzlich eine große Erkenntnis. Es war die gleiche Art von innerem Wissen, das über mich gekommen war, als ich das Kokain aufgegeben hatte, und das ich auch jedes Mal spürte, wenn ich schrieb.

»Das ist dein Schicksal, Mastin.«

Ich wusste, dass auch *ich* das machen musste, was Tony dort oben auf der Bühne tat. Und das fühlte sich in jenem Augenblick für mich unglaublich erschreckend an. Alles erschien so überlebensgroß. Sogar unmöglich. Ich war kein Bühnenmensch. Das hatte ich mir schon längst klargemacht. Ich war der Typ *hinter* den Künstlern, der Typ *hinter* dem Computer.

Mir gefiel es einfach, mich im Hintergrund zu verstecken.

Je mehr Tony erzählte, desto gelähmter fühlte ich mich – doch auch umso *inspirierter*.

Die Idee, live mit Menschen zu arbeiten, war aufregend und erschreckend zugleich. Es sollte ja auch nicht sofort passieren, aber in jenem Augenblick 2010 in New Jersey war ein Samen ausgesät worden. Ich hatte im wahrsten Sinne einen Platz in der ersten Reihe für das nächste Stadium meiner Entwicklung.

Als der Abend dem Ende zuging und wir alle zur Feuerstelle gingen, fiel mir glühend heiß ein, dass ich überhaupt nicht wusste, wie man über Feuer lief.

Ich wurde von einigen seiner Platzanweiser in eine bestimmte Reihe gewinkt. Überall um mich herum schrien Tausende von Menschen immerzu »JA!«.

Ich sah, dass ich in Tonys Reihe war. Er war gerade von der Bühne gekommen und strahlte wie ein Honigkuchenpferd. Er hatte so viel Energie – es war so, als wäre sein ganzer Körper rot. Hier war ein Mensch, der sein volles Potenzial lebte. Ich ging zu Tony und stellte mich vor. Ich war überrascht, wie groß er war. Als er mir eine dicke Umarmung gab, musste ich mich ordentlich strecken – dabei bin ich 1,93m!

Ich folgte ihm bis zur Feuerstelle, wo ich nun als Vierter in der Reihe stand. Ich hatte keine Ahnung, was ich tun sollte. Es war dunkel, es gab laute Trommeln, und das einzige Licht war das feurige Leuchten der glühenden Kohlen, die vor mir lagen.

Tony schrie: »STIMMT EUCH DRAUF EIN! ZIEHT ES DURCH!« Ich wusste nicht, was das heißen sollte, aber ich sah die Leute vor mir schreien und sich ekstatisch bewegen – scheinbar stärkten sie sich so, bevor sie losliefen. Ich machte es ihnen nach, und bald war ich auch schon an der Reihe.

Tony war zu meiner Rechten, und sein bereits ziemlich gerötetes Gesicht wurde durch das Feuer erhellt. Er schrie mir direkt ins Ohr: »Zieh es durch! Setz dich in Bewegung! Lass dich drauf ein!«

Ich versuchte es.

Wieder schrie er: »So geht das nicht! SETZ DICH IN BEWEGUNG! LASS DICH DRAUF EIN!« Ich ging in mich und fand die intensivste Energie, die ich aufbringen konnte – die Wut, die ich immer noch gegenüber John fühlte. Ich schrie und kreischte. Offensichtlich klang das für Tony sehr überzeugend, denn er brüllte nun: »Lauf!«

Und ich lief übers Feuer. Bevor ich überhaupt wusste, was passierte, war es auch schon vorbei.

Ich ging zu den letzten Tagen des Seminars und machte mir die meiste Zeit ausführliche Notizen darüber, wie Tony während dieser Interventionen kommunizierte. Ich wusste nicht, was genau er überhaupt tat, ich wusste nur, dass ich das auch können wollte. Am dritten Tag des Seminars gab es einen Punkt, an dem Tony über die anderen Events sprach, die er anbot.

Ich dachte, der 2 Unlimited-Song hätte mich schon arg gereizt, doch ich wusste ja auch nicht, was als Nächstes auf mich zukam. Ich konnte es nicht glauben, aber er versuchte – direkt hier, live und persönlich – den Leuten noch mehr von seinen Sachen anzudrehen!

Das war der Teil, den ich an dieser Selbsthilfe- und Motivationsindustrie richtig hasste. Ich hatte da diese Vorstellung, dass die Leute in dieser Branche hinter ihrer Fassade auch nur schmierige Gebrauchtwagenhändler waren. Trotz allem, was ich bisher über Tony erfahren und gelernt hatte, wurde er in meinem Kopf sofort zu einem dieser Gebrauchtwagenhändler, als er anfing, für seine Sachen zu werben und mit seinen Kaufargumenten ankam.

Er erzählte in einem fort über diese Sache namens «Date with Destiny.«

Es handelte sich um ein anderes Seminar von ihm, das natürlich eine Menge Geld kostete – sechs- oder siebentausend Dollar. Ein Teil von mir wollte wirklich hingehen, aber ich schwamm mit Sicherheit nicht derart im Geld.

Man nehme also meine bereits vorhandene Abscheu gegen die zwielichtigen Verkaufsstrategien im Bereich der persönlichen Weiterentwicklung und mixe das Ganze mit meiner Verbitterung, dass ich mir das nächste Seminar nicht leisten konnte – und man kann sich gut den Cocktail vorstellen, der dabei herauskam. Ich projizierte meinen ganzen Mangel auf Tony und entschied, dass er ein schlechter Mensch ist.

Aber als das Seminar vorbei war, konnte ich einfach nicht aufhören, an dieses »Date with Destiny« zu denken. Schon der Name allein klang so cool! Ich wollte wirklich hingehen, aber ich sagte zu mir selbst, dass ich das eh vergessen könnte – ich könnte niemals das Geld dafür auftreiben.

Am nächsten Tag hatte ich ein Meeting mit Tony und Jason. Es war einfach super. Tony wollte mehr über mein Leben wissen, und wir unterhielten uns schließlich über ein Date with Destiny.

Tony begann das gleiche Verkaufsgespräch wie in seinem Seminar – mit der gleichen Intensität, obwohl er nur mit mir allein im Zimmer war. Ungefähr in der Mitte unterbrach ich ihn mit den Worten: »Tony, so viel Geld hab ich nicht, da verschwendest du nur deine Zeit.«

Tony sagte mir, dass er nicht versuchte, mir etwas zu verkaufen – er wollte einfach, dass ich als sein Gast käme. Mir schwirrte der Kopf. Tonys Frau Sage war auch im Raum – und Tony und sie verbrachten die nächsten fünf bis zehn Minuten damit, mir nochmals klarzumachen, wie toll ein Date with Destiny ist.

Er sprach zu mir mit der gleichen Leidenschaft und Intensität, mit der er am Tag zuvor zu einem Publikum von 4000 Leuten gesprochen hatte. Und wollte er dafür irgendetwas haben? Nein. Er wollte einfach nur, dass ich komme. *So* wichtig war das für ihn.

Natürlich akzeptierte ich … und schimpfte innerlich mit mir selbst, dass ich Tony so harsch kritisiert hatte. Ich hatte gedacht, dass er auf der Bühne einfach nur die Leute verar$$$t, aber er meinte tatsächlich all die Dinge, von denen er sprach.

Der Typ war aufrichtig. Ich fühlte mich so privilegiert, dass ich die Chance bekommen hatte, mit ihm zusammen zu sein.

Ich hatte keine Ahnung, wie sehr sich mein Leben dadurch ändern würde.

KAPITEL 9

Ein Date mit dem Schicksal

Ich glaube, dass das Leben für uns eine ständige Prüfung ist, und dass die größten Belohnungen des Lebens für diejenigen reserviert sind, die immerzu Einsatz bringen, um etwas zu erreichen. Dieses Niveau der Entschlossenheit kann Berge versetzen, aber es muss konstant und beständig sein.

TONY ROBBINS

Ich hatte eine Verabredung mit dem Schicksal – »A Date with Destiny« – und fieberte dem Ganzen schon sehr entgegen. Nach UPW war ich wahnsinnig motiviert, mein Leben auf ein ganz neues Niveau zu bringen. Ich konnte ja nicht ahnen, dass mir noch eine gehörige Abreibung von Tony Robbins bevorstand.

Aber eins nach dem anderen. Ich kann auf jeden Fall versprechen, dass DWD hält, was es verspricht. Es war eine der wichtigsten Wochen meines Lebens. Wenn ich UPW schon toll fand, so sollte ich in jener Woche etwas kennenlernen, das noch mal einen Zacken schärfer war.

Es ist unmöglich, den ganzen Event im Einzelnen wiederzugeben, und ich will ja auch niemandem vorher die Spannung nehmen.

Aber ich kann wirklich sagen, dass es mein Leben echt verändert hat. Und zwar so sehr, dass ich jedes Jahr wieder hingehe und inzwischen auch Freunde mitnehme.

Trotzdem möchte ich an dieser Stelle ein paar der Schlüsselmomente von meinem ersten Date with Destiny ansprechen, die mein Leben für immer veränderten. Als Erstes hatte ich erkannt, dass die meisten Aktionen, die ich bisher in meinem Leben unternommen hatte, von dem Wunsch, wichtig zu sein, motiviert wurden. Es ist nicht schlimm, wenn man wichtig – oder »bedeutsam«, wie Tony sagen würde – sein will. Das ist etwas, das wir alle als Menschen brauchen. Aber ich sah ein, dass es für mich *die wichtigste* treibende Kraft in meinem Leben war. Das war eine *riesengroße* Erkenntnis für mich.

Es gab mir die Antwort auf eine Frage, die ich mir gestellt hatte, seit meine Hollywoodträume geplatzt waren: *Gott, warum zeigst du mir, wie toll Erfolg sich anfühlt, nur um ihn mir dann wieder wegzunehmen?*

Durch ein Date with Destiny erkannte ich, dass ich wirklich sehr selbstbezogen unterwegs war. Es erinnert mich an das erste Selbsthilfe-Zitat, das ich von Stephen Covey las: *»Versuche zuerst zu verstehen und erst dann verstanden zu werden.«*

Wenn ich auf mein Leben zurückblicke, begreife ich, dass jede Bemühung, die von meinem Bedürfnis motiviert wurde, wichtig und bedeutsam zu sein, letztendlich gescheitert war.

Meine Karriere in der Musikindustrie – ich wollte der mächtigste Typ in diesem Spiel sein.

Die Love Yourself-Bekleidungsfirma – da wollte ich auch DER Typ sein, der Selbstliebe in die Welt bringt, obwohl ich mich selbst nicht liebte.

Und dann erkannte ich schlagartig, dass es *The Daily Love* genauso ergehen würde, wenn ich nicht aufpasste. Ich begriff, dass ich total darauf fixiert war, wie viele Follower ich hatte und wie viele »Likes« ich bekam – je mehr, umso wichtiger fühlte ich mich.

Ich sah auch, dass meine Sucht in der Vergangenheit von dem Stress herrührte, dass ich mir nicht wichtig genug vorkam. Das ist einer der »Vorteile« von Kokain: Ich fühlte mich »bedeutend«, wenn ich auf dieser Droge war. Ich dachte wieder an meine Frage: *Gott, wie kann ich mich ohne Drogen genauso gut fühlen, als ob ich welche genommen hätte?* Ich begriff zum ersten Mal, dass ich zu den Drogen gegriffen hatte, um mich gut zu fühlen – wichtig und bedeutsam.

Das war ein großer *Aha-Moment* für mich. Meine ganzen »Misserfolge« und »Abhängigkeiten« zeigten mir im Grunde nur, wie selbstsüchtig meine Reise bisher gewesen war. Und der Stress und das ganze Unbehagen rührten ebenfalls von dieser Selbstsucht.

Ich hatte das Pferd von hinten aufgezäumt. Ich war in die Welt hinausgezogen und hatte versucht, auf Kosten anderer wichtig zu sein. Ich hatte mich nie wirklich darauf konzentriert, anderen Menschen zu helfen. Das erklärte sogar, warum meine Partnerschaft mit John zerbrochen war: Jeder von uns wollte der wichtigste Mann in der Firma sein. Wir hatten einfach nicht dafür gearbeitet, was für die Organisation als Ganzes am besten gewesen wäre. Dieser Machtkampf hatte schließlich sogar das Selbstliebe-Unternehmen zerstört! Wie tragisch und ironisch!

Als ich das erkannte, brach ich während des Seminars zusammen. Ich hatte immer geglaubt, dass ich stets versuchte, in der Welt etwas Gutes zu tun.

Wie hatte ich 28 Jahre lang gelebt, ohne zu bemerken, dass ich nur ein unsicheres Kind war, das versuchte, irgendwie wichtig zu sein, aber das Ganze völlig falsch anging?

Ich glaube inzwischen, dass es im wahrsten Sinne tödlich sein kann, wenn Geltungssucht die einzige treibende Kraft ist. Denk mal drüber nach: Wenn man immerzu Nummer eins sein muss, welches Verhältnis hat man dann zu anderen Menschen? Und gibt es nicht immer jemanden, der bedeutender ist?

Wie stressig ist das denn?

Ich glaube an gesunden Wettbewerb. Wenn du beispielsweise mit jemandem im Geschäftsleben konkurrierst, kann das deine Firma verbessern, weil man sich mehr anstrengen und somit noch mehr für die Kunden tun muss. Aber diese Art von Wettbewerb ist ganz anders, als wenn der ganze Selbstwert und die eigene Identität nur davon abhängt, ständig die Nummer eins zu sein.

Wenn du dein Leben so lebst, dass du immer versuchst, der Beste zu sein, dann ist das eine sehr selbstsüchtige Reise. Das ist nicht heroisch. Gemäß Joseph Campbell in *Die Kraft der Mythen* begibt sich der Held auf eine Reise, um anderen dadurch von Nutzen zu sein. *»Ein Held ist jemand, der sein Leben einer Sache gewidmet hat, die größer ist als er selbst.«*

Tja, ein schöner Held war ich gewesen.

Doch ich wusste, dass ich das alles ändern konnte. Ich musste es nur umdrehen, sodass meine Hauptmotivation eher wäre, etwas beizusteuern, anstatt sich nur persönlich wichtig fühlen zu wollen. Wenn ich jetzt nur noch rausbekommen könnte, wie ich den LIEBEVOLLEN Dienst an anderen zu dem machen kann, was mich antreibt, dann würde sich meine ganze Perspektive – und mein ganzes Leben – verändern.

Wenn du glücklich sein willst, gib und wachse

Das Problem war, dass ich die meisten meiner Erfolge durch meine Ängste und mein Geltungsbedürfnis erlangt hatte. Ich hatte noch nie jemanden getroffen, der nur wegen seines Wunsches, etwas beizusteuern, als Sieger hervorgegangen war.

Bis zu diesem Punkt hatte ich dem Leben nicht genug vertraut, um mein Geltungsbedürfnis loslassen zu können. Ich war mir nicht sicher, ob ich dem Leben vertrauen konnte, mich zu unterstützen, wenn ich nun meine Prioritäten ändern würde.

Die Frage, die meinem Leben bisher immer zugrunde gelegen hatte, war: *Wie kann ich so wichtig wie möglich sein, um so die Liebe zu bekommen, die ich immer wollte?*

Meine neue Frage würde nun lauten: *Wie kann ich anderen auf dem höchstmöglichen Niveau dienlich sein?*

Das wäre eine ziemlich krasse Veränderung für mich. Ich befand mich nun schon so lange im Überlebensmodus, dass es superschwierig war, mich auf irgendjemand anderen als auf mich selbst zu konzentrieren. Aber ich begriff, dass sich mein Leben nie wirklich ändern würde, wenn ich meinen Fokus nicht von »mir« auf den »Dienst an anderen« verschieben würde.

Wie Tony es ausdrückt: *»Wenn du das tust, was du immer getan hast, dann bekommst du auch das, was du immer schon bekommen hast.«*

Also musste ich mich ändern! Aber wie? Ich entschied mich für ein Gebet:

> Lieber Gott, bitte zeige mir, wie ich mich unterstützt fühlen kann, während ich meinen Fokus von mir selbst auf den Dienst an anderen verschiebe. Ich weiß nicht, ob ich dem Leben genug vertraue – ob es mich unterstützt, wenn ich das tue, aber ich weiß, dass durch dich alle Dinge möglich sind. Bitte zeig mir den Weg.

Den nächsten Durchbruch hatte ich bei DWD, als Tony uns aufforderte, an unsere frühesten Kindheitserinnerungen zu denken. In meiner war ich vier Jahre alt und lebte mit meiner Familie in Fredericton, New Brunswick, in Kanada. Meine Mutter musste sich einer größeren Rückenoperation unterziehen, deswegen schickte man sie nach Toronto. Nach einem furchtbaren Krankenhausaufenthalt (ich erfuhr später, dass sie auf dem Operationstisch gestorben war – glücklicherweise kam sie zurück), wurde Mom mit einem Rettungshubschrauber wieder nach Fredericton zurückgeflogen. Ich hatte sie wochenlang nicht gesehen.

Ich erinnere mich noch, dass ich die Rollbahn entlanglief, um meine Mutter zu begrüßen. Ich hatte keine Ahnung, dass sie Schmerzen hatte. Ich sprang zu ihr auf die Bahre und landete direkt auf ihrer Wunde. Meine Mutter umarmte mich voller LIEBE, aber alle anderen flippten total aus. Durch den ganzen Aufruhr bekam ich das Gefühl, etwas falsch gemacht zu haben.

Durch DWD erkannte ich, dass ich im Alter von vier Jahren eine Schlüsselthese aufgestellt hatte, die ich seitdem mit mir herumgeschleppt hatte, obwohl mir das bisher nie bewusst gewesen war. Ich glaubte, dass ich Menschen wehtun würde, wenn ich meine LIEBE zum Ausdruck brachte. Ich hatte die meiste Zeit meines Lebens all mein Handeln auf diesen unbewussten Gedanken gegründet. Das ergab für mich sehr viel Sinn. Es erklärte, warum ich nie in der Lage gewesen war, mich wirklich selbst zu verwirklichen, und warum ich die Idee, auf der Bühne zu stehen, so schlecht fand.

Wenn ich auf die Bühne gehen würde, so würde ich tatsächlich Menschen bei dem Versuch, sie zu LIEBEN und ihnen zu helfen, wehtun – so dachte zumindest ein Teil von mir. Stell dir die Formel, mit der ich arbeitete, nur mal vor: Selbstverwirklichung = Schmerzen für andere.

Das Letzte, was ich wollte, war, anderen wehzutun. Trotzdem wollte ich mich unbedingt selbst verwirklichen. Ich schrieb nun schon seit einigen Jahren *The Daily Love* und hatte so viel Feedback bekommen, wie sehr meine Arbeit das Leben der Menschen verändern würde. Doch da war ein Teil in mir, der das nicht glaubte, ganz egal wie viel positives Feedback ich kriegte. Meinen Hatern glaubte ich wiederum. Sie waren die laute Stimme meiner Scham. Ich war so voller Schamgefühl, dass ich nicht erst lange überzeugt werden musste, wenn andere auf diese Art zu mir sprachen.

Ein Teil von mir stimmte dann sogar gerne gleich mit ein: *Siehst du, hab ich dir doch gleich gesagt! Du* bist *eben nutzlos!*

Ich erkannte, woher diese Stimme kam. Sie kam von einem sehr unschuldigen und realen Ort – von dem Moment, in dem ich als Ausdruck meiner LIEBE auf meine Mutter gesprungen war und ihr dadurch große Schmerzen zugefügt hatte.

Von diesem Augenblick an hielt ich mich stets im Hintergrund, um niemandem mehr wehzutun. Als meine Seele mich dazu aufforderte, mich ins Unbekannte vorzuwagen und meiner Glückseligkeit zu folgen, hatte mich diese alte Geschichte also zurückgehalten. Ich hatte mich deswegen vor der Welt und vor meiner Berufung versteckt.

Man kombiniere das Bedürfnis, stets der Beste sein zu müssen, mit einer tiefen Angst vor Selbstverwirklichung und einem gleichzeitigen Wunsch sich weiterzuentwickeln – und was bekommt man dann?

Ein sehr ego- und schambasiertes, angsterfülltes Chaos. Kein Wunder, dass ich süchtig nach Drogen und Zucker und allem anderen war! Der Schmerz, mich nicht selbst zu verwirklichen, zusammen mit meinem ständigen Verlangen, die Nummer eins zu sein, tötete mich allmählich im wahrsten Sinne des Wortes.

Ich war darüber hinaus unendlich dankbar, dass das Göttliche, Gott und das Universum genug LIEBE für mich übrighatten, um mich während meiner Jahre der Irrungen und Wirrungen in Hollywood zu beschützen. Ich hätte schon so viele Male eigentlich tot sein müssen, doch durch die göttliche Gnade war ich noch immer am Leben.

Und ich war genauso dankbar dafür, dass ich bei diesem Seminar dabei war – und diese Erkenntnisse gerade jetzt, in diesem Leben, machen konnte.

Benimm dich wie ein Mann!

Die Dinge begannen, einen Sinn zu ergeben. Der dritte *Aha-Moment* war, dass ich noch nicht gelernt hatte, mich mit meiner Männlichkeit wohlzufühlen. Meiner Meinung nach bedeutete Selbstverwirklichung, dass ich dadurch anderen wehtun musste, darum hatte ich diesen Teil von mir stets unterdrückt.

Während einer sehr kraftvollen Übung bei Date with Destiny lernte ich, wie ich meine maskuline Seite wieder zurückerobern konnte. Es gibt einen Unterschied zwischen männlich/weiblich und maskulin/feminin. Ein *Mann* ist ein Mensch mit männlichen Genitalien. Eine *Frau* ist ein Mensch mit weiblichen Genitalien.

»Maskulin« und »feminin« hingegen sind Energien – zwei Seiten derselben Medaille. Zusammen bilden sie den Tanz des Uni-Versums. Man kann sich die maskuline Energie als »freiheitssuchende Präsenz« vorstellen. Das heißt also, sie ist eine Präsenz – ein stilles Gefühl der Entschlossenheit, das unerschütterlich und immer da ist. Und das Maskuline *lebt* (und stirbt) für die Freiheit. Maskuline Energie strebt seit dem Anbeginn der Zeit nach Freiheit. Maskuline Energie sucht nach Freiheit beim Beenden von Projekten, beim Beschützen und Versorgen sowie in der Sexualität. All diese Dinge sind die Freiheiten, nach der die maskuline Energie sucht. Bei der femininen Energie ist es wiederum umgekehrt. Sie ist »Freiheit, die nach Präsenz sucht«. Das heißt, dass feminine Energie etwas Fließendes und Offenes ist – mit einem Sinn für Freiheit, der sich nicht an Begrenzungen hält.

Sie drückt sich aus, einfach nur, um sich auszudrücken.

Feminine Energie sucht nach der Sicherheit der maskulinen Energie, denn sie kann erst dann vollständig ihre Gefühle ausdrücken, wenn sie sich sicher fühlt. Das Ziel der femininen Energie ist also, sich sicher zu fühlen, während das Ziel der maskulinen Energie das Gefühl der Freiheit ist.

Und wir alle haben sowohl maskuline als auch feminine Energie in uns. Mein Problem war, dass ich dadurch, dass ich meine Mutter früher gepflegt habe, eher feminin statt maskulin geworden bin. Ich wusste früher nie richtig wie ich mit meiner Männlichkeit richtig umgehen sollte – also mich um meinen Daseinszweck zu kümmern, ohne meine feminine Seite dabei völlig außer Acht zu lassen. Bis zu diesem Zeitpunkt war ich immer der »beste Freund« der Mädchen, die ich so traf, gewesen, aber nur sehr selten auch ihr Liebhaber. Ich war schon so oft zurückgewiesen worden, dass es ziemlich wehtat. Ich schrieb sogar in der *Huffington Post* über Typen, die in der »Freundschaftszone« gefangen waren – die Zone, wo man immer nur der Kumpel ist, aber niemals der Boyfriend. (Später benutzte *Wikipedia* den Blog als Referenz, um die »Freundschaftszone« zu definieren – was zugleich schmeichelhaft als auch ziemlich peinlich war. Denn nun werde ich für alle Ewigkeiten mit der »Freundschaftszone« assoziiert.)

Man könnte sagen, dass ich vor DWD ein Musterbeispiel für die »Freundschaftszone« war.

Doch in dieser Woche brachte mir Tony etwas über *maskuline Präsenz* bei. Er lehrte mich, wie man eine Frau so sehr ehrt und schätzt, dass sie sich sicher genug fühlt, um sich zu öffnen. Er lehrte mich, ein Mann zu sein – eine verlorene Kunst, die aller dings dringend in unserer heutigen Welt gebraucht wird. Bei DWD tauchte ich zum ersten Mal seit langer Zeit wieder in meine Männlichkeit ein – und akzeptierte sie auch. Dadurch wurde ein neuer Teil von mir lebendig – ein Teil, dem ich vorher nie erlaubt hatte, sich zu zeigen.

Mein Liebesleben sollte nie wieder dasselbe sein. Ich wusste es damals zwar noch nicht, aber ich würde sogar schon bald die Liebe meines Lebens treffen!

Der letzte *Aha-Moment* kam durch zwei klassische Tony-Weisheiten. Bis zum heutigen Tage lebe ich nach ihnen: *»Massive Aktionen sind ein Allheilmittel«* und *»Die Qualität deines Lebens ist die Qualität deiner Beziehung zur Ungewissheit.«*

Nachdem ich erkannt hatte, dass ich mich eher dem Dienst an anderen verschreiben sollte, statt an meiner eigenen Bedeutsamkeit zu basteln, machte Tony unbeirrt weiter, mir seine Wahrheitsbomben zu verpassen.

Ich *strengte mich zwar an*, um meine Träume mit *The Daily Love* zu verwirklichen, aber *ich strengte mich nicht massiv an.* Und ich wagte mich ganz gewiss nicht weit genug auf unbekanntes Terrain vor. Bis zu diesem Zeitpunkt war ich nur auf Zehenspitzen, langsam und sehr vorsichtig, im Land des Unbekannten herumgetrippelt.

Ich begann zu verstehen, dass das so war, weil ich dem Leben noch nicht völlig vertraute. Ich hatte zwar Glauben und Gottvertrauen, aber ich setzte eine unsichere Zukunft noch immer mit dem Tod gleich. Und dann kam Tony und forderte mich auf, mich noch mehr in dieser Hinsicht anzustrengen, wo ich doch gerade erst angefangen hatte, dem Leben ein kleines bisschen zu vertrauen.

Ich wusste, dass er recht hatte. Ich erkannte, dass ich mich mit der Ungewissheit anfreunden und noch viel aktiver werden musste. Wenn sich die Dinge wirklich ändern sollten, musste ich noch tiefer in die Ungewissheit vorstoßen.

Damals wirkten solch drastische Maßnahmen einfach nur wie weitere Risiken auf mich. Ich sollte mich mehr zeigen, hinter dem Computer hervorkommen, vor Publikum sprechen, noch mehr Online-Programme anbieten und auch noch in der Welt umherreisen. Doch ich hatte solche Angst davor. Ich mochte die Sicherheit, die ich fühlte, wenn ich hinter dem Computer saß. Ich liebte es, Dinge digital zu steuern. Und ich hatte keine Lust, mich ständig persönlich mit Menschen zu treffen.

Ich hatte mich an dieses bequeme Leben gewöhnt, aber diese Bequemlichkeit durchkreuzte eben auch meine Träume. Also entschloss ich mich, mehr Sachen zu tun, die mir richtig Angst einjagen würden. Ich erinnerte mich, als ich Tony bei UPW das erste Mal auf der Bühne gesehen hatte und wie die Angst in mir hochgestiegen war. Trotzdem hatte ich tief in mir drinnen gespürt, dass es das war, was ich tun musste.

Mein ganzes Denkmodell veränderte sich in jener Woche. Ich war als geltungssüchtiger Typ zu Date with Destiny gegangen, der auch mal ein »klein wenig« etwas ausprobieren wollte, was er noch nicht kannte. Ich verließ den Event wie ein begossener Pudel, der erst mal seine alten Wunden der Geltungssucht lecken musste, doch zugleich auch begierig darauf zu dienen. Es dauerte lange, bis ich diese Ideen auch verkörpern konnte (und ich arbeite noch bis zum heutigen Tag daran), doch ich war geöffnet worden, und es gab keinen Weg zurück. Ich hatte keine Ausreden mehr – ich konnte nicht länger sagen: »Ich weiß es eben nicht besser« und »Das hat mir niemand gesagt«. In der Tat dachte ich, das wäre schon alles gewesen, was ich hören musste. Ich war bereit loszulegen. Doch wie üblich hatte ich Unrecht und noch viel mehr zu lernen. Und diesmal würde es schmerzhaft werden.

Stichwort schmerzhafter Ego-Tod

Eine Woche später erhielt ich dann meine Abreibung von Tony Robbins. Ich hatte mit Tony ein Treffen in seinem Haus in Kalifornien vereinbart. Ich fuhr hin – mit all diesen Ideen im Kopf, wie wir zusammenarbeiten könnten. Er hatte mich so sehr inspiriert. Er war mein erstes männliches Vorbild seit Luke Skywalker.

Ich kam bei ihm zu Hause an, und wir setzten uns zusammen. Sage war auch dabei. Wir gingen noch mal meine Erfahrungen durch, die ich bei Date with Destiny gemacht hatte. Ich erzählte ihm über meine Offenbarung bezüglich meiner Geltungssucht, meine Erkenntnis meine Mom betreffend und dass ich eingesehen hatte, dass ich dringend etwas unternehmen musste.

»Mastin«, sagte Tony. »Weißt du, warum du so lange dafür gebraucht hast, erfolgreich zu werden?«

»Nein«, antwortete ich. Ich war begierig auf die Antwort.

»Weil du ein so großes Herz hast und alle Dinge mit LIEBE machst. Es braucht wirklich viel länger, um das aufzubauen, was du tust, wenn du es mit LIEBE tust, aber wenn du es dann erst mal geschafft hast, dann besitzt du eine sehr solide Grundlage.«

Seine Worte trösteten mich. Er sagte außerdem, dass es ein wahrer Segen gewesen wäre, als ich im Alter von vier Jahren die Entscheidung getroffen hatte, mich nicht selbst auszudrücken.

Ach, tatsächlich? Wie kann denn das sein?

Tony erklärte es mir. »Als du aufgewachsen bist, hast du gelernt, dich um deine kranke Mutter zu kümmern – und du wurdest echt gut darin. Und nun kümmerst du dich um Tausende von mehr oder weniger verletzten Frauen. Das war doch alles die perfekte Vorbereitung für die Arbeit, die du in deinem Leben tust.«

Das war überwältigend für mich. Ich hatte noch nie auf diese Weise darüber nachgedacht.

Tony fragte mich, was für mich demnächst so anstand, und ich erzählte ihm von Joseph Campbells Heldenreise. Ich sagte ihm, dass ich meine Furcht »sterben« lassen wollte, um »furchtlos«

wiedergeboren zu werden – eben, dass ich meine Angst überwinden wollte. (Ich klang bestimmt ziemlich prätentiös, als ich das sagte.) Tony lachte und sagte dann das vielleicht Weiseste, was ich je gehört hatte.

»Mastin, in deinem Fall ist es so: Um glücklich zu sein, musst du dich immerzu weiterentwickeln. Das heißt allerdings, dass du ständig mit Unsicherheit und Ungewissheit konfrontiert sein wirst. Es ist absolut natürlich für uns Menschen, dass wir Angst bekommen, sobald wir mit dem Ungewissen konfrontiert werden. Du wirst nie völlig ohne Furcht sein können, aber du kannst lernen, diese Angst als Treibstoff zu benutzen, um dich zu motivieren.«

Soviel also zu meiner campbellianischen Vorstellung von Tod und Wiedergeburt.

Er machte weiter mit seinen verbalen Ohrfeigen.

»Würdest du sagen, dass dein Weltmodell die Heldenreise ist?«, fragte er mich. »Ja, auf jeden Fall«, antwortete ich.

»Das passt total zu deinem Bedürfnis nach Bedeutsamkeit«, sagte er.

»Wieso denn das?«, fragte ich und ging in eine leicht aggressive Verteidigungshaltung.

»Nun«, sagte Tony, »wenn du der Held bist, was sind dann alle anderen?«

Ohhh, jetzt war ich richtig angepisst. Er hatte mich echt erwischt. Tony hatte mich gerade darauf hingewiesen, dass ich geltungssüchtig war – und mein Weltmodell das *bestätigte*.

Er erklärte mir, dass dieser Rat der wahre Grund wäre, warum ich zu ihm gekommen wäre – und nicht all die Ideen über eine eventuelle Zusammenarbeit.

Wir beendeten unser Meeting, und ich fühlte mich so wütend, dass ich Nägel hätte spalten können. In den nächsten zwei Wochen war ich stinkesauer auf Tony. Doch nachdem ich mich wieder beruhigt hatte, erkannte ich, dass er 100-prozentig richtig lag. Ich war ja gerade dabei, den Teil mit dem »Dienen« bei der Heldenreise zu begreifen. Ich sah schließlich ein, dass ich zwar wirklich der Held war, *aber jeder andere ebenso.*

Ich benutze noch immer die Struktur der Heldenreise für meine Arbeit, allerdings mit einer entschieden anderen Idee dabei im Hinterkopf. Ich tue mein Bestes, um mich dabei auf die Elemente des Dienens und Einbringens zu konzentrieren – anstatt auf den Wunsch, der Beste oder die Nummer eins zu sein.

Ich sage nicht, dass das einfach ist. Obwohl ich eine Offenbarung erlebt hatte, musste ich ja immer noch das Gelernte umsetzen.

Selbst heute passiert es noch sehr oft, dass mein Geltungsbedürfnis sich wieder in meinem Leben breitmachen will. Aber sobald ich es bemerke, ersticke ich es im Keim. Doch ich weiß, dass ich mit dieser Lektion noch für den Rest meines Lebens beschäftigt sein werde.

Dieses Zeug funktioniert wirklich ... wenn man dran arbeitet

Wenn man mit Tony Robbins arbeitet – ob allein oder in einem seiner Seminare – ist es unmöglich, dass man dabei nicht Milliarden von Lektionen lernt. Wenn ich auf meine ersten Erfahrungen mit UPW und DWD zurückblicke, dann ist die Frage doch: Was habe ich dort eigentlich *nicht* gelernt?

Die erste Sache, die ich lernte: Es ist wirklich wichtig, sich persönlich weiterzuentwickeln, und nicht jeder in der Branche ist ein schleimiger Verkaufstyp. Ich hatte meine Angst, ausgenutzt zu werden, als Grund benutzt, um mich nicht weiterentwickeln zu müssen. Tony hat mich von dieser Angst total befreit. Außerdem habe ich inzwischen begriffen, dass – obwohl ich anfangs Widerstände gegen Tonys Einladungen zu UPW und DWD verspürt hatte – diese Seminare genau das waren, was ich brauchte. Ich bin so dankbar dafür, dass ich mich meinen Ängsten gestellt und sie als »Treibstoff« genutzt habe.

Nach meiner Begegnung mit Tony in seinem Haus erfand ich ein neues Mantra: *»Angst ist ein Kompass, der dir zeigt, wohin du gehen solltest – es sei denn, du schwebst in Lebensgefahr.«*

Inzwischen stelle ich in meinen eigenen Seminaren oft die Frage: »Wer will ein Leben ohne Angst führen?« Dann heben die meisten Leute im Raum ihre Hände. Dann sage ich: «Wenn du ein Leben ohne Angst führen möchtest, dann bleib in deiner Komfortzone.«

Tony lehrte mich, dass Angst nichts Schlechtes ist. Denn Ungewissheit ist nun mal ein natürlicher Teil unseres Lebens. Wir können so viel Zeit damit verbringen, das Ungewisse zu vermeiden und unsere Ängste zu rechtfertigen, dass wir uns niemals ändern.

Ich habe zudem gelernt, dass es *das Wichtigste* ist, zu dienen und etwas beizutragen. Einer meiner liebsten Tony-Sprüche lautet: »Die Macht fließt zu denen, die dienen.«

Als ich zum ersten Mal mit Tony und seinen Lehren in Kontakt kam, vertraute ich weder dem Leben noch mir selbst oder Gott genug, um zu glauben, dass das, was er sagte, wahr war. Ich dachte, dass Macht etwas wäre, das man nur durch Stress und Bedeutsamkeit erlangen könne. Langsam öffnete ich mich für die Wahrheit, dass das Leben tatsächlich denen hilft, die anderen Leuten helfen. Und ich habe auch gelernt, dass man erst sich selbst helfen muss, um anderen helfen zu können.

Als ich nicht mehr fragte: *Was kann ich bekommen?,* sondern *Was kann ich geben?,* veränderte sich alles. Das war der Schalter, mit dem eine Blockade beseitigt wurde, wodurch für mich der Weg für allerlei Wunder frei wurde. Ich habe inzwischen erkannt, dass die spirituelle Währung das Dienen ist. Es war, als würde das Leben darauf warten, dass ich das endlich kapierte. Und als ich es tat, wandte sich alles zum Besten.

KAPITEL 10

Eine einzige klaffende Wunde

Erfolg ist das, was eintritt,
wenn du all deine Fehler überlebst.

DAD

Ich hatte einen Punkt in meinem Bewusstsein über das Leben erreicht, an dem es kein Zurück gab. Ich musste mich verändern. Das Problem war, dass ich keine Ahnung hatte, wie ich das anstellen sollte. Ich wusste, dass ich dem Leben vertrauen musste, aber ich hatte Angst, meine eigene persönliche Bedeutsamkeit für den Dienst an anderen einzutauschen.

Das hieß, dass ich ein Glaubensmuster ändern musste, das ich schon mein ganzes Leben mit mir herumtrug, und zwar, dass ich umso mehr LIEBE und Erfolg bekommen würde, je wichtiger ich wäre. Wenn ich mich nicht auf mich selbst konzentrieren würde, wie sollte ich dann meine Bedürfnisse stillen? Musste ich mich also wirklich von meinem alten Glaubenssystem verabschieden?

Die harte Wahrheit war: *ja.* Und plötzlich kam mir der Gedanke: *Um irgendetwas zu werden, muss ich zuerst riskieren, nichts zu sein.*

Ich war so mit meinem eigenen Überleben beschäftigt, dass ich selbstsüchtig und fast schon narzisstisch geworden war. Die Wahrheit ist, dass ich so eine Angst davor hatte zu scheitern, dass ich mir selbst nie erlaubt hatte, es zu versuchen.

Ich hatte mich selbst immer zurückgehalten, auch wirklich, *wirklich* mein Bestes zu geben, da ich Angst hatte, ich würde dann scheitern oder sterben.

Doch meine alten Methoden funktionierten nun ohnehin nicht mehr. Ich versuchte ja, so weiterzumachen wie bisher, hatte aber irgendwie keine Kraft mehr dafür. Vorwärts war also die einzige Option – aber wie?

Ich hatte immer noch Angst davor, was die Zukunft so bringen würde. Aber niemand, der je etwas Atemberaubendes zustande gebracht hat, wusste am Anfang mit Sicherheit, wie sich so alles entwickeln würde.

Es war schon immer eine Frage des Glaubens und wird es auch immer sein. Und wenn man sich nicht selbst vorwagt, dann wird man eben vom Leben dazu gezwungen – vor allem, wenn man darum gebeten hat.

Ich fand das auf die harte Tour raus, denn die göttliche Antwort auf meine Gebete kam in Form eines gebrochenen Herzens – verbunden mit einem Auszug aus meinem glücklichen Zuhause bei Sophie und Leah.

Ich hatte an einem 12-Stufenprogramm gegen Liebessucht teilgenommen und gerade eine 30-tägige Zölibats-Challenge hinter mich gebracht. Das hieß: kein Sex, keine Masturbation und kein Flirten für einen ganzen Monat.

Liebessucht ist ein Un-wohlsein, bei dem man jemanden anderen als höhere Macht ansieht. Dieser Jemand erscheint uns so zauberhaft, so besonders und so wundervoll, dass wir ihm all unsere Kraft schenken, bis wir selbst keine mehr haben. Das kann ganz leicht passieren. Die Zölibats-Challenge ist ein Teil des Genesungsprozesses.

Man bekommt dadurch eine sehr klare Sicht darauf, wie man seine sexuelle Energie verwendet. Deine sexuelle Energie ist also deine kreative Energie. Das ist doch schon mal hochinteressant!

Ich erinnere mich, dass ich mal in Napoleon Hills Buch *Denke nach und werde reich* gelesen hatte, dass viele Männer erst später erfolgreich werden, da sie den ersten Teil ihres Lebens darauf verwenden, ihre kreative Energie für sexuelle Belange verschwenden.

Ich war schon immer eher auf meine Karriere fixiert gewesen und hatte daher in diesem Bereich kaum Zeit und Geld verbraucht. Aber ich war und bin noch immer ein totaler Liebessüchtiger. Es ist so einfach für mich, meine Macht an einen anderen Menschen abzugeben und diese Person auf ein Podest zu heben. Da niemand perfekt ist, kann der Liebessüchtige am Ende immer nur verlieren – und prallt wieder auf den *harten* Boden der Tatsachen.

Es ist auch erstaunlich, wie viel Energie wir verschwenden, wenn wir mit anderen Menschen flirten. Ich weiß, dass Flirten doch eigentlich ziemlich harmlos klingt, aber als ich für 30 Tage damit aufhörte, hatte ich plötzlich unglaublich viel Energie. Ich habe inzwischen eingesehen, dass ich durch das Flirten immer nur auf subtile Weise Bestätigung von anderen erhalten wollte. In Wahrheit saugte es beiden Seiten jedoch nur die Energie ab.

Mein Flirtstil war nicht so süß und unschuldig, wie es den Anschein hatte! Es war unglaublich, an welchen Stellen ich überall meine sexuelle Energie verbrauchte, und ich war fest entschlossen, die Dinge von nun an ganz anders zu machen.

Vorhang frei für Jessica!

Jessica war eine alte Freundin, für die ich schon ein, zwei Jahre zuvor einmal heimlich geschwärmt hatte. Als ich sie damals kennenlernte, hatte sie einen Freund, doch als ich sie nun auf einer Hollywood-Party wiedertraf, war sie Single.

Eigentlich passte sie perfekt zu mir – künstlerisch begabt, kreativ und großherzig. Sie brachte den Menschen Selbstliebe bei und wusste Bescheid darüber, wie Hollywood so funktionierte.

Jessica lebte dafür, anderen Menschen zu helfen. Sie hatte ein Herz für Obdachlose und LIEBE für diejenigen, die gerade eine harte Zeit durchzustehen hatten. Wir unterhielten uns auf diesem Hollywood-Event den ganzen Abend lang, und ich war danach sehr inspiriert.

Ich war besonders fasziniert, als sie mir erzählte, dass sie »für die Dauer der Fastenzeit den Typen abgeschworen hatte« – im Grunde machte sie ihre eigene Detoxkur in Sachen Liebe.

Für mich klang das wie eine Bestätigung, dass wir definitiv Seelengefährten waren (hallo, Liebessüchtiger!).

Leider war sie erst bei Tag 8 von 40 – also musste ich noch 32 Tage warten, bis ich sie um ein Date bitten konnte!

Aber das hieß ja nicht, dass wir keine Freunde sein durften. Also verbrachten wir in den nächsten paar Wochen eine Menge Zeit zusammen. Obwohl die Sache mit der Fastenzeit eigentlich schon verräterisch genug war, dauerte es noch etwas, bis ich herausfand, dass Jessica Christin war.

Das Wort allein genügte, um in mir unheimliche Flashbacks von der Mittelschule heraufzubeschwören, aber ich mochte sie genug, um trotzdem offen zu bleiben. Sie lud mich zu einem Bibelkreis in Venice, Kalifornien, ein. Ich hatte zwar null Interesse, aber für *sie* – warum nicht? Ich beschloss also hinzugehen.

Aber das hieß nicht, dass ich keine Angst hatte. Ich rechnete schon die ganze Zeit damit, wieder »Affenjunge« genannt zu werden. Stattdessen fand ich eine Gruppe von Leuten vor, die so freundlich, liebevoll und cool waren, dass ich innerhalb weniger Stunden meine Meinung über das Christentum änderte. *Das* waren Christen? Vielleicht erinnerst du dich, dass Christen für mich seit einigen Jahren nur noch scheinheilige Idioten waren. Doch diese Leute waren anders.

Die Fastenzeit kam und ging, und ich hatte noch immer nicht den Mut gefunden, Jessica um eine Verabredung zu bitten. Ich hatte einfach zu viel Angst, dass sie Nein sagen würde (Hallo Freundschaftszone!). Aber ich ging immer öfter zu Bibelkreisen. Ich mochte die Leute, die ich dort traf und wofür sie standen. Es war ebenfalls nicht übel, dass Jessica auch dort war. Mein Interesse an Jessica sorgte sogar dafür, dass ich wieder richtig in die Kirche ging – ein echtes Wunder. Schließlich hatte ich der Kirche ja vor langer Zeit abgeschworen. Doch in L.A. gab es echt coole

Kirchen, wie ich herausfand. Die waren nicht so wie die Kansas-Kirchen, die ich kannte. Die Gemeindemitglieder waren hip und die Pfarrer stylish und jung. Und sie sprachen meine Sprache. Mit meiner neu entdeckten Zuneigung zu den Christen entstand auch eine neue Beziehung zu Christus selbst. Ich fühlte eine seelische Verwandtschaft mit Jesus, die ich bisher noch nicht gekannt hatte. Es war, als würde ich mich in einen Mann verlieben, den ich zuvor gehasst hatte. Als ich anfing zu sehen, wie die Christen um mich herum echte Freundschaft und LIEBE verkörperten, begann ich, zwischen menschlicher Liebe (oder dem Fehlen derselbigen) und der *Liebe Gottes* zu unterscheiden. Als sich die Christen in meiner Kindheit über mich lustig machten, hatte ich »Gott« die Schuld dafür gegeben. Ich hatte immer Gott für die Taten von unvollkommenen Menschen verantwortlich gemacht. Mit anderen Worten hatte ich das göttliche Kind mit dem Bade ausgeschüttet. Als ich nun mit Jessica zu den Bibelkreisen ging, erkannte ich, dass Jesus und ich in den meisten Punkten übereinstimmten. Seine Worte und Überzeugungen waren in völliger Übereinstimmung mit allem, worüber ich in *The Daily Love* schrieb. Ich hatte viele Jahre damit zugebracht, mich von den Lehren Jesus Christi fernzuhalten, wegen dem, was mir in der christlichen Schule passiert war. Aber jetzt fing ich an einzusehen, dass es für mich wirklich in dieser Hinsicht noch viel mehr zu lernen gab. Ich hatte das Gefühl, immer mehr nach Hause zu kommen, umso mehr ich über Jesus lernte – wer er war und wofür er stand. Ich fühlte mich dabei so vollkommen anders als damals, während meiner christlichen Erziehung.

Außerdem spürte ich jedes Mal, wenn ich hörte, dass jemand über »Jesus« sprach oder seinen Namen benutzte, eine große Macht. Ich hatte endlich einen Weg gefunden, der für mich stimmig war. Denn immer wenn ich an Jesus dachte, fühlte ich mich zu Hause. Jesus war zu meiner höheren Macht, meinem Ort der Zuflucht und des Vertrauens geworden – zu meiner persönlichen Verbindung zum Göttlichen. Je mehr ich über Jesus lernte, umso mehr erkannte ich, dass er der erste echte Bote der himmlischen Gnade und Glückseligkeit in unserer Welt gewesen war. Das heißt, dass er die Botschaft überbracht hatte, dass wir für immer und ewig vom Göttlichen GELIEBT werden.

Gnade ist eine göttliche Gunst. Jesus kam, um uns wissen zu lassen, dass durch Gnade Karma aufgehoben werden kann.

Macht war für mich sehr lange ein ziemlich übles Wort gewesen, doch jetzt hatte es plötzlich eine neue Bedeutung. Als Ex-Hollywood-Manager hatte ich Macht immer gleichgesetzt mit Gier, Geld und Ego-Spielchen. Aber die Art von Macht, die ich in meiner erneuerten Verbindung zu Christus fühlte, war etwas ganz anderes. Sie war groß und ewig. Das war die Macht des Herzens, etwas, mit dem man Berge versetzen kann. Die alten Schuld- und Schamgefühle meiner christlichen Erziehung wurden weggespült, und eine neue Ära der Achtsamkeit wurde für mich eingeleitet.

Ein Buch, das mir wirklich dabei half, Christus zu verstehen, war *Die Bergpredigt* von Emmet Fox. Dieses Buch änderte meinen Blickwinkel auf Jesus total.

Es behandelt die metaphysischen Lehren Christi und bietet so eine andere Perspektive an, als die des typischen kirchlichen Dogmas. Fox erklärte Christus mit Begriffen, mit denen ich etwas anfangen konnte.

Er half mir zu begreifen, dass »Christus« ein Bewusstseinsniveau ist. Man kann sich das »Christus-Bewusstsein« als die höchste Ebene des Bewusstseins vorstellen, die ein Mensch erreichen kann (sie wird auch Buddha-Bewusstsein genannt oder einfach »LIEBE sein«).

Das Christus-Bewusstsein bedeutet nicht, dass alles immerzu ganz toll ist und man nie leiden muss. Wenn man sich das Leben Christi so anschaut, gab es da eine Menge Leid, Zorn und Verrat. Joseph Campbell würde sagen, dass Jesus hier war, um »freudig am Leid der Welt teilzunehmen«.

Fox hat mir geholfen einzusehen, dass viele Menschen am Ziel vorbei schießen, wenn es darum geht, Jesus verstehen zu wollen.

Wir denken, dass Jesus »dort draußen« ist. Doch Gott – und Christus – sind »in uns«. Wir können und sollten alle versuchen, Christus in unserem Leben zu verkörpern. Denk daran, dass jede Religion nur eine Metapher für das Unerklärliche ist. Gott ist so groß, dass keine Religion sich als Eigentümer brüsten kann. In ähnlicher Weise sind auch Jesus, Mohammed, Buddha und viele andere Avatare, die das Wesen Gottes repräsentieren, so groß, dass keine Religion auf sie einen alleinigen Anspruch erheben kann. Sie alle sind wundervolle Lehrer, die uns die LIEBE des Göttlichen zeigen. Wir suchen nicht nach mehr Kenntnissen über das Göttliche, sondern nach einer göttlichen *Erfahrung*.

Eine kurze Gegenerklärung

Bevor ich fortfahre, muss ich erst noch kurz eine kurze Gegenerklärung abgeben. Ich bin Christ, aber das ist noch nicht alles. Denn eigentlich bin ich ein christlicher *Mystiker*. Was ist der Unterschied? Ich bin froh, dass du fragst. Es bedeutet, dass mein Lehrer Jesus ist – der Mann, der auf die Welt kam, um LIEBE zu verkörpern. Aber aus der mystischen Perspektive ist Jesus nicht der einzige Lehrer, den es gibt.

Die Essenz der LIEBE kann auf viele verschiedene Arten ausgedrückt werden, durch viele verschiedene Lehrer. Ob sie nun durch Christus, Krishna oder Allah ausgedrückt wird – LIEBE ist LIEBE.

Viele Menschen haben schon direkte Erfahrungen mit dem Christus-Bewusstsein gemacht. Darum geht es in der christlichen Mystik – man sucht nach Erfahrungen jenseits der Form. Das heißt, dass für den Mystiker Worte weniger zählen als Gefühl und Erfahrung.

Erinnere dich an die Zen-Geschichte: Schaust du auf den Finger oder auf den Mond? Mystiker würden auf den Mond schauen, und zwar unabhängig davon, wer darauf zeigt. (Wenn ich also von Jesus spreche, so spreche ich von einem bestimmten menschlichen Wesen, das in seinem Leben das Christus-Bewusstsein verkörperte.)

Es ist ein Leichtes zu glauben, dass die einzigen Christen in der Welt waffenschwingende NRA-Republikaner sind, die sich gegen die gleichgeschlechtliche Ehe aussprechen und denken, dass man in die Hölle kommt, wenn man kein Christ ist. Du weißt schon – diejenigen, die normalerweise gar nicht praktizieren, was Jesus gepredigt hat.

Aber zu denen zähle ich mich nicht.

Als Jesus seinen Jüngern auftrug, das Evangelium zu verbreiten, so meinte er eigentlich, dass sie die LIEBE verkörpern sollten – anstatt jemanden mit einem Buch zu erschlagen, dessen Regeln man selbst nicht befolgt.

Ich denke, es ist eine Tragödie, dass eine Gruppe von Leuten sich das Leben Jesu unter den Nagel gerissen hat, die seine Lehren völlig missverstehen. Jesus war kein »Christ«, sondern ein erwachtes menschliches Wesen.

Viel zu viele Leute verbringen viel zu viel Zeit damit, auf seinen Finger zu schauen, anstatt sich auf den Mond zu konzentrieren.

Um es also nochmals klarzustellen – ich respektiere alle Wege, die zur LIEBE führen. Mein Lieblingsweg – der Weg, für den ich mich entscheide, und der Lehrer, der mich am meisten erleuchtet, ist Jesus. Er war ein Rockstar; ein Mensch, der es schaffte, das Christus-Bewusstsein zu verkörpern und dabei ein Mensch zu bleiben. Und ich strebe danach, seinem Beispiel zu folgen.

Er war ein unglaublich guter Lehrer, der ganz und gar LIEBE verkörperte, doch seine Botschaft wurde über die Jahrhunderte verzerrt und verdreht.

Und all das geschah unter dem Deckmantel religiöser Dogmen und durch Unterdrückung, um denjenigen Institutionen zu Macht zu verhelfen, die seine Lehren in keinster Weise verkörpern.

Es gibt einen wesentlichen Unterschied zwischen den Institutionen, die behaupten, Christus zu repräsentieren und dem Mann selbst.

Jesus war einfach ein Mensch, der die Wahrheit der Liebe erkannt hatte. Und genau deshalb LIEBE *ich ihn*. Ich sage nicht, dass ich zu irgendeiner Kirche oder Untergruppe gehöre – ich LIEBE einfach nur Jesus. Mit ihm beginnt und endet alles. Doch meiner Meinung nach braucht Jesus einen neuen PR-Agenten. Denn er war wirklich ein unglaublicher Typ, der uns allen ein Vorbild sein sollte.

Finde Gott, verliere das Mädchen. Fairer Handel?

Nun hatte ich also drei JCs in meinem Leben: Jesus Christus, Joseph Campbell und Jessica Chaplin.

Doch einer von ihnen würde mich bald verlassen.

Ich hatte angefangen, zu Jesus zu beten, und mein neues Gebet lautete: »Mehr von dir und weniger von mir.« Meine Hymne war das Lied «Mighty to Save« von der christlichen Band Hillsong. Die Stelle, die mich am meisten bewegte, ging so: »Heiland … du kannst Berge versetzen … mein Gott ist ein starker Retter. Er ist ein starker Retter … ich übergebe mich seinem Willen.«

Kraftvolle Worte.

Ich war mir nicht sicher warum, aber ich fing an zu spüren, dass ich einen Berg vor mir hatte. Ich konnte schon die Veränderung am Horizont sehen, und ich hatte schreckliche Angst vor dem, was da auf mich zukam.

Ich hielt mich weiter an mein tägliches Gebet: »Dein Wille geschehe. Mehr von dir und weniger von mir.«

Aber als ich Hillsongs »Mighty to Save« zum ersten Mal in der Kirche hörte, fühlte ich mich, als ob dieses Lied nur für mich gedacht wäre. Ich weinte mir die Augen aus.

Ich hörte es immer und immer wieder im Auto an. Und jedes Mal, wenn ich es hörte, wurden meine Ängste etwas weniger, und mein Vertrauen wuchs ein bisschen.

Dieses Lied half mir mich durch die nächste Welle der Unsicherheit in meinem Leben. Ich wohnte seit neun Monaten bei Sophie. Das funktionierte zwar richtig gut, doch ich spürte, dass ich weiterziehen musste. Nach fast zwei Jahren Couchsurfen war ich bereit, mich der Herausforderung zu stellen und wieder eine eigene Bleibe zu haben, die ich auch selbst bezahlte.

Kurz bevor ich ausziehen wollte, führte ich Jessica zum Abendessen aus. Endlich, nach Monaten des Wartens auf den richtigen Moment, um ihr mitzuteilen, was ich fühlte, erklärte ich ihr meine Liebe. Zu meinem Entsetzen sagte sie mir jedoch, dass sie noch nicht über ihren Ex hinweg war.

Es war, als hätte sie einen Pfeil direkt durch mein Herz geschossen. Wie konnte das sein? Wir hatten doch so viel gemeinsam. Sie hatte mich doch wieder mit Christus versöhnt! Theoretisch passten sie und ich doch wunderbar zusammen! Es war für mich wirklich ein harter Brocken, dass meine Gefühle nicht erwidert wurden.

Ich erklärte Jessica, dass die Vorstellung, dass aus uns kein Paar werden würde, zu schmerzhaft für mich war und ich daher etwas Abstand brauchte. Sie war zu meinem Kryptonit geworden.

Ich hatte ja schon vorher mit meiner Tendenz zur Liebessucht zu kämpfen gehabt. Nun war Jessica zu meiner höheren Macht geworden, ohne dass ihr das selbst irgendwie bewusst war. Ich konnte nichts mehr in meinem Leben machen, ohne nicht unbewusst zu versuchen, sie in meine Pläne einzubinden. Ich hatte mich selbst verloren und musste nun wieder meinen Weg zurück zu »mir« finden.

Als ich sie an diesem Abend heimbrachte, sah ich, dass ihr Ex vor ihrem Haus parkte. Es war nur seine Silhouette erkennbar, doch das war schon genug, um mein Herz zu zerreißen. Und dieses Mal war es besonders schlimm – mein Herz war nur noch eine einzige klaffende Wunde.

Jessica hatte mir geholfen, einen Glauben zu finden, der perfekt für mich war. Sie und ich passten doch so gut zusammen. Warum konnte sie denn nicht sehen, was für ein tolles Paar wir abgeben würden? Ich war am Boden zerstört. Zum Glück waren

Sophie und Leah übers Wochenende verreist. In den nächsten drei Tagen war ich am Rande eines Nervenzusammenbruchs und nur noch damit beschäftigt, Gott anzubrüllen.

»Warum?!?!?!« Ich schrie, ich weinte. Wie war es möglich, dass ich zwar der Schöpfer von *The Daily Love* war – etwas, das viele Menschen so sehr inspirierte, noch dazu meist Frauen – und trotzdem nicht die LIEBE bekam, die ich so sehr wollte?

Ich weinte wegen Jessica, aber ich weinte auch wegen all den anderen Mädchen, die zu mir gesagt hatten: »Lass uns einfach nur Freunde sein.« Zu diesem Zeitpunkt traf das bestimmt auf fast hundert zu.

Ich bin dankbar, dass ich damals allein zu Hause war, weil ich in diesen drei Tagen literweise Tränen vergoss.

Ich war wütend auf mein neues Vorbild Jesus.

Außerdem erkannte ich nach diesen drei Tagen, dass ich total konfus war. LIEBTE ich Jesus denn eigentlich wirklich oder war das nur eine Show für Jessica gewesen? Die Glücksgefühle, die ich in ihrer Gegenwart immer verspürt hatte, waren sehr verwirrend gewesen. War das also die LIEBE für sie – oder für IHN?

Ich erkannte ein Muster, das ich schon viele Male zuvor wahrgenommen hatte: ich, wie ich mich verbog und verdrehte, damit ich einer bestimmten Frau gefiel. Und wegen Jessica war ich zu einer völlig anderen Person geworden. Zu einem Ja-Sager. Und das war auch nicht das erste Mal, dass das passiert war – sondern bereits unzählige Male davor.

An diesem Wochenende beschloss ich, mich zu ändern. In Zukunft würde ich den Frauen nur noch mein wahres Ich zeigen – selbst wenn ich glaubte, dass das ziemlich hässlich werden könnte.

Ich hatte zwei Geschenke durch diese Herzschmerz-Geschichte bekommen: Ich hatte mich selbst wieder – und Jesus. Diese beiden Puzzleteile hatten in meinem Leben bis zu jenem Zeitpunkt gefehlt. Es war ein mühsamer Weg, aber ich beschloss, dass ich ab jetzt ich selbst sein musste. Ich würde mich nie wieder wegen anderen verbiegen oder jemand anderen zu meiner höheren Macht erheben. Genau wie das Mädchen, das mir die Caroline Myss-CD gegeben hatte, hatte mir Jessica das Geschenk des Glaubens gemacht.

Ich wusste zwar nicht, wo mich das alles hinbringen sollte, aber ich spürte, dass meine Reise noch nicht vorbei war.

Ich erinnere mich daran, wie ich eine andere »Unterhaltung« mit dieser Präsenz führte, die mir so vertraut geworden war, und zwar über die Gründe, aus denen Jessica mich zurückgewiesen hatte. Und die Antwort lautete, dass noch etwa viel Besseres auf mich zukam. Ich hatte keine Ahnung, wie das überhaupt möglich sein konnte, denn Jessica schien so vollkommen zu sein. Aber ich war bereit, mich darauf einzulassen.

Das Nest verlassen

Es war Zeit für mich, das gemütliche Nest in Sophies Haus zu verlassen und hinaus ins Unbekannte zu ziehen. Ich hatte keine Ahnung, was als Nächstes passieren würde. Wo würde ich wohnen? Wie würde ich mein nächstes Heim finden und wie sollte ich es bezahlen? Wie für gewöhnlich, sprang das Universum ein.

Ein paar Monate zuvor hatte ich in Ryland einen neuen Freund gewonnen, nachdem ich seinen Film *May I Be Frank* gesehen hatte. Ryland war der Mitinhaber des berühmten veganen Restaurants Café Gratitude.

Er war gerade von San Francisco nach L.A. gezogen, um das erste Café Gratitude in Hollywood zu eröffnen. Ich hatte das Gefühl, wir wären seelenverwandt, also suchte ich den Kontakt, und wir wurden schnell Freunde.

Ich sagte ihm, dass es mein Traum wäre, in einem großen Haus mit vielen Menschen zu leben, die sich alle auf einem spirituellen Weg befanden. Die Realisierung dieses Traums stand schon vor der Tür. Und die Gelegenheit dazu kam direkt, als ich aus Sophies Haus auszog.

Ryland und viele der Kellner im Café G lebten zusammen in zwei Häusern in Downtown L.A. Ryland lud mich ein, um mit ihm als Teil der Café Gratitude-Familie zu leben.

Ich zog in ein kleines Zimmer, das für L.A.-Verhältnisse supergünstig war, und trotzdem hatte ich schreckliche Angst. Ich war mir noch immer nicht sicher, ob ich mit *The Daily Love* all meine Ausgaben bestreiten konnte.

Den ersten Monat machte ich mir so viel Stress wegen der Miete, dass ich völlig durchdrehte und anfing, wie verrückt zu essen, um meine Sorgen etwas zu verdrängen. Finanzielle Unsicherheit ist mein größter Trigger. Ich komme noch einigermaßen damit klar, öffentlich sprechen zu müssen, mit Zurückweisung und Hatern – aber ich flippe völlig aus, wenn ich finanziell in der Klemme bin. Zum Glück erkannte ich eines Tages, dass es bei dem ganzen Stress, den ich mir machte, eigentlich nur um 700 Dollar ging.

Ich ließ mein Leben also von diesen siebenhundert Dollar beherrschen.

Ich fragte mich: *Denkst du wirklich, dass das Universum an 700 Dollar scheitert?* Ich merkte, dass mein Fokus völlig falsch eingestellt war. Ich konzentrierte mich immerzu nur auf meine Angst, anstatt darauf, wie ich anderen helfen konnte.

Also lenkte ich meine Aufmerksamkeit auf die Frage: *Wie kann ich die Leben anderer Menschen in diesem Augenblick verbessern?*

Ich beschloss, mehr Einzelberatungen anzubieten. Wenn ich nur drei Klienten finden konnte, die 200 Dollar im Monat zahlten, konnte ich meine Miete begleichen. Bis zum Ende des ersten Monats hatte ich 2000 Dollar gemacht, einfach nur, indem ich Klienten betreut hatte. Ich konnte es kaum glauben. Das Leben unterstützte mich auf wundersame Weise.

Und was noch besser war: Meine Klienten erlebten immer öfter einen Durchbruch. Sie kamen immer wieder und empfahlen mich ihren Freunden. Plötzlich konnte ich selbst für meinen Lebensunterhalt sorgen, und zwar indem ich etwas zum Leben anderer beitrug – und das alles nur, weil ich meinen Fokus von meinem »Geldproblem« weg und hin zum Dienst an anderen verschoben hatte.

Ich begann zu verstehen, dass ich keinen »Job« brauchte –

sondern ein Einkommen. Und inzwischen kamen auch Einnahmen rein. Ich hatte vorher nie wirklich auf eine Weise Geld verdient, die anderen Menschen etwas genutzt hätte, vor allem nicht mit etwas, was ich so gerne machte.

Ich erinnere mich an den vierten Juli in jenem Jahr: Ryland lud mich nach Ojai zu einer Party ein. Als wir das Haus durch die gut ausgestattete Küche seines Freundes betraten, rief er aus, was mein neues Mantra werden sollte: »Für uns ist reichlich gesorgt!«

Es war wie eine Botschaft von Gott: *Mastin, für dich ist reichlich gesorgt – sei ganz unbesorgt.* Es fühlte sich so an, als würde Gott schon auf mich aufpassen. Aber diese Klarheit war nur vorübergehend.

Mein Denken war noch immer stark von Unsicherheit und Ängstlichkeit geprägt. Ich glaubte noch immer, dass das Leben mich nicht unterstützen würde, wenn ich nur noch anderen diente – trotz all der gegenteiligen Beweise um mich herum. Während dieser Zeit versuchte ich zudem, Investoren für *The Daily Love* zu bekommen, aber es klappte nicht so recht.

Es schien ganz egal zu sein, wo ich hinging – die Investoren waren einfach nicht interessiert. Ich erinnere mich an das Feedback eines Investors in L.A., der meinte: »Ihr Investitionsdeck ist viel zu feminin.«

Ein Investitionsdeck ist eine PDF-Datei, die man potenziellen Anlegern innerhalb eines Unternehmens zeigt. Ich denke mal, dass er schon so daran gewöhnt war, auf langweilige Zahlenkolonnen zu schauen, dass er von etwas mehr Pep und Design gleich völlig überrumpelt war. (Er hatte ja auch keine Ahnung, dass das Publikum von *The Daily Love* zu 93 Prozent aus Frauen bestand.)

Eines dieser erfolglosen Treffen fand an der Strandpromenade von Santa Monica statt – eine Flaniermeile mit Geschäften, Straßenkünstlern, Musikern, Tagedieben und allerlei sonstigem bunten Treiben.

Als ich aus dem Büro kam und einige Stufen hinab auf die Straße ging, hörte ich eine bekannte Melodie – ein Gitarren-Riff, das sich in den letzten Monaten in mein Gehirn gebrannt hatte. Ich blickte hoch. Direkt vor mir stand ein junger Asiate mit einer Gitarre und spielte »Mighty to Save.« Ich bekam überall Gänsehaut. Dann brach ich zusammen.

Jap, ich fing an, mir mitten auf der Promenade die Augen auszuheulen. Innerlich fragte ich mich: *Wie ist das nur möglich?* Warum war da dieser Straßenmusiker vor meiner Nase – und warum spielte er weder Miley Cyrus noch Lady Gaga wie all die anderen Straßenmusiker? Ich fühlte mich, als ob mich das Göttliche fest am Wickel hatte. Ich nahm das also als ein Zeichen, um einfach weiterzumachen.

Ein paar Wochen später bekam ich ein Angebot, das wiederum die ganze Situation verändern sollte. Einige der Leute vom Café Gratitude planten ein Event mit dem Titel »Grateful Fridays«. Es handelte sich dabei um einen Versuch, Spiritualität und die Club-Szene von Hollywood zusammenzubringen, und es wurde von den Leuten veranstaltet, mit denen ich zusammenwohnte.

Für die erste Veranstaltung hatten sie unseren Freund, den Sänger Jason Mraz, gebeten, ein Set zu spielen. Und sie fragten mich, ob ich vor Jason einen Vortrag halten könnte. Ich reagierte mit Panik. Ich und vor Publikum sprechen? Ich war ein Blogger und kein Redner!

Doch dann erinnerte ich mich an meine Erfahrungen mit Tony Robbins. Ich wusste, dass es Zeit für mich war, hinter meinem Laptop hervorzukommen. Also nahm ich das Angebot an, obwohl ich schreckliche Angst davor hatte.

Tagelang übte ich meine Rede. Ich entschied, mich dabei vornehmlich auf Joseph Campbell zu konzentrieren – und wie man sich heldenhaft seinen Ängsten stellen kann. (Denn genau das tat ich ja, indem ich mich dazu überwand, diesen Vortrag zu halten.)

Am Tag der Veranstaltung, traf ich Jason vor der Show und beichtete ihm, was für große Angst ich hatte. Er sagte mir, dass ich ganz toll sei und meine Sache ebenso toll machen würde. Er war so liebenswürdig zu mir. Ich meine, dieser Typ hat schon vor 18000 Menschen gesprochen, und ich machte mir so einen Stress wegen 50 Leuten!

Als ich zum Event fuhr, stieg das gleiche Gefühl in mir hoch, das ich damals auf der *What the Bleep*-Konferenz gehabt hatte – so als würde sich für mich etwas Wichtiges verändern.

Dieses Mal hoffte ich nicht, das Mädchen meiner Träume kennenzulernen; sondern dachte eher, dass es irgendetwas mit meiner spirituellen Reise zu tun haben würde. Vielleicht bekam ich ja ein neues Selbsthilfebuch? Ich hatte mir sehr ausführliche Stichpunkte gemacht, doch zu meiner Überraschung warf ich sie weg, bevor ich auf die Bühne ging. Etwas anderes wollte durchkommen. In den nächsten 30 Minuten redete und redete ich, hatte allerdings keine Ahnung, was ich eigentlich so von mir gab. Ich hoffte nur, dass diese Leute fanden, dass dieser komische Bloggertyp irgendetwas Vernünftiges zu sagen hatte.

Offenbar war das der Fall, denn am Ende klatschten alle. Und es schien sogar nicht einmal ein Höflichkeitsapplaus zu sein, sondern fühlte sich aufrichtig und echt an.

Nach meinem Vortrag bildeten wir zum Abschluss alle einen Kreis. Ich legte meine Arme um die Leute links und rechts von mir. Dabei kam meine linke Hand noch in Kontakt mit einer dritten Person – genauer gesagt, mit der Schulter einer jungen Dame. Bei dieser Berührung überkamen mich Schauer.

Als sich der Kreis danach wieder auflöste, kam eine wunderschöne junge Frau mit braunen Haaren und grünen Augen auf mich zu. Ihre Energie war so offen, so feminin, so sexy und so präsent. In der Sekunde, als sie sich mir näherte, hörte ich, wie eine Stimme zu mir sagte: *Wage es nicht, ihr das Herz zu brechen!*

Ich hatte keine Ahnung, wer diese Person war oder was diese Stimme meinte, aber meine Aufmerksamkeit war geweckt. Ihr Name war Jenna, und sie las schon seit einer Weile *The Daily Love*. Sie war vor etwa einem Jahr nach L.A. gezogen und mit einer ihrer Freundinnen zu meinem ersten Vortrag gekommen. Wir blieben für den Rest der Nacht zusammen. Von dem Moment an, als ich sie traf, wollte ich nie wieder von ihr getrennt sein.

Es war unmöglich für mich, sie zu verlassen. Ich benutzte meine speziellen Überredungskünste, um ihre Freundin zu überreden, dass ich sie nach Hause fahren dürfte.

Es war eine 30-minütige Fahrt zu ihrem Haus. Wir fuhren um 23 Uhr los, doch sie ging erst um 4 Uhr morgens durch ihre Eingangstür.

Wir saßen im Auto und unterhielten uns mehr als vier Stunden lang. Es war wundervoll, doch zugleich sehr seltsam.

Warum seltsam? Nun, wie gesagt, hatte ich mir ja nach Jessica geschworen, dass ich mich nie wieder verstellen wollte. Und in dieser Nacht tat ich das auch nicht. Das war völlig neu für mich. Ich muss Jenna bestimmt tausend verschiedene Fragen über ihr Leben gestellt haben – an was sie glaubte, was sie wollte und so weiter. Ich hielt nichts zurück. Ich wartete darauf, dass sie mich ablehnen und mir ein Selbsthilfebuch in die Hand drücken würde, aber es passierte nicht.

Schließlich schien es, als ob die innere Stimme, die mir vor dem Event gesagt hatte, dass sich mein Leben ändern würde, tatsächlich über dieses Mädchen gesprochen hatte!

Gegen Ende der Nacht war ich ihr völlig verfallen. Sie andererseits hielt mich eher für verrückt. Aber ich war fest entschlossen, sie nicht ohne einen Kuss fortzulassen. Ich wollte diesmal nicht schon wieder in der Freundschaftszone landen. Ich wusste, dass es schwierig werden würde, weil ich sie mit meinen Millionen Fragen bestimmt schon zu sehr bedrängt hatte. Aber ich versuchte es trotzdem.

»Ich würde dich wirklich gerne küssen«, sagte ich zu ihr.

»Das wird heute Abend aber nicht passieren«, erwiderte sie.

»Würdest du denken, dass ich dich nicht respektiere, wenn ich dich jetzt küsse?«, fragte ich sie. (Es war das erste und einzige Mal, dass ich mein Wissen darüber, wie Frauen denken, dazu benutzte, um eine von ihnen zu verführen. Und übrigens wusste Jenna, was ich damit im Schilde führte.)

»Ja, das würde ich«, sagte sie.

»Ich könnte dich niemals ohne Respekt küssen«, versicherte ich ihr. Dann beugte ich mich schnell zu ihr hinab und küsste sie auf die Lippen. Überraschenderweise küsste sie mich zurück.

Das Risiko hatte sich ausgezahlt. Es hatte gefunkt.

Ich brachte Jenna zur Tür und fuhr als glücklichster Mann der Welt nach Hause.

Als ich zu Hause ankam, dachte ich so bei mir: *Wenn du die Liebe deines Lebens triffst, dann ergibt es plötzlich einen Sinn, warum es mit all den anderen zuvor nicht geklappt hat.*

Ungefähr zu dieser Zeit merkte ich, dass *The Daily Love* sich dieses Mal verspäten würde. Normalerweise schreibe ich schon einen Tag vorher etwas, das ich dann um etwa 4 Uhr früh pazifischer Zeit rausschicke. An jenem Tag ging es erst um 4:30 Uhr raus – und zwar aus sehr gutem Grund.

Ich war natürlich sehr aufgeregt, dass ich Jenna wiedersehen würde. Während einer unserer ersten Verabredungen wollte ich gleich sicherstellen, dass sie wusste, dass ich sie sehr mochte – und ich wollte außerdem sichergehen, dass sie mich auch noch immer mochte. Ich brachte sie zur Griffith-Sternwarte, und wir schauten uns den Sonnenuntergang über Los Angeles an.

Ich kann mich erinnern, wie ich sie in den Armen hielt, während die Sonne über dem Pazifik unterging – und daran, dass ich dabei einen Frieden spürte, der jenseits von allem war, was ich kannte. Ich war zu Hause angekommen. In diesem Moment erkannte ich, dass Jenna der Grund dafür war, dass es bisher mit keiner anderen geklappt hatte.

Der Grund, aus dem ich mich so zu Jenna hingezogen fühlte,

war nicht nur ihre schon fast überirdische Schönheit. Wir verstanden uns gegenseitig einfach sehr gut. Ich habe mich in meinem ganzen Leben von niemandem je so *wahrgenommen* gefühlt. Sie war klug, intuitiv und besaß ein offenes Herz. Ich hatte noch nie jemanden getroffen, mit dem alles so leicht und einfach war. Ich wollte sie nicht nur, ich harmonierte mit ihr und sie mit mir. Von dem Augenblick an, als wir uns zum ersten Mal sahen, hatte ich das Gefühl, dass sich zwei Hälften zu einer neuen Einheit verbunden hatten. Wir passten auf allen Ebenen ideal zusammen.

Wenn wir uns dem göttlichen Willen überlassen, so ergeben die Dinge vielleicht nicht immer einen Sinn. Und wenn du über den göttlichen Willen in Beziehungen sprichst, wird es sogar noch verwirrender. Denn es geht nicht nur um das eigene Timing, sondern auch um das der anderen Person.

Für mich ergab es keinen Sinn, warum es so lange dauerte, bis ich meine perfekte Partnerin fand. Denn ich dachte nicht daran, dass sich in meinem Fall Jenna auf ihrer eigenen Reise befand, die sie zu *mir* führte. Es passte zwar nicht perfekt in meinen eigenen Zeitplan, doch als sie in mein Leben trat, gab es keinen Zweifel mehr, dass ich *die Eine* gefunden hatte.

Ich hatte sie gefunden. (Es hatte etwas genützt, dass ich ein Jahr zuvor mit Arielle Ford an meiner Seelengefährten-Wunschliste gearbeitet hatte, denn Jenna deckt alle Punkte darauf ab.)

Es war, als ob Gott mir die wundervollste Frau auf der ganzen Welt geschenkt hatte.

Wie sich herausstellte, geschah es auch genau zum richtigen Zeitpunkt. Selbst wenn es nur eine Woche früher passiert wäre, hätten wir uns vielleicht nicht gesehen. Ich war immer noch dabei, das Ende mit Jessica zu verwinden.

Ich habe inzwischen begriffen, dass durch den Liebeskummer wegen Jessica mein Herz für Jenna *geöffnet* wurde.

Manchmal muss das Herz brechen, damit es sich öffnen kann. Ich schrieb ein Gedicht über Herzschmerz und es passt perfekt zu meiner Erfahrung mit Jenna:

Das Herz bricht
Und die Seele fliegt
In die dunkle Nacht
Um ihr Licht erstrahlen zu lassen
Und die Morgendämmerung zu begrüßen
Und die Verzückung des neuen Tages.

Jenna war die Warterei wert. Sie war alle Risiken wert, die ich mit *The Daily Love* einging, und wenn ich noch tausend Mal durchstehen müsste, wie mir das Herz gebrochen wird, dann wäre sie auch das wert.

Sie war mein Lichtstrahl am Horizont – die Verzückung des neuen Tages.

Und damit konnte der Zug des Dienens und der Zuwendung nun auch endlich den Bahnhof verlassen.

KAPITEL 11

Eine zweite zweite Chance

Das Universum hat sich auf Erlösung spezialisiert.

ANONYM

The Daily Love würde ohne Jenna heute nicht das sein, was es ist. Ich schreibe zwar *The Daily Love*, aber Jenna *ist The Daily Love*. Sie erdet mich und ist der Inbegriff von LIEBE in meinem Leben. Sie ist ein Geschenk, neben dem ich jeden Morgen aufwachen darf.

Jenna LIEBT mich trotz meiner Fehler.

Sie war stets geduldig, freundlich und einfühlsam mit mir. Und sie ist immer für mich da – auf jeder Ebene.

Jenna inspiriert mich dazu, ein besserer Mensch zu sein und hat mir gezeigt, wie man mit einem offenen Herzen leben kann.

Bevor ich Jenna traf, war LIEBE ein Konzept, das ich zwar nachvollziehen konnte, aber mit Sicherheit nicht verkörperte. Jeden Tag zeigt mir Jenna, was LIEBE ist, wie sie aussieht und was sie bewirkt. Jenna ist meine Lehrerin, meine beste Freundin, meine Geliebte und meine Verbündete. Wenn ich mit Jenna zusammen bin, dann fühle ich, dass ich angekommen bin. Sie war all das Warten wert gewesen – all das Leid, die Schmerzen und den Kummer. Wenn es etwas gibt, was ich wirklich bereue, dann ist das etwas, das wirklich ziemlich dumm von mir war und was passierte, als wir etwa einen Monat zusammen waren.

Zu diesem Zeitpunkt war ich begeistert, dass ich endlich einen Menschen gefunden hatte, den ich so sehr LIEBEN konnte wie

Jenna. Aber ich hatte zugleich auch schreckliche Angst. Mein Herz war offen, aber meine Verteidigungsmechanismen waren noch an. (Und zwar *gewaltig.*) Die Dinge liefen großartig, trotzdem hatte ich große Schwierigkeiten, das auch zuzulassen. Jenna war die Antwort auf meine Gebete. Sie LIEBTE mich tief und innig. Aber ich hatte noch nie eine solche LIEBE gefühlt, und für mein verschlossenes Herz war das ein ziemliches Problem.

Es war eine Herausforderung für die Schutzwälle, die ich aufgebaut hatte. Wie sich herausstellte, hatten all der Liebeskummer, die ganzen Enttäuschungen und Rückschläge tiefe Narben hinterlassen, die es mir schwer machten, mich zu öffnen.

Ich redete zwar den ganzen Tag darüber, aber ich hatte es selbst noch nicht getan. In der Vergangenheit waren meine »Beziehungen« bestenfalls temporär gewesen – flüchtige Begierden des Fleisches, die kurzzeitig Spaß brachten, aber rein gar nichts bedeuteten. Sobald sich daraus etwas Ernsteres entwickelte, nahm ich schleunigst die Beine in die Hand, um nicht die Kontrolle zu verlieren.

Denn ich liebe es nun mal, die Kontrolle zu haben. Aber wenn ich mit Jenna zusammen war, konnte ich einfach nicht so sein. Ich musste mich da weiterentwickeln. Ich musste meine Ängste und Fehler eingestehen.

Ich musste mich öffnen.

Ich habe inzwischen verstanden, dass es sich nach so vielen Jahren, in denen man verletzt wurde und Narben davongetragen hat, manchmal wie der Tod anfühlen kann, wenn man sein Herz öffnet. Und auf eine Art *ist* es ja auch der Tod – der Tod des Egos, der Tod der Angst, die dafür sorgt, dass das Herz verschlossen ist, der Tod der Fluchtmöglichkeit. Doch wie ich bald herausfinden sollte, lohnt es sich, diese Dinge der LIEBE wegen abzutöten. Aber damals, am Anfang, hatte ich zu viel Angst.

Je enger und inniger es mit Jenna und mir wurde, umso mehr wollte ich davonlaufen. Und für einen kurzen Moment tat ich das auch. Ich machte Schluss mit ihr.

Einige Tage später bekam ich eine SMS von Jenna. Das war toll für mich, da ich eigentlich die ganze Zeit schon den Herzenswunsch hatte, sie anzurufen. Doch mein ängstliches Ego war zu stolz gewesen. Als ich die SMS bekam und ihren Namen sah, machte mein Herz einen Sprung. Aber es stand nicht das drin, was ich dachte. Es war so etwas wie: Haben wir noch genü gend Zeit, um bei Whole Foods was zu essen, bevor der Film anfängt?

Sie und ich hatten keine gemeinsamen Pläne. Moment mal. Mit wem simste sie sich da eigentlich? Mit einem anderen Typen? So schnell? War die SMS, die nun bei mir gelandet war, in Wirklichkeit für ihren neuen Kerl bestimmt gewesen? Damit kam ich nicht klar, also antwortete ich ihr mit »Hi «.

Sie schrieb mir zurück und ich ihr auch, da ich herausfinden wollte, was los war. Sie hatte einfach nur vorgehabt, sich mit ihrem Kumpel Michael zu treffen. Wir waren die Einzigen, die in ihrem Telefon mit »M« anfingen, daher hatte sie »aus Versehen« mir die SMS geschickt. (Ich glaube allerdings, dass es ein kosmisches »Versehen« war – das Uni-Versum brachte uns wieder zusammen!) Am nächsten Tag überwand ich meinen Stolz und rief sie an.

Wir waren beide gerade dabei, die gleichen Lebensmittel einzukaufen – Haas-Avocados, Pfefferminzöl, Eier, Kokosnussöl und Grünkohl.

Wir hatten an diesem Tag außerdem denselben Film gesehen (*The Help*). Während ich mir den Film ansah, wünschte ich mir, dass Jenna neben mir sitzen würde. Ich kann mich sogar an diese innere Stimme erinnern, die zu mir sagte: *Du hast um eine Freundin gebeten, die genau wie sie ist, und trotzdem bist du wieder allein. Aber sie ist immer noch da draußen, also schnapp sie dir!*

Also schnappte ich sie mir und ließ sie nicht mehr los.

Na ja, fast.

Es gab da noch dieses eine Mal, wo wir einen dieser Streits hatten, die für neue Paare so typisch sind. Ich weiß gar nicht mehr, worum es eigentlich ging, aber ich kann mich erinnern, dass wir uns draußen stritten – in meinem alten und ziemlich heruntergekommenen Jeep Grand Cherokee.

Schließlich entschied ich, dass es besser wäre, den Abend getrennt zu verbringen und die Sache vielleicht auch endgültig zu beenden.

Aber mein Jeep hatte andere Pläne. Als ich wegfahren wollte, starb mir der Motor ab. Ich hatte kein Geld für ein Taxi, um nach Hause zu kommen, daher war die einzige Möglichkeit, bei ihr zu bleiben.

Monate nach dem Jeep-Streit bekam ich eine hochinteressante E-Mail von meiner Freundin Marianne Williamson. Sie erzählte mir, dass Jenna und ich ihr während ihrer Morgenmeditation erschienen waren. Nun wollte sie wissen, ob wir sie nicht besuchen wollten. Marianne bietet Beratung in allen möglichen spirituellen Fragen an. Natürlich sagten wir Ja.

Als wir bei ihr ankamen, führte sie uns in ihr Wohnzimmer. Das ist ein fast heiliger Raum. Wir setzten uns, und Marianne fragte uns ganz direkt, wie es um unsere Beziehung stand. Als Jenna zu beschreiben begann, wie es ihrer Meinung nach so lief, wurde ich immer kleiner und kleiner.

Ich konnte gar nicht glauben, was sie da sagte. Offensichtlich hielt ich Jenna ständig auf Abstand! Das zu hören – noch dazu vor jemandem wie Marianne, die ich so sehr respektiere – war mir superpeinlich und machte mich sehr traurig.

Aber ich konnte nicht leugnen, dass Jenna die Wahrheit sprach. Ich hatte noch viel vor mir, wenn ich wirklich verstehen wollte, was LIEBE ist. Marianne wandte sich an mich und sagte voller Geduld und Mitgefühl: »Nun, mein Lieber, du weiß ja, wie gern ich dich mag, nicht wahr?«

Wenn jemand so was sagt, folgt normalerweise gleich ein Schlag in die Magengrube des Egos. »Mastin«, fuhr Marianne fort, »du verhältst dich wie ein Arschloch.«

Bumm – das saß! Und sie war noch nicht fertig.

»Du bist kein schlechter Mensch, aber da sind viele kleine

Schnitte, durch die diese Beziehung schließlich auseinanderreißen wird. Schau dir Jenna doch nur mal an – sie ist wunderschön, sie strahlt förmlich. Wenn du nicht sehen kannst, wie sehr sie strahlt, so wird es ein anderer tun.«

Ich konnte dazu nichts anderes sagen als: »Tut mir leid. Du hast recht.«

Es war der zweitgrößte Weckruf meines Lebens.

Marianne Williamson hatte mich nicht wirklich ein Arschloch genannt. Sie hatte mir allerdings gesagt, dass ich mich wie eins *benehmen* würde.

Ich musste zugeben, dass ich eher zur stillen Angst als zu emotionalen Ausbrüchen neigte. Und ich wusste, dass ich mein passiv-aggressives Verhalten gegen ein offenes Herz eintauschen musste.

Sie hatte mir hart aber herzlich die Meinung gesagt, und genau das brauchte ich. Wie lustig – der Typ, der den Menschen hilft, LIEBE zu finden, befolgte nicht mal selbst seine Ratschläge!

Ich musste anfangen, es besser zu machen. Ich musste ein Risiko eingehen und Jennas LIEBE zulassen. Das war's – mein Entschluss stand fest. Ich hatte so hart daran gearbeitet, um LIEBE zu finden; doch nun musste ich zu der Person werden, die in der Lage wäre, diese LIEBE, die ich gefunden hatte, auch dauerhaft zu halten.

Es ist schmerzhaft und erschreckend, erwachsen zu werden, aber genau das musste ich endlich tun. Sonst riskierte ich, Jenna für immer zu verlieren.

Für mich bedeutete das auch zum Teil, dass ich meinen Glauben auf eine neue Stufe heben musste. Ich bin so dankbar für versehentliche SMS-Nachrichten, für Jeeps, die eine Panne haben und für Freunde mit einer tollen Meditationsmethode. Das Universum ließ es nicht zu, dass sie mir wieder entwischte.

Mein Freund Tommy ist der Meinung, dass Jenna heiliggesprochen werden sollte, weil sie es mit mir aushält – und ich sehe das genauso. Ich bin damit gesegnet, mit der geduldigsten Frau der Welt zusammen sein zu dürfen.

Jesus und Jenna

Es war an der Zeit, mich ernsthaft mit meinem spirituellen Weg auseinanderzusetzen. Ich war als Kind getauft worden; aber ich hatte das nicht für mich, sondern für meine Eltern und die Kirche getan. Ich hatte die Worte, die ich dabei gesagt hatte, nicht wirklich gemeint. Daher beschloss ich, den Sprung zu wagen – und mich durch eine erneute Taufe öffentlich zu meinem Glauben zu bekennen.

Ich hatte immer gedacht, dass eine Taufe völlig bedeutungslos wäre. Es war doch nur Wasser; was konnte das schon bewirken? Aber nachdem ich so viel von Joseph Campbell gelesen hatte, wusste ich, dass in Ritualen eine große Kraft liegt, besonders wenn die Person, die sich dem Ritual unterzieht, an die Macht des Rituals glaubt.

Deshalb sah ich die Taufe als Möglichkeit, um wiedergeboren zu werden. Ich wollte meine Angst loswerden. Ich wollte endlich ein richtiger Mann sein. Ich wollte mit einem offenen Herzen leben und Gott vertrauen, egal was geschah. Ich war bereit, mein Leben dem Dienst an anderen zu widmen, anstatt selbstsüchtig zu sein.

Das alles waren meine Absichten für die Taufe – ein Neuanfang und eine erfrischende Dusche für meine Seele. Falls ich es tun würde, dann wollte ich es auch richtig machen und auch daran *glauben*, dass es eine Wiedergeburt ist. Dieser Glaube war der Schlüssel. Meine Freunde in der Kirche freuten sich, dass ich mich taufen lassen würde, und Jenna war ebenfalls da, um zuzuschauen.

Von dem Moment an, als mein Kopf im Taufbecken der Basileia-Kirche in Hollywood unter Wasser tauchte, fühlte ich mich erneuert. Es war symbolisch, na logisch – aber es war ein sehr kraftvolles Symbol. Ich erlaubte mir selbst, wieder neu zu sein. Als ich wieder auftauchte und Jenna sah, wurde alles so klar: Sie war die LIEBE Gottes in meinem Leben. Aber damit ich auch in *ihrem* Leben die LIEBE Gottes sein konnte, musste ich zuerst meine Prioritäten in Ordnung bringen.

Ich erkannte, dass es an der Zeit war, Jesus in allen meinen Angelegenheiten zur Top-Priorität zu machen: bei *The Daily Love*, in meiner Beziehung, bei meinen Finanzen und auch bei allem anderen.

Für mich hieß das, dass ich mich auf den Dienst an anderen konzentrieren wollte, mein Bestes geben würde, um die LIEBE zu verkörpern, die Jesus uns gezeigt hat (und zwar obwohl ich auch oft dabei scheitere) und den Ausgang der Dinge auch weiterhin höheren Mächten zu überlassen.

Und ich betete in Bezug auf meine Beziehung zu Jenna: »Zeig mir, wie ich sie so LIEBEN kann, wie du es tust.« Bis heute lerne ich noch, wie ich diesem Gebet gerecht werden kann, aber ich kann auf jeden Fall sagen, dass es immer besser und besser klappt.

Die Saat, die an diesem Tag ausgesät wurde, brauchte ihre Zeit, bis sie ganz aufgegangen war. Vielleicht ist die beste Lektion, die ich nach meiner Taufe gelernt habe, dass die beste Art, jemanden wirklich zu LIEBEN, richtiges Zuhören und Präsenz ist. Und es gibt so vieles, wodurch ich mich ablenken lasse!

Wenn ich das bei mir bemerke, tue ich mein Bestes, um zum gegenwärtigen Moment zurückzukehren und nur für sie da zu *sein*.

Nach meiner Taufe begann ich, mehr und mehr ich selbst zu werden. Und ich kam meinem Herzen einen Schritt näher. Ich denke, dass das, was in meinem Leben seit diesem Zeitpunkt alles passiert ist, ohne Jenna und Jesus nicht möglich gewesen wäre.

Als ich eines Tages in Jennas Apartment in Hollywood war, bekam ich eine E-Mail von jemandem bei »Harpo.com«. Das war bestimmt Spam. Es war ja auch so ziemlich ausgeschlossen, dass mir jemand von Harpo Studios (Oprahs Firma) cinc E-Mail schickte, nicht wahr?

Aber wie sich herausstellte, war es tatsächlich so. Morgan, eine Produzentin, hatte mich angefragt, da sie sich überlegt hatten, mich in ihre neue Show *Oprah's Lifeclass* einzubinden. Ich war mir nicht ganz sicher, wie sie mich gefunden hatten, aber *Lifeclass* hörte sich doch supertoll an – Oprah wollte das weltgrößte Klassenzimmer in Sachen Selbstverwirklichung erschaffen. Es war eine große Ehre, dass man mich in Betracht gezogen hatte. Ich meine, ich war doch nur ein kleiner Blogger aus L.A., der bei Coffee Bean und Starbucks seine Sachen schrieb!

Morgan und ich telefonierten und verstanden uns sofort richtig gut. Wir unterhielten uns über eine Stunde. Ich fühlte mich, als ob ich eine neue Freundin gefunden hatte. Schon bald stellte sie mir jemanden vor, der inzwischen auch zu meinen engen Freunden zählt – eine Frau namens Maya.

Maya arbeitet bei Harpo im Digital Marketing. Als wir telefonierten, war ich völlig geschockt, als sie mir erzählte, dass sie ein großer *TDL*-Fan sei. Konnte es denn wirklich möglich sein, dass *The Daily Love* Einzug in die geheiligten Hallen von Oprahs Firma gehalten hatte? Das schien zu gut, um wahr zu sein, aber anscheinend war es wirklich so. Maya und ich wurden schnell Freunde.

Schon bald stand das Datum fest. Ich würde einer der offiziellen Skyper in der ersten Staffel von *Oprah's Lifeclass* sein. Ein Skyper zu sein hieß, dass ich während der Show live über Skype hinzugeschaltet werden würde. Ich würde Oprah und ihrem Gast Eckhart Tolle eine Frage stellen dürfen.

Oprahs Team schickte mir ein supermodernes Skype-Set, das aus einem High-Tech-Mikrofon, einer Kamera der Extraklasse sowie einem speziellen Oprah-Laptop mit all der notwendigen und bereits vorinstallierten Software bestand.

Wir brauchten drei Tage, bis wir alles richtig eingerichtet und getestet hatten, und ich musste ein Büro mit einer schnelleren Internetverbindung mieten. Wenn ich ehrlich bin, machten mich die ganzen Vorbereitungen nervös. Ich konnte kaum glauben, dass ich mit Oprah Winfrey und Eckhart Tolle live im Fernsehen reden würde!

Vor Beginn der Show gab es noch eine Menge vorbereitender Anweisungen von den Produzenten. Oprah begrüßte die Zuschauer von *Lifeclass* und stellte Eckhart vor. Mein Herz schlug so laut wie ein Vorschlaghammer.

Das passierte *wirklich* – und zwar *mir*. Oprah und Eckhart fingen an, über alle möglichen spirituellen Themen zu sprechen. Aber ich konnte gar nicht richtig hinhören, da ich zu nervös war, um irgendetwas davon aufzunehmen. Ich wartete einfach nur auf »den« Moment. Meine Handflächen wurden immer schwitziger. Schließlich, nach einer gefühlten Ewigkeit, schaltete Oprah zu mir.

Es war einfach nur surreal, als ich Oprah meinen Namen und die Worte *The Daily Love* sagen hörte. In diesem Augenblick wurde *The Daily Love* etwas ganz Konkretes für mich. Bis zu diesem Zeitpunkt schien es nur der weithergeholte Traum eines jungen Typen zu sein, der in Los Feliz um einen See rannte und sauer auf seinen früheren Geschäftspartner war. Aber in diesem Moment fühlte es sich so an, als wäre der Traum ganz und gar in Erfüllung gegangen.

Ich war vor Aufregung ganz rot, als ich begann, meine Frage zu stellen. Ich war überglücklich und fühlte mich, als könnte ich die Welt erobern … bis Oprah anfing, mitten in meiner Frage mit Eckhart zu reden. Ich sah, dass sie von mir weggeschnitten hatten.

Moment mal – was war denn jetzt los?

Probleme mit dem Sound, wie sich herausstellte. Ich hatte etwa drei Sekunden lautlos gesprochen, bevor sie von mir weggeschaltet hatten.

Wie peinlich! Zuerst bin ich ganz oben, und dann, nur ein paar Momente später, lande ich in der Hölle. Was konnte ich anderes tun, als das Ganze abzuhaken? So viel also zu meinem großen Debüt bei *Oprah's Lifeclass*! Als ich in dieser Nacht nach Hause fuhr, bekam ich glücklicherweise einen Anruf von Morgan. Sie sagte, dass man mich für die folgende Nacht mit Iyanla Vanzant wolle.

Erlösung!

Der zweite Abend verlief reibungslos, und als Ergebnis des Technik-Schlamassels sagte Oprah vor der Kamera die Worte *The*

Daily Love sogar zwei Tage nacheinander. Das war beinahe mehr, als meine Nerven aushalten konnten.

In dieser Nacht verließ ich das Mietbüro völlig berauscht – es war eine Art von Hochstimmung, die ich bisher nur gespürt hatte, als ich früher auf Drogen war.

Augenblick mal – es geschah also wirklich! Mein Leben begann, sich *ohne* Drogen genauso gut anzufühlen, als ob ich *auf* Drogen wäre!

Seitdem habe ich mir eine bestimmte Praxis zur Gewohnheit gemacht. In Momenten, in denen ich besonders viel LIEBE und Dankbarkeit spüre, schicke ich nun immer ein stilles Gebet zu Gott: »Danke für dieses Gefühl. Ich bin so dankbar. Wenn es dein Wille ist, dann hätte ich gerne noch mehr von diesem Gefühl, bitte.«

Ich habe keine Ahnung, welche Umstände von Nöten sind, damit ich mich auch weiterhin so fühle, daher bete ich auch nicht länger für bestimmte Umstände. Stattdessen bete ich direkt für das Gefühl.

Ich dachte nicht, dass meine Auftritte bei *Lifeclass* mit Eckhart (trotz der Technikpanne) und Iyanla noch zu toppen wären, doch das Schicksal wartete schon bald mit etwas noch viel Großartigerem für mich auf.

Eine Chance, um meinen Worten Taten folgen zu lassen

Bevor ich weitermache, muss ich noch kurz eine kleine Geschichte loswerden.

Eines Tages, zu der Zeit, in der ich Couchsurfing in Tommys Haus machte, erzählte er mir, dass es da einen Mann gab, mit dem ich mich mal treffen sollte.

Dieser Typ, so erzählte mir Tommy, hatte genau wie ich eine große Social Media-Präsenz. Zu jener Zeit hatte ich etwa 200 000 Follower auf Twitter. Man bedenke – das war noch bevor Tony

Robbins in mein Leben trat und ich mehr über das Konzept der »Bedeutsamkeit« lernte.

Damals *waren* meine Twitter-Follower mein Selbstwert. Darauf war ich stolz, und ich mochte es nicht, wenn irgendjemand sonst so viele Follower hatte – geschweige denn noch mehr als ich. Ich hatte viel recherchiert, und zu dieser Zeit war ich mir sicher, dass keiner im Selbsthilfe-Segment mehr Follower als ich hatte – außer Deepak Chopra.

Als Tommy mir erzählte, dass da dieser Typ wäre, Eric Handler, der 600 000 Likes auf Facebook hatte –, war ich nicht gerade superhappy deswegen. Mein Selbstwert fiel in den Keller, da ich nun ja nicht mehr die Nummer eins war. *Wer war dieser Eric eigentlich, und was machte ihn so besonders?,* fragte ich mich.

Tommy wollte ein Treffen arrangieren, aber ich lehnte ab. Mein Stolz konnte damit einfach nicht umgehen. Erst Monate später sollte ich in dieser Hinsicht endlich über mich hinauswachsen.

Natürlich war er ein toller Kerl. Trotzdem war ich sehr abweisend zu ihm. Ich mochte die Vorstellung nun mal nicht, dass seine Seite *Positively Positive* mehr Follower hatte als *The Daily Love*. Ich fühlte mich bedroht und eingeschüchtert.

Ein paar Monate nach *Lifeclass* rief mich Maya von Harpo an.

»Tolle Neuigkeiten«, sagte sie. »Wir wollen dich zu unserer *Lifeclass*-Tour einladen, damit du bei unseren Life-Events bloggen kannst!«

Ich war wie benommen. Geschah das gerade wirklich? Natürlich sagte ich zu.

Dann stellte sie mir eine Frage, die mich gegen all meine Dämonen antreten ließ: »Kennst du irgendwelche anderen Selbsthilfe-Blogger mit vielen Followern, die wir vielleicht auch einladen sollten?«

›Erzähl ihr von Eric und von *Positively Positive*‹, sagte mein Herz. »Nein, aber ich werde mal darüber nachdenken«, sagte mein Mund.

Ich fühlte mich echt mies. Würde ich ihnen wirklich nichts über *Positively Positive* erzählen?

All meine Ängste kamen wieder hoch.

Sie würden sich in Positively Positive *und in Eric verlieben und mich links liegenlassen.* Und schon war mein Mangelbewusstsein samt all meiner Unsicherheiten wieder da. Eigentlich wusste ich, was ich zu tun hatte, aber ich konnte mich nicht dazu überwinden, es auch zu tun. Also tat ich, was jede egozentrische Person (die versucht, mit einem offenen Herzen zu leben) tun würde: Ich holte mir Verstärkung.

Ich rief Tommy an, der mich schon in die richtige Richtung schubsen würde.

Dank ihm rief ich Maya noch mal an und erzählte ihr von *Positively Positive*. Sie war begeistert und bat mich, Eric doch gleich selbst einzuladen.

Also rief ich Eric an und sagte ihm die Wahrheit.

»Hey, hör mal, ich muss dir was beichten«, sagte ich. »Ich bin total von dir eingeschüchtert. Aber ich werde damit jetzt einfach aufhören, da Oprahs Leute gerne möchten, dass du mit auf die *Lifeclass*-Tour kommst.«

Natürlich freute sich Eric total. Überraschenderweise ich mich auch. Ich lud also Eric sowie meine Freundin Mandy Hale von @ TheSingleWoman ein, um bei der *Lifeclass*-Tour zu bloggen. Keine meiner Befürchtungen wurde war; tatsächlich wurde Eric sogar eine Art Katalysator in meinem Leben. Am Tag vor dem letzten Abend der *Lifeclass*-Tour waren Eric und ich in der Hotel-Lobby in Toronto. Eric hatte eine Unterhaltung mit zwei Frauen angefangen, und ich schloss mich ihnen an.

Wir hatten eine tolle Zeit, erzählten uns Geschichten und machten Witze.

Die Frauen fragten uns, ob wir nach der letzten Show morgen Abend schon etwas vorhätten. Keiner von uns hatte Pläne. Wie sich herausstellte, leiteten diese Frauen Oprahs Büro.

Sie luden uns zur Afterparty ein. Die Party war eigentlich gar nicht für die *Lifeclass*-Blogger gedacht, doch nun waren wir ja eingeladen worden.

Und dort traf ich Oprah zum ersten Mal persönlich. Und dass ich Oprah an jenem Abend kennenlernte, führte wiederum dazu, dass ich wenige Monate später zu ihrer Show *Super Soul Sunday* eingeladen wurde.

Und nichts davon wäre ohne Eric Handler möglich gewesen.

Es ist schon erstaunlich, wie das Leben so spielt. Meine Angst, dass Eric mir die Schau stehlen würde, stellte sich als völlig unbegründet heraus.

Und dadurch dass ich Oprah traf, geschahen viele andere großartige Dinge – von denen einige meine wildesten Träume übertrafen.

Ein wahres Vorbild

Wenn ich wie jemand anderer auf dieser Welt sein könnte, dann wäre es Oprah.

Wie du noch sehen wirst, ist sie extrem geerdet, warmherzig, freundlich und präsent. Und sie lebt, um anderen zu helfen. Sie ist auch im wahren Leben so, wie ich sie mir immer vorgestellt habe und sogar noch viel toller.

Ich habe schon die verschiedensten Stars und andere erfolgreiche Leute in meinem Leben getroffen, aber keiner war so wie sie.

Eines Morgens war ich mal wieder im Fitnessstudio, und wie üblich hatte ich mein Handy nicht dabei. (Wenn ich im Fitnessstudio bin, ist das die einzige Zeit, in der ich weder meine Tweets noch meine E-Mails checke.) Als ich mein Telefon dann wieder in den Händen hatte, sah ich, dass meine Twitter-Benachrichtigungen während meines Work-outs total in die Höhe geschossen waren.

Es sah so aus, als hätte Oprah mich gerade öffentlich zum Mittagessen in ihrem Haus in L.A. eingeladen – und zwar direkt an diesem Tag!

Ich hatte keine Ahnung, wieso. Natürlich sagte ich Ja.

Ich schnappte mir Jenna, und wir zogen uns gleich im Fitnessstudio um. Wir überlegten, was wir Oprah als Geschenk mitbringen könnten – was konnten wir ihr schon bringen, das sie nicht längst besaß?

Wir entschieden uns für Blumen. Als wir zu ihrem Haus fuhren, waren wir total aufgeregt. Wir konnten es noch immer kaum glauben und hatten auch ein bisschen Angst. Aber schon bald klopften wir an ihre Haustür. Sie öffnete persönlich und begrüßte uns mit einem herzlichen Lächeln.

Wir aßen ein köstliches Mittagessen, tranken frisch zubereitete Mandelmilch und unterhielten uns angeregt.

Wir sprachen darüber, wie wichtig es ist, dass man das Gefühl hat, dazuzugehören – und über viele andere Sachen.

Dann machten wir einen Spaziergang über ihr Anwesen.

Ich sollte gleich eine ganz wichtige Lebenslektion lernen. Als wir so durch den Wald schlenderten, fasste mich Oprah am Arm. Sie zeigte auf einen Baum in einiger Entfernung und sagte: »Siehst du diesen kleinen Kerl? Er hätte es fast nicht geschafft.« Ich hatte wirklich Schwierigkeiten, ihn überhaupt zu erkennen, aber nach einer Weile sah ich ihn. Er war klein und unscheinbar – nichts, was ich normalerweise bemerken würde. »Wir helfen dem Baum jetzt schon seit einiger Zeit, und inzwischen glaube ich, dass er es schaffen wird«, sagte sie.

Ich war total verblüfft.

Wer schert sich schon um ein kleines Bäumchen? Nun, Oprah. »Ich kann gar nicht glauben, wie geerdet du bist«, sagte ich. »Das ist so inspirierend.«

Sie wandte sich an mich.

»Mastin«, sagte sie in ihrer vollen Oprah-Stimme, »man bekommt nicht all *das*, wenn man nicht geerdet ist.« Oprah hat wirklich den Dreh raus, wie man Erfolg und Glück hat. Sie definiert sich nicht über das, was sie hat; sondern ist fest im Augenblick verwurzelt und stets geneigt, anderen zu helfen. Und obwohl sie

Oprah ist, kümmert sie sich trotzdem noch um diesen kleinen Baum. Sie nimmt noch immer die Feinheiten des Lebens wahr. Das war mir eine große Lehre. Ich war erstaunt, wie aufmerksam sie gegenüber kleinen Dingen ist. Die meiste Zeit meines Lebens habe ich nicht gerade damit verbracht, mich viel um kleine Dinge zu kümmern. Und mit Sicherheit würde ich keinen sterbenden Baum bemerken. Ich nahm es als Reminder, dass ich ab jetzt lieber einen Beitrag leisten würde, anstatt wichtig sein zu wollen.

Als unsere Zeit dem Ende zuging, legte Oprah ihren Arm um Jennas Schulter und zeigte auf ein Fenster.

»Siehst du das Fenster dort drüben?«, fragte sie. »Das ist mein Schlafzimmer. Ich werde deine Blumen dorthin stellen und jeden Tag an dich denken.«

Diese Person, die einen Blumengarten besaß, bei dem die Königin des Wunderlands grün vor Neid werden würde, wollte *unsere* Blumen in ihr Schlafzimmerfenster stellen.

Das war eine weitere Bestätigung dafür, dass es im Leben um die kleinen Dinge geht. Durch diese Art von bescheidener Dankbarkeit fühlen wir uns wahrgenommen und GELIEBT.

Was für ein Geschenk, in ihrer Gegenwart zu sein und dabei Zeuge echter Magie zu werden. Ich hatte das noch nie zuvor so deutlich miterlebt. Demut, Offenheit und die Fähigkeit, den anderen so zu sehen, wie er ist, und ihn zu LIEBEN, anstatt ihn zu verurteilen. Ich werde für immer dankbar sein, dass ich diese personifizierte LIEBE fühlen durfte. Für mich verkörpert Oprah wirklich das Prinzip, bei dem man es zu seiner Top-Priorität macht, seinen Beitrag für die Welt zu leisten.

Ein paar Monate später wurde ich zu Oprahs Show *Super Soul Sunday* eingeladen, die bereits mehrfach mit Emmys ausgezeichnet worden war.

Sie wollten eine Sendung über eine jüngere Generation von spirituellen Denkern machen. Sie hatten mich schon auf ihrem Radar und fragten mich, wer denn sonst noch gut für die Show wäre. Ich empfahl meine Freunde Gabrielle Bernstein und

Marie Forleo, und die Sache war abgemacht. Es war eine der angsteinflößendsten und zugleich erfüllendsten Erfahrungen meines Lebens. Es erscheint mir noch immer so surreal. Als ich damals hörte, dass ich eingeladen war, fühlte es sich so unwirklich an.

Damals, als Manager in der Musikbranche, hatte ich ein bisschen was über die Welt des Fernsehens gelernt. Alles passiert so schnell, dass man ganz oft noch in der letzten Minute gecancelt wird. Also beschloss ich zu denken, dass das alles eh nur ein Traum wäre. Erst als ich am Flughafen von Los Angeles stand, um von dort nach Chicago zu fliegen, gestand ich mir ein, dass es wahrscheinlich doch Wirklichkeit war! Ich hatte solche Angst, dass ich fast nicht ins Flugzeug gestiegen wäre. Zum Glück war Gabby Bernstein mit mir auf dem Flughafen. Ohne sie wäre ich wahrscheinlich in L. A. geblieben, soviel Schiss hatte ich. An diesem Abend meditierten Gabby, Marie und ich etwas in unserem Hotel und machten auch ein bisschen Kundalini-Yoga. Es half mir dabei, meine Nerven zu beruhigen, aber ich war immer noch voller Angst. In der Nacht konnte ich kaum schlafen. Als wir am nächsten Tag bei Harpo ankamen und in die Maske gingen, waren wir plötzlich von allen möglichen Produzenten, Assistenten und anderen Leuten von *Super Soul Sunday* umgeben.

Mit jedem Moment verstärkte sich mein Gefühl, dass ich gleich zur Schlachtbank geführt werden würde. Ich entschied für mich, dass ich nichts Sinnvolles zu sagen hatte und dass das die schlechteste Folge von *Super Soul Sunday* werden würde, die sie je produziert hatten.

Das Set war typisch Oprah. Gabby, Marie und ich gingen auf die Bühne. Oprah war bereits da und der Teil, wo das Publikum saß, war dunkel. Alles, was ich sehen konnte, waren vage Umrisse von Menschen und der schwache Schein einer Kameralinse. Als wir und setzten, ging es auch schon los. Die erste Frage ging an mich (Mist!). Oprah fragte mich: »Mastin, kann man mit 30 wirklich spirituell sein?« Ich war so in Panik, dass ich mich nur irgendwie durch die Antwort durchwurschtelte. Ich hatte überhaupt keine Ahnung, was ich da eigentlich von mir gab.

Am Ende meiner Antwort sagte Oprah großzügig »Ah-ha« und machte weiter mit Gabby. Von diesem Moment an ging es nur noch abwärts. Für den Rest der Show war ich geistig abwesend.

Ich fühlte, wie sich meine Lippen bewegten, und ich wusste auch, dass ich Fragen beantwortete, aber ich war nicht in meinem Körper, deshalb flog der Rest der Sendung nur so vorbei. Ich ging von der Bühne runter und dachte so bei mir: *Das war die blödeste Idee, die man haben konnte, und alle würden es hassen.*

Aber im Backstage-Bereich umarmten mich alle – Maya, Morgan und Harriet Seitler, Harpos Vizepräsidentin.

Sie liebten es! Ich war geschockt. Was auf mich wie ein Desaster gewirkt hatte, war von denen, die zählten, richtig gut aufgenommen worden. Als die Show ausgestrahlt wurde, wurde daraus eine der populärsten Episoden überhaupt.

Wenn ich zurückblicke, so erkenne ich, dass all diese glücklichen Fügungen in mein Leben kamen, als ich beschloss, anderen zu dienen, anstatt mich auf meine eigene Bedeutsamkeit zu konzentrieren.

Die Leute fragen mich oft, wie ich Jenna kennengelernt hab oder wie ich zu *Super Soul Sunday* gekommen bin. Ich sage immer, dass es damit zu tun hat, dass man dienlich ist und sich mit einbringt. Es gab keine richtige Strategie.

Ich hatte mich ja nicht selbst für diese Show beworben und ich war auch Jenna nicht nachgelaufen. Beides war ein Akt der göttlichen Gnade.

Tony Robbins sagt es am besten: *Macht fließt zu denen, die dienen.* Je mehr ich diene, desto wertvoller wird das Leben anderer Menschen, und umso besser scheint mein eigenes Leben zu sein. Es gibt so viele Wunder, die auf uns warten, wenn wir uns öffnen und dabei helfen, den Schmerz anderer Menschen zu lindern. Es beginnt damit, nicht mehr »Ich will« zu sagen, sondern lieber »Dein Wille geschehe«. Denn inzwischen habe ich eingesehen, dass es keine Marketing- oder Social Media-Strategie, kein Rolodex und auch kein Bank-Konto gibt, das so groß ist wie Gottes Plan für uns. Und wenn es um LIEBE geht, dann wirst du die Person treffen, die für dich bestimmt ist, solange du dem Weg vertraust und es zulässt, dass du nützlich bist – anstatt zu versuchen, andere zu deinem eigenen Vorteil zu benutzen.

Ich finde, das Beste an all den Höhen und Tiefen sowie den harten Lektionen ist, dass ich mit anderen teilen kann, was ich inzwischen gelernt habe – die Weisheit, die ich durch meine eigenen Schmerzen und mein eigenes Leid erlangt habe. Vielleicht bleiben dir diese harten Lektionen erspart, wenn ich dir hier und jetzt mitteile, was ich darüber weiß.

KAPITEL 12

Die Epidemie des spirituellen Entertainments

Starke Aktionen sind ein Allheilmittel.

TONY ROBBINS

Ich habe dieses Buch geschrieben, weil ich das Gefühl hatte, dass meine Geschichte dich vielleicht inspirieren würde und damit du weißt, dass du nicht allein auf deinem Weg bist.

Dass da schon vorher jemand war, in diesen dunklen Abgründen, der es zur anderen Seite geschafft hat.

Vielleicht kann ich ein Wegweiser für dich sein, sodass du weißt, dass es Hoffnung gibt und einen Ausweg. Ich wäre wirklich ziemlich entmutigt, wenn du dieses Buch nur liest und danach wieder in dein Regal stellst oder es nur irgendwo auf deinem iPad abspeicherst und nichts mit den Informationen anfängst. Das wäre sogar eine Tragödie für mich. Meine größte Hoffnung ist, dass dich dieses Buch zu Taten inspiriert – und zwar zu vielen Taten. Zu Unmengen.

Man kann sich nicht wirklich persönlich weiterentwickeln, ohne Taten folgen zu lassen. Das ist dann nichts weiter als *spirituelles Entertainment.*

Was kommt dir bei dem Wort *Entertainment* in den Sinn? Dein Lieblingsbuch oder -film? Vielleicht ein Konzert, eine Fernsehserie oder ein Sportereignis? All diese Dinge zählen zum Entertainment. Entertainment, so wie ich es definiere, ist alles, was man passiv beobachtet und wodurch man eine vorübergehende emotionale Erfahrung machen kann.

Okay, denk mal für einen Moment an deinen Lieblingsfilm. Warum magst du ihn so sehr? Die meisten von uns tun das, weil sie sich mit dem Helden identifizieren. Oftmals stecken sie irgendwie in einer Situation fest, können sich nicht selbst verwirklichen, sind unerfüllt und sehnen sich nach etwas. Genau wie *wir*. Doch glücklicherweise passiert dann was – ihnen winkt ein neues Abenteuer. Der Held hat Angst, genau wie wir. Wird er sich trotzdem auf das Abenteuer einlassen … oder nicht? Normalerweise tut er das, und wir können ihm dabei zusehen, wie er sich zur Heldenreise aufmacht, die ich in Kapitel 5 beschrieben habe.

Das ist auch tatsächlich der Moment, in dem die Heldenreise beginnt. Irgendwelche Umstände zwingen den Helden in ein Abenteuer. Wenn wir uns Filme anschauen, sind wir meist gespannt und begeistert, wenn sich der Held aus seiner Wohlfühlzone traut. Als Nächstes trifft er Verbündete und Mentoren, die ihm den Weg zeigen. Er lernt dazu – so wie wir. Dann kommen die Prüfungen. Nicht jeder ist der, der er zu sein scheint – doch schließlich wird klar, wer Freund und wer Feind ist.

Ein stärkeres Engagement des Helden für seinen Traum oder eine Sache wird nun erforderlich. Es macht Angst, wenn man so herausgefordert wird. Doch der Held tut es, und wir schauen ihm wie gebannt dabei zu. Leider wird der Weg aber immer steiniger, und schließlich sieht es so aus, als sei alles verloren. Der Held stirbt vielleicht sogar – und wir mit ihm. Der Tod erscheint uns als sehr tragischer Ausgang der Reise. Doch durch ein Wunder wird der Held wiedergeboren! Wir sind voller Bewunderung für seinen Mut und seine Entschlossenheit.

Mit neuer zielgerichteter Klarheit und dem Wissen, dass die Angst der einzige Feind ist, wächst der Held nun über sich selbst hinaus – und kann so am Ende des Abenteuers den Sieg davontragen.

Und wir empfinden den Sieg genauso – als ob wir selbst mit dem Helden das Abenteuer bestanden hätten.

Darum lieben wir *Star Wars*, *Star Trek*, *Harry Potter*, *Matrix*, *Eat Pray Love*, *Der große Trip – Wild*, *Bridget Jones – Schokolade zum Frühstück* und so viele andere Geschichten über Heldentum, Tapferkeit und Liebe. Sie bringen uns während der Reise des Helden mit all unseren Emotionen in Kontakt, und durch die Charaktere lernen wir etwas über uns selbst.

Doch was bleibt uns davon wirklich am Ende des Films?

Sicher, wir bekommen eine emotionale Katharsis. Doch am nächsten Tag wachen wir wieder auf – so, als ob nichts passiert wäre. Wir machen weiter mit unserem Leben, und zwar weil so ein Film nur Entertainment ist.

Ich habe inzwischen begriffen, dass wir genau die gleiche Erfahrung machen können, wenn wir an unserer persönlichen Weiterentwicklung arbeiten.

Denk mal ernsthaft darüber nach. Als du das Buch gelesen hast, das dich am meisten inspiriert hat, hast du dich dann nicht auch auf eine emotionale Reise begeben?

Gab es in diesem Buch nicht auch Höhen und Tiefen? Hattest du Momente der Inspiration und der Einsicht? Ich selbst hatte so viele Aha-Momente, als ich die Bücher der Leute gelesen habe, die in diesem Buch erwähnt wurden. Es war oft so, dass ich einen bestimmten Absatz las, und es mir danach so vorkam, als wäre gerade ein Wunder geschehen. Es fühlte sich an, als würden die Wolken sich teilen und das Uni-Versum sich wieder richtig ausrichten. Und alles –und damit meine ich auch *alles* – ergab plötzlich einen Sinn.

Vergangenheit, Gegenwart und Zukunft – ich habe inzwischen verstanden, warum alles in meinem Leben so geschah, wie es geschehen ist. Ich habe verstanden, dass alle Wesen die Macht der Entscheidung besitzen und dass sich alles in göttlicher Ordnung befindet. Es war, als wäre ich eins mit dem Kosmos und Gott geworden.

Und dann würde ich am nächsten Tag aufwachen und überlegen: *Was war das noch mal, was ich da gestern gelesen hab?*

Die Wahrheit ist, dass mich viele dieser Aha-Momente überhaupt nicht verändert haben. Es waren nur flüchtige Augenblicke der Inspiration, der Verbindung mit dem Göttlichen.

Versteh mich nicht falsch – ich bin unendlich dankbar für diese Momente. Letztendlich zeigten sie mir, wie ich mich ohne Drogen genauso gut fühlen konnte wie mit Drogen. Doch trotzdem war das in mancherlei Hinsicht auch nicht viel anders als Drogen zu nehmen. Diese Momente waren genauso vorübergehend wie ein Drogenrausch, allerdings ohne den Brummschädel danach.

Ich begann zu erkennen, dass das ein typisches Muster in meinem eigenen Leben war. Nachdem ich Date with Destiny gemacht hatte, erkannte ich, dass das Meiste meiner spirituellen Arbeit nur spirituelles Entertainment war. Ich ließ darauf keine Taten folgen. Ich las ein Buch nach dem anderen, rannte von Seminar zu Seminar und von einem Lebensberater zum nächsten – immer auf der Jagd nach dem nächsten spirituellen Hochgefühl.

Obwohl ich einen Großteil meines heutigen Erfolgs dem Kundalini-Yoga zuschreibe, habe ich auch erkannt, dass ich Yoga manchmal ebenfalls nur als spirituelles Entertainment benutzt habe.

Ich habe begriffen, dass ich weder meinen Schmerz mit Asanas stillen, noch mit grünen Säften meine Probleme aus der Kindheit auflösen kann. Und ich bin auch nicht in der Lage, mit glutenfreiem Essen Liebeskummer wegzuzaubern. Ich kann versuchen, mich nach Bali abzusetzen (wo ich zufällig auch dieses Buch schreibe), aber ganz egal wohin ich auch gehe, ich nehme mich selbst und meine Probleme immer mit.

Erst wenn du den Mut hast, auch wirklich deine Gefühle zu spüren – ehrlich und ohne Selbstkritik (oder zumindest mit so wenig Selbstkritik wie möglich) – kannst du anfangen zu heilen.

Aber selbst *das* ist nicht genug. Die Rettung kommt nur, wenn wir etwas dafür tun.

Du kannst etwas verstehen, ohne es auch wirklich zu *wissen*. Wenn du sehen möchtest, was du wirklich weißt, dann schau dir an, was du tust.

Was du tust, ist das, was du weißt. Alles andere ist nur ein Verständnis, das du noch nicht in die Praxis umgesetzt hast.

Ich habe mein ganzes Leben lang mit Gewichtsproblemen gekämpft.

Während ich dieses Buch schreibe, *verstehe* ich zwar, wie man Gewicht verliert, aber ich *weiß* nicht, wie man Gewicht verliert. Es ist meine Absicht, bis zum Erscheinen dieses Buches zu *wissen*, wie man Gewicht verliert. Ich werde mit starken Aktionen ein Ziel erreichen, dass ich schon so lange Zeit habe. Ich will, dass es dich tatsächlich dazu inspiriert, auch *etwas zu tun*.

Als Erstes sollten wir zusammen etwas geloben. Ich nenne es das *Spirituelle Entertainment Gelöbnis*. Lege die linke Hand auf dein Herz. Erhebe die rechte Hand und sage das Folgende laut:

Ich verspreche, bei meiner Ehre,
Dass ich von heute an nicht mehr
An spirituellem Entertainment teilnehme
Ich bin ein Mensch der Tat
Ich werde die Fragen leben
Aber nicht auf die Antworten warten
Um zur Tat zu schreiten.
Ich vertraue meiner Intuition
Ich vertraue darauf,
dass das Göttliche mich auffangen wird
Die Ungewissheit ist mein Freund
Und an jedem Tag übergebe ich meinen Willen
Dem göttlichen Willen
Ich bin eine Person der starken Aktionen
Angst ist ein Kompass, der mir zeigt,
wohin ich gehen muss.
Ich benutze Furcht als Treibstoff

Und ich werde so lange etwas unternehmen,
bis ich das gewünschte Ziel erreicht habe.
So wahr mir (setze hier den Namen ein,
der für dich das Göttliche symbolisiert) helfe.

Nun darfst du dir erst mal auf die Schulter klopfen. Oder wie Obi-Wan zu Luke sagte: »*Du hast den ersten Schritt in eine größere Welt getan.*«

Dann wird die Frage zu: *Was tue ich als Nächstes?*

Hier mal ein Tipp, den ich auf meinem Weg gelernt hab. Er hat mir geholfen, aus der Seifenblase des spirituellen Entertainments herauszukommen – hin zur Verkörperung von Tugenden. Denk daran: Obwohl du dich auf einer transformativen Reise befindest und gewisse Änderungen bewirken willst, *versuchst du nicht, dich selbst zu ändern oder zu reparieren.*

Wie fühlt sich denn die Vorstellung an, sich selbst »reparieren« zu müssen? Ganz ehrlich, wie fühlt sich das an? Denk mal darüber nach. *Sich selbst reparieren.* Musst du denn überhaupt *repariert* werden? Für mich klingt das nach einer sehr schwierigen und unmöglichen Aufgabe. Ich denke manchmal, dass unser Menschsein damit vergleichbar ist, ein Haus zu besitzen. Jeder, der schon einmal ein Haus besessen hat, weiß, dass man niemals »fertig« ist. Man ist der Aufseher über ein Langzeitprojekt, das niemals beendet werden wird. Etwas geht kaputt, du reparierst es, und dann geht etwas anderes kaputt. Dann noch etwas anderes – und so weiter. Selbst wenn etwas eine Weile nicht kaputtgegangen ist, wird schon bald die Grundsteuer fällig. Wenn diese dann bezahlt ist, geht wieder irgendetwas kaputt.

Das Haus ist nie »ganz« – niemals »fertig«. Es ist ein immerwährendes Projekt, bis man entweder verkauft oder stirbt.

Dasselbe gilt für persönliche Weiterentwicklung. Du bist ein Langzeitprojekt, das sich immer weiter verändert, wächst und sich ausdehnt. (Man kann sich ja nicht mal selbst vermarkten, wenn man sich nicht ausstehen kann!) Bei persönlicher Entwicklung geht es also nicht darum, sich selbst zu reparieren; sondern darum, *die eigenen Muster zu ändern.*

Für mich klingt es viel besser, seine Muster zu ändern – und es ist zudem auch machbar.

Die Frage ist nur: Welche Muster möchtest du ändern und warum? Die Antworten enthüllen dir noch mehr darüber, wer du wirklich bist.

Du – in all deiner unvollkommenen, unreparierbaren Verletzlichkeit. Wir sind nicht hier, um »alles richtig zu machen«.

Wir sind hier, um zu probieren, zu lernen und um es noch mal zu probieren – und werden dabei immer weiser und stärker.

Was soll die ganze Effekthascherei des spirituellen Entertainments eigentlich?

Warum ist es also so leicht, in die Falle des spirituellen Entertainments zu tappen? Dafür gibt es verschiedene Gründe. Der erste ist, dass wir uns zwar gerne ändern möchten, jedoch auch panische Angst vor der Ungewissheit haben.

Dann bleiben wir lieber gleich bei unseren alten Mustern, anstatt etwas völlig anderes auszuprobieren. Darum ist es so leicht, sich in der Welt der Selbsthilfebücher, des Yoga, der Seminare und der Therapie zu verlieren.

Es *fühlt* sich so an, als würden wir Fortschritte machen, aber in Wirklichkeit drehen wir uns dabei nur im Kreis und tun überhaupt nichts.

Ich glaube an Selbsthilfe. Ich praktiziere Yoga und nehme an vielen Seminaren teil. Aber zum Glück habe ich gelernt, dass ich der *Angst und Unsicherheit mit meinen Taten* etwas entgegensetzen kann. Das ist die fehlende Zutat auf dem Weg vieler Suchender – die Taten, die dem Aha-Moment folgen müssen.

Eine andere Art, um Ungewissheit zu vermeiden, ist die übermäßige Beschäftigung mit unserer Vergangenheit – was mit uns passierte und wann.

Nach 5, 10 oder 15 Jahren des Suchens könnten wir ein ganzes Buch mit unseren Erlebnissen füllen. Trotzdem fragen wir nicht: *Was möchte ich erschaffen und warum? Wie kann ich anderen mit diesem Werk dienen?* Denn diese Fragen – die uns vorwärtsbringen – nehmen uns mit ins Unbekannte.

Ein anderer Grund, aus dem wir uns in der Welt des spirituellen Entertainments verlieren, ist die gigantische Lüge über unseren spirituellen Weg, auf die eine ganze Generation von spirituell Suchenden reingefallen ist: Diese Lüge lautet:

Angst ist das Gegenteil von LIEBE.

Keine Überzeugung hat mehr spirituelles Entertainment hervorgebracht als diese.

Warum? Weil wir daran glauben, dass das wirklich in jedem Fall zutrifft. Doch wenn wir glauben, dass LIEBE das Gegenteil von Angst ist, dann neigen wir dazu, uns schlecht zu fühlen, wenn wir Angst verspüren. Doch wir können nur wirklich glücklich sein, wenn wir geben und uns weiterentwickeln. Und wenn wir uns weiterentwickeln, werden wir zwangsläufig mit Ungewissheit zu tun haben – die schon von Natur aus eine furchteinflößende Sache ist.

Weißt du, Angst ist nicht das Gegenteil von LIEBE. Angst ist eine biologische Reaktion auf Ungewissheit.

Denk mal darüber nach. Ich meine, ist es ein Zeichen, dass man NICHT LIEBEVOLL ist, wenn man Angst vor einem Angreifer hat, um die Sicherheit seines Kindes besorgt ist oder sich sonst irgendwie vor dem Ungewissen fürchtet?

Unsere biologischen Anlagen würden das verneinen. Denn immer, wenn in unserem Leben etwas unsicher ist, meldet sich unsere biologische Natur. Ein Teil des Gehirns, die Amygdala, schickt uns dann die Kampf-oder-Flucht-Reaktion – die man auch als Angst bezeichnet. (Bei Frauen gibt es zusätzlich das Fürsorge- und Beschwichtigungsverhalten – also: Wenn ich es nicht töten oder davor flüchten kann, so kann ich vielleicht überleben, wenn ich freundlich und besänftigend bin.) Alle möglichen Hormone werden ausgeschüttet, darunter auch Kortisol und Adrenalin, und unsere Verdauung verlangsamt sich oder setzt sogar ganz aus. Der Körper bereitet sich darauf vor, entweder anzugreifen oder zu fliehen – daher fließt dann unser ganzes Blut zu unseren Händen und Füßen.

Und was ist in unseren modernen Zeiten das Resultat davon? Gestresste Überflieger, die an chronischer Erschöpfung oder Burn-out leiden – mit angespannten, ungelenkigen Körpern, die kaum mehr etwas verdauen können oder ständig verstopft sind.

Die Amygdala ist also für die Angstreaktion verantwortlich. Wenn Angst das Gegenteil von LIEBE wäre, warum hat unser LIEBEVOLLER Schöpfer uns dann überhaupt eine Amygdala gegeben? War das nur ein Versehen? Das denke ich nicht. Die Amygdala hat einen sehr freundlichen und gütigen Zweck.

Keine große Sache – nur unser Überleben! Wenn wir nicht in der Lage wären, Angst zu verspüren, dann könnten wir uns auch nicht weiterentwickeln oder überhaupt überleben. Die Angst sorgt dafür, dass wir kritischer sind und so bessere Entscheidungen treffen können. Es ist ein Evolutionsvorteil, dass wir eine Amygdala haben und deshalb Angst verspüren können. Du und ich – wir wollen doch beide am Leben bleiben! Und wir müssen unserer Amygdala danken, dass wir es noch sind.

Angst ist nicht das Gegenteil von LIEBE; sondern eine biologische Reaktion auf Ungewissheit, die unserem eigenen Schutz dient. Doch die Botschaft, die wir modernen Jäger und Sammler immer wieder hören, will uns weismachen, dass unser Selbsterhaltungstrieb unsere Träume töten würde.

Dieser Glaube erzeugt zwei gewaltige Blockaden, durch die man niemals über spirituelles Entertainment hinauskommt.

Erstens führt diese Idee dazu, *dass wir uns selbst verurteilen, wenn wir Angst haben.* Wie Tony Robbins mir einst so weise sagte: »Benutze deine Angst als Treibstoff.« (Eine Ausnahme wäre, wenn man sich tatsächlich in Lebensgefahr befindet. Geh nicht auf den Typen in der Seitengasse zu, der seine Knarre auf dich richtet, okay?)

Ich werde wirklich sauer, wenn ich diese spirituellen Führer sehe, wie sie ihre Jünger dazu überreden wollen, »ein angstfreies Leben zu führen«.

Wie ich bereits sagte, musst du in deiner Wohlfühlzone bleiben, wenn du ein angstfreies Leben willst. Der einzige Weg, um wirklich glücklich zu sein, ist beständiges Wachstum. Und um persönlich wachsen zu können, muss man sich der Ungewissheit stellen.

Und mit der Ungewissheit kommt auch die Angst. Die beiden sind nun mal unzertrennlich.

Die zweite Art, wie die Vorstellung, dass »Angst das Gegenteil von LIEBE ist«, unsere spirituelle Reise blockiert: Wir verurteilen uns, wenn wir negative Gedanken haben.

Doch negative Gedanken haben ihren Platz. In der Kundalini-Tradition gibt es drei Arten von Gedanken: positive, neutrale und negative.

Negative Gedanken stehen in Verbindung mit unserem Urteilsvermögen. Wir wenden durch sie auch die Lektionen an, die wir in der Vergangenheit gelernt haben. Wir *brauchen* Negativität; denn sie rettet uns im wahrsten Sinne des Wortes davor, immer wieder die gleichen alten Fehler zu machen.

Wenn wir glauben, dass wir all unsere negativen Gedanken loswerden sollten, dann schneiden wir uns von einem großen Teil unserer inneren Weisheit ab – und es wird dann fast unmöglich für uns, irgendwie vorwärtszukommen.

Angst ist also alles andere als unser Feind, sondern vielmehr ein Kompass, der uns den Weg zeigt. Ich hatte zum Beispiel nie so viel Angst wie damals, als ich meinen Auftritt bei *Super Soul Sunday* hatte. Ich fürchtete mich in ähnlicher Weise, als ich auf der Hay House-Bühne vor Tausenden von Menschen sprechen sollte. Vor meinen ersten Retreats in Maui und Bali geriet ich in Panik – und auch bevor ich Jenna zum ersten Mal küsste.

Natürlich habe ich Angst verspürt – denn in jedem dieser Fälle wusste ich, dass sich mein Leben – zumindest auf einer bestimmten Ebene – verändern würde. Aber ich wusste nicht, wie. Der Ausgang war nicht gewiss.

Angst ist die notwendige Vorstufe der Veränderung. Wir müssen uns an unsere Angst gewöhnen. Alles, was wir wollen und brauchen, finden wir im unbekannten Terrain von Angst und Ungewissheit. Wenn ich dir helfen könnte, nur ein einziges Muster zu ändern, dann wäre das deine Beziehung zur Ungewissheit.

Die Ungewissheit ist im Leben nun mal nicht zu vermeiden. Außerdem ist sie *unpersönlich*. Was meine ich mit »unpersönlich«?

Denk mal für einen Moment an die Schwerkraft. Die Schwerkraft beeinflusst dein ganzes Leben – deine Haltung, deine Verdauung, dein Unternehmen, deine Gesundheit und dein Wohlbefinden. Sie hat Auswirkungen auf die Wirtschaft, deine Reisen und dein Zuhause – auf praktisch alles im Leben. Die Schwerkraft ist jedoch absolut unpersönlich. Sie schert sich nicht darum, wie man zu ihr steht. Sie tut einfach das, was die Schwerkraft so macht, unabhängig davon, ob du das nun magst oder nicht.

Wenn du auf eines der höchsten Gebäude in New York steigst und ohne einen Fallschirm hinunterspringst, was würde dann passieren? Ganz genau – platsch. Du wärst tot. Würdest du sterben, weil die Schwerkraft dich abgrundtief hasst? Würdest du sterben, weil die Schwerkraft dachte, dass du es sowieso verdient hättest? Würdest du sterben, weil es das ist, was die Schwerkraft mit Leuten wie dir macht?

Natürlich nicht. Du würdest wegen deiner *ungesunden Beziehung zur Schwerkraft* sterben. Die Schwerkraft arbeitet nun mal so. Wenn du nur ein einziges Verhaltensmuster geändert hättest, dann wäre das Resultat ein ganz anderes.

Ich spreche nicht davon, mehr Geld zu machen, abzunehmen oder deine Beziehung zu deinen Eltern in Ordnung zu bringen. Um zu vermeiden, dass die Schwerkraft dich ausmerzt, brauchst du nicht mal ein einziges Selbsthilfebuch zu lesen.

Du müsstest dir einfach nur einen Fallschirm umschnallen.

Eine einfache Sache, aber mit einem total anderen Ergebnis – ein Unterschied wie Tag und Nacht, wie Leben und Tod.

Nun, das Gleiche trifft auf unsere Beziehung zur Ungewissheit zu. Wir gehen die Sache ganz verkehrt an. Wir erkennen nicht, dass die Ungewissheit etwas ist, das immer da sein wird, in all unseren Lebensbereichen, ob wir das nun wollen oder nicht.

Die Frage, die wir uns stellen müssen, ist nicht, wie wir die Ungewissheit loswerden, sondern wie wir unsere Muster so ändern können, dass wir ein gutes Verhältnis zu ihr aufbauen.

Tony Robbins sagt immer: *»Die Qualität deines Lebens ist die Qualität deiner Beziehung zur Ungewissheit.«*

In meiner Arbeit mit Hunderten von Klienten vor Ort, mit Zehntausenden Online-Klienten und in unseren ausverkauften Workshops und Retreats, habe ich herausgefunden, dass Tony recht hat. Wenn unsere Klienten sich darauf konzentrieren, ihre Beziehung zur Ungewissheit zu ändern, dann verändert sich auch alles andere in ihrem Leben.

Warum? Nun, genau wie die Schwerkraft, so beeinflusst auch die Ungewissheit jeden einzelnen Lebensbereich. Man hat sie bei den Finanzen, in familiären Beziehungen, bei der Gesundheit, im Unternehmen und in Liebesdingen. Wenn wir wirklich ehrlich sind, dann sind wir überall von Ungewissheit umgeben.

Und es ist unsere Beziehung mit dieser Ungewissheit, die bestimmt, was bei unserem Leben so herauskommt.

Ich habe Süchtige gewaltige Fortschritte machen sehen, als sie erkannten, dass Ungewissheit der Auslöser für ihre Sucht ist. Ich habe gesehen, wie Unternehmer plötzlich die Kurve kriegen und ihre Verkäufe verdoppeln können, weil sie eingesehen haben, dass sie sich bisher nur durch ihre Angst vor der Ungewissheit haben ausbremsen lassen. Ich habe Paare gesehen, die sich neu verlieben – oder aber sich trennen – wenn sie erst einmal verstanden haben, wie sie sich unbewusst von der Ungewissheit haben steuern lassen.

Wir sind so sehr im spirituellen Entertainment gefangen, weil wir tief drinnen Angst vor all der Ungewissheit haben, die echte spirituelle Arbeit mit sich bringt. Dem Göttlichen zu vertrauen, ist eine furchteinflößende Sache. Es klingt vielleicht erst mal gut, aber sogar *Jesus* hatte eine harte Zeit, als er das tat. Denn was passierte schließlich mit ihm? Er wurde getötet (obwohl er natürlich wiederauferstanden ist). Aber es gibt da tatsächlich diesen Teil von uns, der sterben *muss*, wenn wir ein ausgefülltes, spirituelles Leben führen wollen. Wir müssen beginnen, unsere Überlebensinstinkte auf Eis zu legen und wieder mehr Gottvertrauen zu entwickeln. Ich sage damit nicht, dass man jetzt anfangen sollte, alle möglichen dummen Entscheidungen zu treffen, aber im Allgemeinen riskieren wir nicht so viel, wie wir eigentlich könnten. Und als Ergebnis davon fühlen wir uns festgefahren, blockiert und unerfüllt.

Es ist an der Zeit für unsere Generation der Suchenden, uns kritisch mit dieser Epidemie des spirituellen Entertainments auseinanderzusetzen. Es wird Zeit, dass wir aufhören, uns hinter der Vorstellung zu verschanzen, dass Angst das Gegenteil von LIEBE ist und stattdessen *trotz* unserer Angst zur Tat schreiten. Mit Mut. Angst hat wie alles andere im Uni-Versum ihren Zweck. Wir sind es, die diesen Zweck zu etwas gemacht haben, das uns falsch erscheint, weil jede andere Sichtweise unser Leben massiv erschüttern würde.

Meine Frage an dich, lieber Suchender, ist also: *Was tust du, wenn du mit dem Ungewissen konfrontiert wirst?*

Du bist so viel mehr als du denkst

Es ist zudem sinnvoll, darüber nachzudenken, ob du deinen Lebensumständen erlaubst, deine Identität zu bestimmen. Wenn beispielsweise jemand mit wenig Geld auf seinem Bankkonto sagt: »Ich bin arm«, dann fühlt er sich dadurch noch macht- und hoffnungsloser.

Aber Leute, die klug in Gelddingen sind, würden vielleicht eine andere Formulierung benutzen, um ihre Situation zu beschreiben. Sie könnten beispielsweise sagen: »Ich bin momentan nicht liquide.« Es wird das Gleiche kommuniziert (»Ich habe kein Geld.«), aber es entsteht dabei ein ganz anderes Gefühl im Körper. Die zweite Aussage fühlt sich an, als würde die Situation nur vorübergehend so sein. Es schwingt mehr Hoffnung mit, dass alles bald wieder in Ordnung kommt.

Wer du deiner Meinung nach bist und was für dich im Bereich des Möglichen liegt, hat vielleicht überhaupt nichts damit zu tun, *wer du wirklich bist.*

Es gibt vielleicht Umstände, denen du schon so lange ausgesetzt bist, dass du diese mit deiner Identität verwechselst.

Vielleicht denkst du, dass du nicht gut genug bist.

Dass die Dinge sich niemals ändern werden.

Dass Menschen wie du ihre Träume nicht ausleben können.

Oder dass du nicht liebenswert bist.

Obwohl das vielleicht exakte Beschreibungen deines momentanen Gefühlszustands sein mögen, sind es keine Beschreibungen *deines wahren Wesens oder deiner Möglichkeiten.*

Das bringt mich auf etwas, wovon ich denke, dass es die tiefsinnigste Wahrheit ist, die ich während meiner persönlichen Heldenreise bisher herausgefunden habe.

Es geht zurück auf den Sanskrit-Begriff *satcitananda* aus dem Hinduismus. Wenn du dich erinnern kannst, werden die drei Wortbestandteile dafür benutzt, um die höchste Erfahrung der menschlichen Existenz zu beschreiben.

Wir haben bereits über *ananda* gesprochen, was so viel wie Glückseligkeit heißt. Aber wenn man sich noch tiefgehender damit beschäftigt, entdeckt man, dass *ananda* ebenso bedeutet: *Glückseligkeit ist das, was du bist.*

Wir leben in einer Welt, in der es so viel Schmerz und Leid gibt. Wie kann dann Glückseligkeit das sein, was wir sind? Und trotzdem ist es so. Unter unserer Angst vor der Ungewissheit, die auf körperlicher Ebene wirkt, steckt unsere unsterbliche Seele, die mit ALLEM, WAS ES GIBT, verbunden ist.

Das Ziel im Leben ist es, so sehr in Harmonie mit deinem Körper zu sein, dass deine Seele ganz mühelos hindurchscheinen kann.

Und übrigens – deine Seele braucht keine persönliche Weiterentwicklung. Sie benötigt weder grüne Säfte noch Yoga. Das ist etwas für deinen Körper. Wenn wir erst einmal unser Menschsein akzeptiert haben, dann ist es ganz *natürlich*, dass die Seele durchschimmert.

Unser Menschsein braucht persönliches Wachstum, eine bessere Verdauung, weniger Gewicht oder ein ruhigeres Nervensystem.

All unsere persönliche Weiterentwicklung ist für unsere menschliche Seite. Der Seele geht es längst prima.

Wenn wir unser Menschsein akzeptieren, so heißt das, dass wir die Gefühle fühlen, die wir nicht fühlen wollen; es heißt, dass wir Angst haben, aber trotzdem weitermachen. Obwohl es vielleicht furchteinflößend ist, wenn wir uns für das entscheiden, was uns Glückseligkeit bringt, so leben wir damit unser Leben jedoch so, wie Gott es für uns will.

Glückseligkeit ist Gottes Wille? Das ist ein starkes Statement. Doch Moment, ich kann das auch erklären.

Kannst du dich noch an die Sache mit den Apfelkernen erinnern? Dass ein Apfelbaum wachsen wird, wenn man einen Apfelkern in die Erde einbringt?

Ich denke, wir sind uns einig, dass noch nie in der gesamten Menschheitsgeschichte jemand (nicht genetisch modifizierte) Apfelkerne gesät hat, dann jedoch ein Orangenbaum daraus entstanden ist. Und warum nicht? Die Antwort ist so einfach und doch zugleich so tiefsinnig.

Ein Samen ist wie das, wo er herstammt.

Das ist die uni-versale Wahrheit. Die Frucht, die den Samen trug, ist die gleiche Frucht, die dieser Samen hervorbringen wird.

Das ist Gottes Wille. Und das trifft auch auf uns zu. Wir sind aus Glückseligkeit entstanden, und daher ist es Gottes Wille, dass wir auch Glückseligkeit in unserem Leben haben. Glückseligkeit ist das, was wir sind – mit Körper, Geist und Seele. Die Saat ist wie das, woher sie stammt. Wenn du Glückseligkeit bist, dann heißt das, dass du auch aus Glückseligkeit entstanden bist. Wenn man seiner Glückseligkeit folgt, dann folgt man im wahrsten Sinne auch dem Willen des Göttlichen für das eigene Leben. Darum sagte Joseph Campbell auch: *»Glückseligkeit ist Gottes Nachricht an dich selbst.«*

Wenn wir das wirklich wissen, dann verändert sich alles. Denn es ist dein Daseinszweck, deine Glückseligkeit zu leben. Und um diesen Zweck auch zu verkörpern – musst du der Spur des Helden folgen und dich jeden Tag auf unbekanntes Gebiet vorwagen.

Du wirst dem Unbekannten sowieso *begegnen*, ob du das nun magst oder nicht. Es liegt an dir, ob du das bewusst oder unbewusst tun willst.

Die himmlische Gnade trat in mein Leben, als ich erkannte, dass ich Gottes Vergebung nie gebraucht habe, da ich ja nie in Ungnade gefallen war und es auch nicht zu spät war. Das Göttliche vergibt nicht, weil es das gar nicht tun muss; alles, was es tut ist zu LIEBEN. Deshalb ist Vergebung gar nicht nötig.

Die einzige Vergebung, die erforderlich ist, damit wir vorwärtskommen können, ist unsere eigene. Das hilft uns dabei, die notwendigen Schritte zu unternehmen, die uns dabei helfen, unsere Muster in Bezug auf Ungewissheit zu ändern.

Wenn wir verzeihen, heißen wir dadurch nicht gut, was geschehen ist, sondern wir befreien uns selbst damit. Vergebung ist ein selbstsüchtiger Akt, der uns befreit – und zugleich die beste Rache.

Die Gnade des Göttlichen bietet uns die allgegenwärtige Möglichkeit, einfache Muster in unseren Leben zu verändern. Es ist nie zu spät, um sich zu ändern, und wenn wir das verstehen und die Sache angehen, dann kommt uns die himmlische Gnade zu

Hilfe, um uns zu zeigen, dass wir tatsächlich unser Leben von Grund auf erneuern können.

Die göttliche Gunst hilft dir gern beim Feinschliff. Bei mir handelte es sich dabei um Wandlungen wie: von der Bedeutsamkeit zum Dienen und Einbringen, von den subtilen Attacken auf Jennas LIEBE zur Akzeptanz der LIEBE, von Drogen zum Yoga und von der Angst zu Schreiben zum täglichen Schreiben.

All diese Wandlungen repräsentieren ein einfaches, jedoch sehr hartnäckiges Muster, das ich verändert habe.

Ich habe noch viele andere Muster, die ich ändern muss, und das wird sicher nicht leicht werden. Aber ich verstehe inzwischen, dass diese Änderungen nichts mit meinem Wert oder meinen Fähigkeiten zu tun haben. (Das Gleiche gilt übrigens für dich.)

Stattdessen geht es eher darum, dass ich mir der Muster, die ich habe und die mich zurückhalten, bewusst werde – und wie ich mir im Anschluss daran neue erschaffe, auch wenn das harte Arbeit ist.

Wir sind hier, um zu lernen. Das Leben feiert diejenigen, die es versuchen, die etwas aufs Spiel setzen, Risiken eingehen, es vermasseln und etwas daraus lernen, um es dann nochmals zu versuchen. Wenn du bereit bist, alles für dein Glück zu riskieren – mit dem Vertrauen darauf, dass etwas, das größer ist als du selbst, dich bei jedem Schritt leiten wird – dann fängst du an, den Schalter von der Krise zur Glückseligkeit umzulegen und deine Heldenreise anzutreten. Du wirst niemals alleine unterwegs sein. Wenn du genau darüber nachdenkst, wirst du auch in diesem Moment getragen.

Die schlechten Sachen im Leben sind keine Bestrafung, und sie sind auch immer nur vorrübergehend.

Denn schließlich sind Krisen ja Weckrufe. Und es ist zudem oft der Ruf des Abenteuers, der die Heldenreise auslöst. Die einzige Frage ist nur: Wirst du ihm folgen?

Mein großes Versprechen an dich

Es gibt ein Flüstern in deinem Inneren, das unbedingt gehört werden will. Es erinnert dich an all das, was sein könnte – an all das, was du längst bist. Dieses Flüstern verspricht dir LIEBE, erfüllte Träume und gemeisterte Herausforderungen. Dein Flüstern ist ein Ruf zu großen Abenteuern, neuen Anfängen und zu einem Leben ohne Reue.

Es ist subtil und kann von niemand sonst gehört werden. Dein Stamm kann es nicht hören; sie werden dir sagen, dass das zu gefährlich wäre und dass du es ignorieren solltest. Doch du selbst entscheidest, was du glauben willst: diese zarte, unbekannte Wahrheit in deinem Inneren oder die scheinbar sichere, kollektive Illusion deines Stammes. Dein Flüstern ist der Ursprung aller Schöpfung, der durch dich spricht. Es ist dein einzigartiges und mutiges Geschenk an unsere Welt, wenn du auf dieses Flüstern hörst. Es ist mein großes Versprechen an dich, dass sich das ganze Universum zusammentun wird, um deine spezielle Gabe zur Geltung zu bringen, wenn du wirklich auf das gehört hast, was nur du allein hören kannst.

Empfehlungen

Ich wäre heute nicht da, wo ich bin, ohne die Hilfe anderer. Ich hatte Mentoren und Berater und habe an vielen Selbsthilfeprogrammen teilgenommen. Wenn du dich über dieses Buch hinaus mit persönlicher Weiterentwicklung beschäftigen möchtest, dann habe ich jetzt ein paar tolle Empfehlungen für dich.

Daily Love Mastery – Ein umfassendes achtwöchiges Online-Coaching-Programm zur Transformation deines Lebens. Mehr Infos unter: http://mastery.dailylove.com

Daily Love Retreats – Reise mit uns an ferne Orte. Wir haben viele verschiedene Retreats mit Themen wie Beziehung, persönliche Weiterentwicklung oder Schreiben für Buchautoren. Mehr Infos unter: http://dailylove.com/retreats

Daily Love LIVE – Ein kraftvolles mehrtägiges Seminar, das wir einmal jährlich veranstalten. Es wirkt wie eine Art Wunderdünger für dein Leben.
Mehr Infos unter: http://live.dailylove.com

Daily Love Tour – Um ein Daily Love-Event zu besuchen, schau auf http://dailylove.com/events nach.

Date with Destiny – Das beste Seminar im Bereich persönliche Weiterentwicklung auf der ganzen Welt. Und zugleich Tony Robbins' Meisterwerk – ein Seminar, das mein Leben für immer veränderte. Ich denke, dass jeder zu Date with Destiny gehen sollte – zumindest einmal im Leben. Los, trau dich! Mehr Infos unter: www.tonyrobbins.com/events

B-School – Marie Forleos berühmtes Online-Programm über Erfolg und Geld. Ich habe so viel von ihr gelernt. Mehr Infos unter: http://bschool.dailylove.com

Dr. Amen SPECT Scan – Wir erleben alles im Leben mit unserem Gehirn. Wenn deine Gehirnchemie stimmt, dann ändert das alles. Ich kann nur jedem empfehlen, sein Gehirn von Dr. Amen untersuchen zu lassen; denn das wird sich auf deiner persönlichen Reise als unschätzbar erweisen. Mehr Infos unter: www.AmenClinics.com

Kundalini Yoga – Die Praktik, die mein Leben verändert hat. Daily Love ist im Kundalini Yoga Center Golden Bridge in Hollywood, Kalifornien, entstanden. Mehr Infos unter: http://GBGlobalVillage.com

Sat Siri – Meine liebste Kundalini-Lehrerin. Mehr Infos unter: www.SatSiriYoga.com

Recovery 2.0 – Wenn du Suchtprobleme hast oder jemanden kennst, der damit zu tun hat, dann kann Recovery 2.0 eine riesige Hilfe sein. Es handelt sich dabei um eine wirklich unglaublich gute Konferenz, die noch dazu kostenlos ist: http://recovery2point0.com/

Bücher und CDs, die mein Leben verändert haben:

Die Kraft der Mythen von Joseph Campbell
Mit Absicht von Wayne Dyer
Inspiration: Your Ultimate Calling von Wayne Dyer
Jetzt! Die Kraft der Gegenwart von Eckhart Tolle
Eine neue Erde von Eckhart Tolle
Awaken the Giant Within von Tony Robbins
Die Bergpredigt von Emmet Fox
Sacred Contracts von Caroline Myss
Geistkörper-Anatomie von Caroline Myss
Spiritual Power, Spiritual Practice von Caroline Myss
Energy Anatomy von Caroline Myss
Advanced Energy Anatomy von Caroline Myss
Power vs. Force von Dr. David Hawkins
Der wunderbare Weg von M. Scott Peck
Der Weg des wahren Mannes von David Deida
Getting to »I Do« von Pat Allen
Frag immer erst: warum von Simon Sinek
Denke nach und werde reich von Napoleon Hill

Verletzlichkeit macht stark von Brené Brown
Lebe dein Leben von Gay Hendricks
The Millionaire Messenger von Brendon Burchard
Die pH-Formel von Dr. Robert Young
The Body Ecology Diet von Donna Gates
Crazy Sexy gesund von Kris Carr
Clean Eats von Dr. Alejandro Junger
Change Your Brain, Change Your Life von Dr. Daniel Amen
Recovery 2.0 von Tommy Rosen
Neues Testament – was Jesus sagte in Matthäus, Markus, Lukas und Johannes

Danksagungen

Leute, die es ganz allein geschafft haben, existieren nicht. Jeder, der im Leben Erfolg hat, kann das nur, weil andere ihm dabei geholfen haben. Und ich kann dir sagen, dass auch die Riesenkehrtwende meines Lebens kein Solo-Trip gewesen ist.

Es brauchte fast ein ganzes Dorf von Leuten, um mein Leben umzukrempeln. Diesen Menschen ist Daily Love zu verdanken – nicht mir. Es waren meine Freunde, meine Familie und du – mein Daily Lover – die mir dabei halfen, mich von den Tiefen der Verzweiflung wieder zu erholen.

Selbst in einer Million Jahren hätte ich nicht gedacht, dass ich einmal das Leben führen würde, das ich jetzt habe. Ich fühle mich gesegnet. Ich bin dankbar. Und ich schulde das alles nur euch.

Es gibt einige Leute, denen ich für ihren guten Einfluss auf mein Leben danken möchte und ohne die dieses Buch und *The Daily Love* gar nicht existieren würden.

Als Erstes wäre da meine große LIEBE – Jenna. Ich schreibe *The Daily Love*, aber du bist *The Daily Love*. Ich bin so gesegnet, dass ich dich in meinem Leben habe, und dass ich dich die Meinige nennen darf. Du zeigst mir jeden Tag, was Liebe wirklich ist. Du bist meine Seelengefährtin, meine Komplizin und meine beste Freundin. Danke, dass du immer für mich da bist.

Ich habe dem Einfluss, den meine Eltern auf mein Leben hatten, ein ganzes Kapitel gewidmet. Liz und Larry Kipp – danke, dass ihr mich zum kritischen Denken erzogen habt und dazu, mir immer eine eigene Meinung zu bilden. Danke, dass ihr mich immer geliebt und für mich gesorgt habt. Ich bin der Sohn meiner Mutter und meines Vaters. Ihr seid immer für mich da gewesen, und dafür bin ich euch auf ewig dankbar.

Tim Lawrence – mein bester Freund. Ich weiß, dass du früher dachtest, dass es ein Riesenfehler wäre, mich ins Musikgeschäft einsteigen zu lassen. Doch es hat doch alles prima geklappt, nicht wahr? Du bist für immer mein bester Freund. Ich liebe dich, Bruder.

An Dolly und Alan Hall – ihr seid zu meiner Familie geworden. Ihr habt Jenna, Brooke, Wes und Amber wirklich toll erzogen. Es ist ein Geschenk, dass ich zu eurem Leben zähle und dass ihr in meinem seid.

Sat Siri – danke, dass du immer zu mir gestanden hast. Danke, dass du mir erlaubt hast, kostenlos an Kundalini-Klassen teilzunehmen, als ich sie am meisten gebraucht hab. Danke, dass du so geduldig und liebevoll mit mir warst. Du bist so eine liebe und treue Freundin. Ich freu mich so für dich und deine neue Familie. Es wird spannend sein, die kleine Prem zu einer erstaunlichen Frau heranwachsen zu sehen.

An Chris Redlitz und Beverly Parenti. Danke, dass ihr von Anfang an für mich da wart. Danke, dass ihr an mich geglaubt habt. Danke, dass ihr meine Freunde und Mentoren seid, und mir dabei helft, meinen Weg zu finden. Ihr habt an mich geglaubt, als ich im Poolhaus lebte. Dafür bin ich auf ewig dankbar.

An Sam Angus, du bist ein unglaublich guter Anwalt. Danke, dass du es mit mir riskiert hast. Du hast keine Ahnung, wie viel Selbstvertrauen ich bekam – als ich es am dringendsten brauchte – weil du an mich geglaubt hast.

An Trinka – danke, dass du mir immer die Wahrheit gesagt und mich daran erinnert hast, was real ist, sodass ich mich von meinen dunkelsten Stunden erholen konnte. Du bist eine wahre Freundin, eine Mentorin und jemand, der die ganze Richtung meines Lebens verändert hat. Du bist etwas ganz Besonderes für mich.

An Peter Katsis, du warst mein erster Mentor. Deine Anleitung, deine Leidenschaft für deinen Job und deine Arbeitsethik inspirieren mich noch immer täglich. Du versetzt Berge und hast mir gezeigt, wie ich das auch tun kann. Deine Klienten können sich glücklich schätzen, dass sie dich als Manager haben, und ich hatte Glück, dass ich dein Assistent sein durfte.

Fred Durst – du hast mich dazu inspiriert, aus Kansas wegzuziehen und es in L.A. zu versuchen. Danke, dass du das Risiko eingegangen bist und mich eingestellt hast, um Flawless zu leiten. Obwohl es nur für ein paar Monate war, hast du keine Ahnung, wie viel mir diese Zeit meines Lebens bedeutet hat. Ich werde immer dein Fan und dein Freund sein.

An Ofer – danke, dass du mir dabei geholfen hast, trocken und clean zu werden, und dass du da warst, als ich dich brauchte. Ich weiß, dass die Dinge sich nicht so entwickelt haben, wie wir wollten, aber das war nur zu unserem Besten. Du warst ein großartiger Lehrer für mich und hast mir gezeigt, wie wichtig es ist, sich selbst zu lieben. Dafür bin ich dir auf ewig dankbar. Du bist immer in meinem Herzen. Du bedeutest mir echt viel, mein Freund.

An David Moses – die kurze Zeit, die ich dich kannte, hat mich zutiefst beeindruckt. Du warst erstaunlich, und dein Leben hat mir so viel bedeutet. Dein Leben war eine wirkliche Botschaft, und selbst im Tod bist du der vielleicht größte Lehrer, den ich je hatte. Du hast mir den Mut geschenkt, um mich meinen größten Ängsten zu stellen. Durch dich habe ich begriffen, dass mir nur eine kostbare, begrenzte Zeit auf dieser Erde bleibt. Danke für dieses Geschenk. Ich werde niemals das Juwel vergessen, das du mir gegeben hast.

Jeff Antebi – danke, dass du mir gezeigt hast, wie ich meinen eigenen Wert erkenne. Die Art, wie du Gnarls Barkley gemanagt hast, werde ich nie vergessen.

An John Boyle – du und MB, ihr beide seid damals ein großes Risiko mit mir eingegangen. Dafür möchte ich mich bedanken. Und danke, dass du mir die Grundlagen der Bekleidungsbranche beigebracht hast. Danke, dass du mir zuliebe Emma Burgess eine Chance gegeben hast. Du bist ein wahrer Freund.

Michael Lippman – danke, dass du mir geholfen hast herauszufinden, dass ich es liebe, Drehbücher zu schreiben und Geschichten zu erzählen. Ich denke oft an die Zeit, in der wir zusammen geschrieben haben. Bis zum heutigen Tag halte ich diese Erinnerungen in Ehren.

An Lolita, Yvonne und Daneille. Danke, dass ihr mir erlaubt

habt, in eurem Poolhaus zu wohnen. Ihr werdet immer meine Familie sein. Danke, dass ihr mir geholfen habt, als ich es am meisten brauchte.

An Agapi Stassinopoulos und Arianna Huffington. Danke für eure Nächstenliebe. Danke, dass ihr mir in meiner dunkelsten Stunde geholfen habt. Agapi – uns bleibt immer noch »Hay House« und unser Manifestationstanz. Ihr lasst euren Worten wirklich Taten folgen, und ich bin so dankbar, euch meine Freunde nennen zu dürfen.

Tommy Rosen und Kia Miller. Ich mag euch so sehr! Eure Couch war meine Rettung. Danke, dass ihr mich aufgenommen und an mich geglaubt habt. Danke, dass ihr mir Yoga, die basische Lebensweise und grüne Säfte nähergebracht habt. Ich werde weder eure Gastfreundschaft noch eure Nächstenliebe je vergessen.

Jan Shepherd. Danke, dass du zu meinen L.A. Moms zählst. Danke, dass du mir beigebracht hast, mit meinen Träumen auf dem Boden zu bleiben, damit sie sich auch in der realen Welt verwirklichen lassen. Danke, dass ich in deinem Apartment wohnen durfte, als du in London warst. Danke, dass du an mich geglaubt und mir Geld geliehen hast, um aus diesem unmöglichen Vertrag rauszukommen. Ich konnte dir ja auch alles wieder schnell zurückzahlen. Du bist ein wahrer Freund.

An Sophie Chiche und Leah. Ihr habt mich wieder mit meinem Herzen verbunden. Ich werde unsere gemeinsame Zeit niemals vergessen. Danke für das Willkommensschild. Ihr habt keine Ahnung, wie sehr sich dieses Bild in meine Erinnerung eingebrannt hat. Danke für all die Kokosnusspopcorn-Nächte und dass ich für fast ein Jahr bei euch bleiben durfte. Ich würde ohne eure Liebe und Unterstützung jetzt nicht hier sein. Ihr gehört für immer zur Familie.

Ryland Engelhart – danke, dass du Liebe verkörperst, mein Bruder. Danke, dass du mich in dein Haus eingeladen und mir einen sicheren Ort geboten hast, an dem ich wieder auf die Beine kommen konnte.

Danke dafür, dass du in dieser Welt der bist, der du bist. Du bist mein Bruder, und ich liebe dich.

Jason Binn – du hast mein Leben durch nur einen einzigen Anruf verändert. Danke, dass du an mich geglaubt hast. Danke, dass du mir einen My.Suit-Anzug hast anfertigen lassen. Und danke, dass du mich Tony vorgestellt hast. Du hast keine Ahnung, wie sehr dieses Mittagessen mein Leben verändert hat. Du bist wirklich ein großartiger, selbstloser Mensch. Und du bist so ein guter Freund. Ich werde dir für immer dankbar sein.

An Tony und Sage Robbins – Ich weiß gar nicht, was ich sagen soll. Dass ich eure Liebe, eure Großzügigkeit, euer Mitgefühl und eure Herzlichkeit erfahren durfte, hat mein Leben verändert.

Danke, dass ihr mir Tickets für UPW und für Date With Destiny geschenkt habt. Ich will unbedingt all das Gute weitergeben, dass mir zuteilwurde, weil ihr zu meinem Leben gehört. Ihr seid ein so wichtiger Faktor in meinem Leben, und ich fühle mich geehrt, dass ich das Privileg hatte, von eurer Arbeit beeinflusst zu werden.

An Oprah Winfrey. Worte reichen nicht aus, um die Wirkung zu beschreiben, die du auf mein Leben hattest. Du hast es für immer verändert, indem du einfach du selbst warst. Ich weiß nicht, welche Mächte am Wirken waren, sodass du in mein Leben getreten bist, aber ich bin ihnen sehr dankbar. Dein Herz, deine Intuition und deine Seele schimmern bei allem durch, was du tust. Keiner verdient all den Erfolg und die Freuden des Lebens mehr als du. Du hast eine ganze Generation dazu inspiriert, ihr bestmögliches Leben zu leben, mich eingeschlossen. Danke, dass du für uns alle ein Regenbogen bist.

An Joseph Campbell – ich hatte nie das Privileg, dich in diesem Leben kennenzulernen. Aber ich bin dankbar für deine Botschaft, dein Leben, deine Lehren und deine Hingabe, das Bewusstsein auf diesem Planeten anzuheben. Dein Werk ist inzwischen fest in meinen Genen verankert. Du hast meine Augen für Größeres geöffnet, und dein Werk wird durch Generationen von Autoren, Denkern und Lichtarbeitern, die du inspiriert hast, fortleben. Dankeschön.

Anderen, denen ich danken möchte: George Lucas, Steven Spielberg, Kathleen Kennedy, JJ Abrams, Alex Kurtzman, Roberto Orci, Lawrence Kasdan, James Cameron und den Wachowski-Brüdern – danke, dass ihr Filme macht, die mich vor Ehrfurcht erschauern lassen.

An Maynard James Keenan – danke, dass du mich dazu ermutigst, etwas zu erschaffen, das die Welt zu einem besseren Ort macht. Danke für Tool. Danke für A Perfect Circle. Deine Musik berührt meine Seele.

An Katy Perry – danke für deine Transformationshymnen. Du bist ein echtes Powergirl. Ich hoffe, dass ich dich eines Tages kennenlernen werde. Brüll weiter, Löwin!

Danke an mein Team von Daily Love: Anette Sharvit, Jill Esplin, Dylan Schmidt, Natasha Lakos, Peggy Murrah, Angela Spisak, Maria Garcia Crocker und Jeanette Braddock.

Trudy Green – danke, dass du es mit mir riskiert hast. Du bist so eine erdende Kraft in meinem Leben. Ich lerne jeden Tag etwas von dir. Ein Dankeschön gilt auch Ben Rolnick und Danielle Friendman!

An meine Kollegen: Gabby Bernstein, Kris Carr, Marie Forleo, JJ Virgin, Tim Ferriss, Simon Sinek, Michael Fishman und Nick Ortner. Ihr inspiriert mich dazu, noch besser zu werden und zeigt mir, dass es okay ist, wenn man sein Licht nicht unter den Scheffel stellt.

Ganz besonders möchte ich noch mal Gabby Bernstein erwähnen – du bist inzwischen so eine enge Freundin von mir geworden. Ich bin dankbar, dich in meinem Leben zu haben.

An Brendon Burchard – deine Sachen und deine Mission sind eine Offenbarung. Danke für all das, was du der Welt zu bieten hast.

An Jeff Walker – Danke für die Launch Formula, die unzähligen Menschen geholfen hat, einschließlich mir selbst. Aber am meisten möchte ich dir für dein authentisches, herzliches Auftreten und die tolle Arbeit, die du machst, danken.

An mein wunderbares Hay House Team: Louise Hay, Reid Tracy, Nancy Levin, Richelle Zizian, Margarete Nielsen, Jo Burgess, Jessica Crockett, Ruth Tewkesbury und Greta Lipp. Ihr seid alle so toll. Danke, dass ihr mich in die Hay House Family aufgenommen habt.

GANZ BESONDERER APPLAUS geht an Patricia Gift von Hay House, meine Lektorin. Ohne sie wäre mein Buch vielleicht zwei Jahre früher erschienen wäre, doch du würdest es jetzt nicht lesen, weil es einfach nur schrecklich wäre. Patty – du erschaffst Magie, die jeder Beschreibung trotzt. Danke, dass du mir geholfen hast, so genau hinzuschauen. An Sarah Hall und Danielle Burch und jeden bei SHP – danke, dass ihr mir dabei helft, *The Daily Love* überall zu verbreiten.

An meine Agentin – Melissa Flashman bei Trident Media Group –danke für all die Hilfe, Ratschläge und Strategien. Ich freue mich auf unsere weitere Zusammenarbeit. Und sag bitte auch Robert Gottlieb ein großes Dankeschön von mir.

An Kelly Notaras – OMG. Du hast eigentlich dieses Buch gemacht. Du hast mich wirklich gefordert. Als ich Müll schrieb und mich mehr hätte anstrengen können, so hast du es mir gesagt. Um dieses Baby rechtzeitig veröffentlichen zu können, hast du sogar trotz deiner Tropenkrankheit fleißig weitergemacht. Du machst einen besseren Autor aus mir. Ich kann kaum glauben, dass wir jedes Jahr in Bali zusammen kreativ werden dürfen. #Awesome

An Pat Verducci – Du und ich haben noch viel vor! Ich kann es kaum abwarten, mich dieses Jahr wieder mit dir in Bali dem Schreiben zu widmen. Du bist eine wundervolle Lehrerin; deine Liebe zu Geschichten und zum Drehbuchschreiben ist ansteckend. Ich habe so viel Glück, dass du in meinem Leben bist.

An Holly Perkins – dich hat Gott gesandt. Danke, dass du mir geholfen hast, meinen Körper in meine Botschaft zu verwandeln.

Du hast mir zeigt, wie ich fit werde und mich frei fühlen kann. Du bist toll in dem, was du machst.

Adam Cobb – Hey, Kumpel, ich kann es kaum abwarten, wieder was zusammen mit dir zu unternehmen. Ich möchte genau wie du sein – FYCNYC für immer! #8DaysAWeek

An meine Mentoren: Caroline Myss, Robert Holden, Wayne Dyer, Eckhart Tolle, Michael Beckwith, David Hawkins, Melodie Beattie, Deepak Chopra, M. Scott Peck, Pia Mellody, David Deida, Alison Armstrong, Arielle Ford, Claire Zammit, Yogi Bhajan, Gurmukh, John Grinder, Richard Bandler, Milton Erickson, Virgina Satir, Frits Perls und Dr. Daniel Amen – eure Werke sind für immer in meinem Geist verwurzelt.

Danke für euren riesengroßen Beitrag an die Menschheit.

Ein besonderer Dank gilt Marianne Williamson – du zählst inzwischen zu meinen engsten Freunden. Danke, dass du so ein Wunder und eine meiner treibenden Kräfte bist. Du hast wirklich Berge in meinem Leben versetzt. Ich werde immer dein allergrößter Fan sein.

Und schlussendlich – an die Daily Love Community – danke, dass ihr mich in euer Leben lasst. Ihr habt mich aufgebaut. Ihr habt mich gerettet. Ihr habt mich zum Weitermachen inspiriert. Ich bin nur wegen euch da. Danke, dass ihr täglich meine Sachen lest. Danke für die Retweets, die Regramms, die Zitate und die Markierungen auf Facebook.

Danke, dass ihr zu unserer Tour Daily Love LIVE gekommen seid, zu unseren Retreats und für eure Blog-Kommentare. Ich habe es nicht alleine geschafft, sondern durch euch. Ihr habt mir neues Leben eingehaucht. Dieses Buch und mein Lebenswerk sind euch allen gewidmet.

Ich danke euch mit all meiner LIEBE,
Mastin